长期主义

[美]杰夫·贝佐斯(Jeff Bezos)
[美]沃尔特·艾萨克森(Walter Isaacson)_著
靳婷婷_译

INVENT &
WANDER
The Collected Writings of

JEFF BEZOS
杰夫·贝佐斯

中国友谊出版公司

目录

序言_1

第一部分 致股东的信

1997年　一切以长期为重 _36

1998年　痴迷 _44

1999年　为长期打基础 _51

2000年　从长计议 _59

2001年　品牌形象是我们最珍贵的资产_64

2002年　造福用户就是造福股东 _70

2003年　长期主义思维 _74

2004年　关于财务的思考 _77

2005年　决策 _83

2006年　发展新业务 _87

2007年　传教士团队 _91

2008年　逆向倒推 _96

2009年　制定目标 _101

2010年　关键利器 _105

2011年　创造的力量 _110

2012年　内驱力 _118

2013年　"太棒了" _124

2014年　三大创见 _144

2015年　"大赢家"可以为诸多尝试买单 _158

2016年　抵御"第二天" _174

2017年　打造高标准公司文化 _182

2018年　直觉、好奇心以及畅想的力量 _200

2019年　"善"用规模 _211

第二部分　生活与工作

01　一生的赠礼 _224

02　普林斯顿的关键一刻 _226

03　"我选我人生"：普林斯顿大学2010届毕业班演讲 _228

04　足智多谋 _233

05　我为何放弃对冲基金去卖书 _236

06　挖掘问题的根源 _240

07 创造财富 _241

08 Prime服务的理念 _242

09 放眼三年后 _244

10 亚马逊云服务的理念从何而来 _246

11 Alexa，人工智能，机器学习 _248

12 实体商店与全食超市 _253

13 收购《华盛顿邮报》_255

14 信任 _259

15 工作与生活的协调 _261

16 人才招聘：你想要雇佣兵还是传教士 _263

17 决策 _265

18 竞争 _268

19 政府审查与大型企业 _270

20 气候宣言 _272

21 贝佐斯第一天基金 _278

22 探索太空的意义 _283

23 对于美国，今天仍是第一天 _299

序 言

沃尔特·艾萨克森

我经常被人问到，在我眼中，现在还在世的人中，有谁与那些我写过传记的巨匠同属一个阵营：列奥纳多·达·芬奇、本杰明·富兰克林、阿达·洛夫莱斯[1]、史蒂夫·乔布斯以及阿尔伯特·爱因斯坦？这些人个个聪明绝顶，但他们与众不同的原因并不在此。聪明的人到处都是，而且往往成不了什么大事。重要的是拥有创造力和想象力，这才是成为真正创新者的关键。正因如此，对于这个问题，我的答案是：杰夫·贝佐斯。

那么，是什么构成了创造力和想象力呢？又是什么特质，让我认为贝佐斯与我的传记主人公同属一个阵营呢？

第一种特质是好奇心，强烈的好奇心。我们以列奥纳多为例。我们可以从他那精彩纷呈的笔记中看到，他的头脑带着充沛而顽皮的好奇，在自然界的各个领域之间跳跃。他提出并尝试解答了数百个天马行空的问题：天空为什么是蓝色的？啄木鸟的舌头长什么样？鸟儿的翅膀是在向上还是向下拍动时运动得更快？漩涡的图案与卷发有什么相似之处？下唇的肌肉与上唇的肌肉是否相连？列奥纳多寻求这些知识，并不是出于创作《蒙娜丽莎》所需

---

[1] 数学家、计算机程序创始人，建立了循环和子程序概念，英国诗人拜伦之女。——译者注，下文如无特别说明均为译者注。

（尽管这些知识让这幅作品大为增色），而是因为他是列奥纳多，向来对事物有着痴迷般的好奇。"我没有什么特别的天赋，"爱因斯坦曾经说过，"只是充满了强烈的好奇心罢了。"这句话并不完全属实（因为他的确有特别的天赋），但他的"好奇心比知识更重要"说得千真万确。

第二种关键的特质，便是对艺术与科学的热爱和融合。每次推出iPod或iPhone等新产品时，史蒂夫·乔布斯都会以标志着"人文大道"与"科技大道"交叉口的两个路标的图片结束演讲。他在一次演讲中这样说："单有科技是不够的，这是刻在苹果基因中的东西。我们相信，只有让科技与人文结合，才能诞生出让我们的心为之歌唱的成果。"同样，爱因斯坦也意识到了艺术与科学融合的重要性。他在探索广义相对论的过程中感到思想受阻时，便会拿出小提琴拉一首莫扎特的作品，他说是音乐将他与天体的协奏系在一起的。在列奥纳多·达·芬奇的作品中，我们看到了这种艺术与科学相联系的最伟大的象征：《维特鲁威人》。在他的这幅画作中，一位裸体的男子站在一个圆形和一个正方形之中，这便是解剖学、数学、美与灵性的伟大胜利。

实际上，对所有学科都抱有热情是大有裨益的。列奥纳多·达·芬奇和本杰明·富兰克林就想要对人类可知的一切探究到底。他们研究了解剖学、植物学、音乐、绘画、兵器、水利工程，以及这些学科间的一切。热爱所有知识领域的人，是那些最擅长从自然界方方面面寻找规律的人。富兰克林和列奥纳多都痴迷于旋风与漩涡。这启发富兰克林发现了风暴如何沿海岸移动，并绘制出墨西哥湾流图；也推动列奥纳多理解了心脏瓣膜的工作原理，并绘制出《基督受洗》中耶稣脚踝处的水纹以及《蒙娜丽莎》中的卷发。

真正具有创新精神和创造力之人的另一个特点，就是他们拥有一种"现实扭曲力场"，这个说法出自《星际迷航》中外星人全凭念力打造全新世界的一集，曾被人用来形容史蒂夫·乔布斯。当同事们抗议说乔布斯的某个想法或提议太过缥缈、不可能落地时，他便会运用从印度的一位精神导师那里学到的诀窍——目不转睛地盯着对方，开口说："不要害怕，你能做到。"这一招十有八九都能起效。他把人逼得发狂，让人们不知所措，但也能驱动人们去完成自己都不相信能够做到的事情。

与此相关的，还有"不同凡想"[1]的能力，这是乔布斯在一组令人记忆犹新的苹果广告中所用的口号。20世纪初，科学界一直对光速的现象困惑不解，就是无论观察者以多快的速度靠近或远离光源时，光速都保持不变。当时的阿尔伯特·爱因斯坦还在瑞士当一名三级技术专利审查员，研究在不同钟表间发送信号以进行同步校准的设备。他意识到，处于不同运动状态的人对于时钟是否同步抱有不同的感知，基于这个认识，他提出了一种别出心裁的理念。他对此原因的推论是，或许光速是永远恒定的，因为

---

[1] 原文为"think different"（think后面一般应为differently而不是different），但乔布斯故意用错，因为他认为这非常符合苹果当时希望传达的感觉，故中文被翻译成不同凡"想"，而不是"响"。

时间本身是相对于观察者的运动状态而言的。整个物理界花了几年的时间，才意识到这种"相对论"是正确的。

我的所有传记主人公共有的最后一个特质，便是他们保持着一种孩童般的惊奇。从人生的某个时刻开始，我们大多数人便不再因日常生活中的各种现象而感到惊异了。愈加不耐烦的老师和父母告诫我们，不要再问那么多愚蠢的问题。我们或许会细品蓝天的美丽，却不再有耐心去思考天为何是蓝色的。但是，列奥纳多做到了。爱因斯坦也做到了，他给一位友人写信："在我们所降生其间的伟大谜团面前，你我从未停止像好奇的孩童一样站立凝视。"我们应多加留心，永远不要因长大而丢失了那些充满着惊奇的岁月，也不要让我们的孩子们犯这个错误。

这些特征，都在杰夫·贝佐斯的身上有所体现。他从未因年龄的增长而遗失了那些充满惊奇的岁月。对于几乎所有事物，他都保留着一种永无餍足、天真烂漫、欢欣愉悦的好奇心。他对于叙事和讲故事的兴趣不仅来自亚马逊在图书销售行业的根基，也源自个人的兴趣爱好。小时候，每到暑假，贝佐斯都会在一家当地图书馆阅读几十本科幻小说；现在，他每年都会为作家和电影人举办一场静修会。同样，亚马逊点燃了他对机器人科学和人工智能的兴趣，而且这些领域已经成了他的终生爱好，现在的他还会主持另一场年度聚会，与钟情于机器学习、自动化、机器人和太空的专家们齐聚在一起。他从科学、探索和发现的伟大时刻中采撷精粹，并将这种对人文的热爱和对科技的热情与他的商业本能结合在一起。

贝佐斯之所以能成为我们这个时代最成功且最具影响力的创新者之一，靠的便是人文、科技、商业这三大核心支柱。与史蒂夫·乔布斯一样，贝佐斯为多个行业带来了巨变。世界上最大的在线零售商亚马逊，已经颠覆了我们的购物方式及对邮寄和配送的预期。超过一半的美国家庭都是亚马逊Prime服务[1]（Amazon Prime）的会员。2018年，亚马逊配送的包裹达到了100亿个，比地球上的总人口还多出20亿。亚马逊云服务（Amazon Web Services，AWS）提供了云计算服务和应用程序，支持初创公司和老牌企业轻松打造新的产品与服务，和苹果手机的应用程序商店一样，为业务开辟出崭新的途径。亚马逊的Echo音箱打造了一片智能家用音箱的新市场，而亚马逊工作室（Amazon Studios）则正在打造热门影视内容。另外，亚马逊也做好了颠覆保健和药品零售业的准备。对于全食超市公司（Whole Foods Market）的并购，在刚开始时或许令人匪夷所思，直到人们清楚地看到，此举或许是融合贝佐斯新创商业模式各分支的绝妙方式，将涉及零售业务、在线订购及与实体站点相结合的超快交付串联在一起。除此之外，贝佐斯正在打造一家商业太空公司，以实现将重工业转移到太空的长期目标。而且，他还成了《华盛顿邮报》的老板。

当然，那些使得乔布斯不同于常人的恼人特质，贝佐斯也具

---

[1] 亚马逊网站推出的类似于VIP收费会员的服务。

备一些。尽管名声和影响力巨大，但在那充满活力的笑声背后，他一直保持着自己的神秘感。然而，通过他的人生故事和书信，我们仍能一窥推动他前进的动力。

年幼时的杰夫·贝佐斯长着一对大耳朵，拥有震天的笑声和无法满足的好奇心。他的暑假是在得克萨斯州南部外公家广阔的牧场度过的。外公劳伦斯·吉斯是一位严厉但充满爱心的海军少校，曾作为美国原子能委员会的助理主任参与氢弹的研发。在那里，杰夫学会了自力更生。由于推土机报废，他便和外公搭建了一台起重机，把配件搬起来进行修理。他们一起阉割家畜、建造风车、铺设管道，还会就科学、技术及太空旅行的前沿领域促膝长谈。贝佐斯回忆说："他一手包揽了牧场里所有的兽医工作。他会自己制作针给家畜缝合伤口。他拿起一根电线，用喷灯加热，把电线压平、磨尖，然后在上面钻一个孔出来——针就做好了。有些家畜还真的被医好了。"

杰夫是一个冒险精神十足且求知欲旺盛的读者。他的外公常带他去一家藏有大量科幻小说的图书馆。趁着暑假，杰夫一本接一本地翻阅着书架上的书，一共读完了几百本。艾萨克·阿西莫夫[1]和罗伯特·海因莱因[2]成了他最爱的作家，在日后的人生中，他不仅常常援引他们的原句，还偶尔运用他们的原则、经验和专用

---

1 美国作家，波士顿大学生物化学系教授，机器人三定律的提出者，以科幻科普作品闻名。
2 美国科幻作家，被誉为"美国现代科幻小说之父"，与艾萨克·阿西莫夫和亚瑟·克拉克并称"科幻小说三巨头"。

术语。

杰夫的自力更生和冒险精神也是由母亲杰基灌输的。她的顽强与聪敏，与她的父亲和儿子旗鼓相当。怀上杰夫时，她只有17岁。"她还是个高中生，"杰夫解释说，"你可能会想：'哇，在1964年的阿尔伯克基，年轻姑娘怀孕说不定是件很酷的事呢。'但事实并非如此。这需要极大的勇气，也需要她父母的很多帮助。她的高中甚至想要把她开除。我猜他们是觉得怀孕这事儿可能会传染吧。我那位沉着、理智的外公和校长达成了协议，让她留下来把高中学业完成。"杰夫从母亲身上学到的最重要的东西是什么？"被那样的母亲养大，孩子必定会拥有不可思议的坚忍。"

杰夫的生父经营了一家自行车店，并在马戏团里表演独轮车。他和杰基只有一段短暂的婚姻。杰夫4岁时，母亲再婚。第二任丈夫与她更为般配，也教杰夫懂得了坚忍和决心的价值。他叫米格尔·贝佐斯，人称"迈克"，也是个自力更生和有冒险精神的人。他16岁时从菲德尔·卡斯特罗治下的古巴来到美国，身穿母亲用家里的碎布缝制的夹克衫独自旅行。迎娶杰基之后，他把她活泼的儿子作为自己的孩子抚养。杰夫随了贝佐斯的姓，此后永远把他当作自己的亲生父亲看待。

1969年7月，5岁的杰夫在电视上看到了阿波罗11号的报道，尼尔·阿姆斯特朗的登月行走是整段报道的高潮。这是一个意义重大的时刻。他说："在家里客厅收看电视的情形历历在目，父母和外公外婆的兴奋也让我记忆犹新。小孩子们是能够感受到那种兴奋的。他们知道，有什么非同一般的事情正在发生。毫无悬念，这成了我的一大爱好。"别的不提，因对太空有浓厚兴趣，他成了《星际迷航》的铁杆粉丝，对每一集都如数家珍。

还在上蒙氏教育幼儿园时，贝佐斯就已经达到了心无旁骛的境界。他回忆说："老师跟母亲抱怨，我会聚精会神地关注某一个活动，她没法让我切换到下一个活动中，只能搬起我的椅子，把我放到别处。顺便说一句，如果你问跟我一起共事的人，你会发现，我到现在可能还是老样子。"

1974年，怀着对《星际迷航》的热情，10岁的贝佐斯进入了计算机领域。贝佐斯的父亲当时正在休斯敦的埃克森公司任职。在休斯敦上小学的贝佐斯发现，他可以在计算机室的终端机上玩一款太空电子游戏。那时，个人电脑还未问世，学校的计算机终端通过一台拨号调制解调器连至一家公司的大型计算机上，从而得以使用大型计算机贡献出的额外系统时间。贝佐斯说："我们有一台连接老式声学调制解调器的电传打字电报机。你只需拨通一部普通的电话，然后把听筒放在机器的小槽里就行了。没有人——没有一个老师——知道怎么操作这台机器，谁都搞不清楚。但是这台机器配了一大沓说明书，我和其他几个孩子会在放学后留下来，研究怎么给这台机器编程……后来我们发现，在休斯敦市中心的某个地方，那台大型计算机的程序员已经对机器完成了相关的编程，让它可以被用来玩《星际迷航》。从那天起，我们就开始没完没了地打起《星际迷航》来。"

他的母亲不仅开车接送他到无线电屋,还任由他把家里的车库搞成了科学实验室,由此支持他对电子和机械的热爱。对于他巧妙制造恶作剧装置吓唬弟弟妹妹的嗜好,母亲也听之任之。"我经常用各种警报在家里安置陷阱,有的不仅会发声,而且跟真的诱捕装置没什么两样。"他说,"我妈妈真是个圣人,因为她一天内会开车带我往返无线电屋好多次。"

杰夫童年时的商业偶像是托马斯·爱迪生和华特·迪士尼。他表示:"我一直都对发明家和发明兴趣盎然。"虽然爱迪生更为高产,但贝佐斯因迪士尼的大胆远见而逐渐对他产生了更多的崇敬。他说:"在我看来,他拥有一种不可思议的能力,就是创造出让许多人共享的愿景。如迪士尼乐园等主题公园一样,迪士尼的发明创想如此宏大,是任何人凭一己之力都无法完成的,这一点与爱迪生的许多发明不同。华特·迪士尼真的有能力带领一大群人沿着一个方向共同努力。"

上高中的时候,贝佐斯一家已经搬到了迈阿密。作为全优生的贝佐斯有些书呆子气,仍然完全沉迷于太空探索之中。他被选为在毕业典礼上致辞的班级代表,演讲内容围绕太空展开:如何在行星上殖民,如何建造太空酒店,以及如何通过把生产制造移到别处来拯救我们脆弱的地球。他在演讲结束时说:"太空,最后的边境,我们那里见!"[1]

杰夫是怀揣着研究物理的目标进入普林斯顿大学的。这听起

---

[1] 原句出自《星际迷航》。

来是个聪明的计划，而与一节量子力学课的"冲撞"改变了他的想法。一天，他和他的室友不管多么努力都无法解决一个棘手的偏微分方程，于是两人来到另一位同学的宿舍求助。这个同学盯着方程看了一会儿，然后把答案给了他们。这个要用三页代数详细阐释的问题，他竟然能够用心算解决，这让贝佐斯大为吃惊。"就在那一刻，我意识到自己永远也不会成为一位伟大的理论物理学家了，"贝佐斯说，"我看了看墙上的运算草稿，然后很快就把专业改成了电气工程和计算机科学。"这是一个痛苦的领悟。已决意要成为一名物理学家的他，最终还是面对了自己的局限。

毕业后，贝佐斯来到纽约，将他的计算机技术运用于金融行业。最后，他进入了一家由大卫·艾略特·肖尔经营的对冲基金公司，这家公司的业务是运用计算机算法来寻找金融市场中的价差。自律的贝佐斯带着热情投入了这份工作。他在办公室放了一个睡袋，以便在工作到深夜时睡在那里，这便是他日后在亚马逊努力贯彻的狂热工作精神的前身。

1994年，在对冲基金工作的贝佐斯偶然从统计数据中发现，互联网每年的增长率超过了2300%。他下定决心要登上这枚"火箭"，并想出在网上开一家零售商店的主意，这有点数字时代版西尔斯百货商品目录的感觉。意识到从一种产品起步较为慎重之后，他选择了书籍——部分原因是他爱书，同时也因为书籍不易腐烂，拥有实用和经济价值，且能通过两家大型批发商进货。当时可售的出版书籍有300万种——远远超出了一家实体商店的可陈列体量。

当他把想要离开对冲基金去追求这个创意的想法告诉大卫·肖尔时，肖尔带着他在中央公园走了两个小时。"你知道吗？杰夫，这是个很好的主意。我觉得你发现了一个很棒的点子，但这点子可能更适于那些还没有找到一份体面工作的人。"他说服贝佐斯先思考几天，再做决定。然后，贝佐斯又征求了他的妻子麦肯齐的意见——两人在对冲基金公司相识，并于前一年结为连理。她的回应是："你知道的，无论你想做什么，都大可把我完全算进去。"

为了做出决定，贝佐斯运用了一种观想练习，而这也成为他的风险运算方法中非常著名的一环。他把这叫作"遗憾最小化准则"。他想象，在80岁的时候，回忆这个抉择的自己会作何感想。"我想尽量将我的遗憾减至最少，"他解释说，"我知道，80岁的时候，我是不会因为做了这个尝试而后悔的。我不会后悔曾经试着参与到这个叫作互联网且我相信一定会成大气候的领域之中。我知道，如果失败，我无怨无悔；但我也知道，可能让我追悔莫及的是从未尝试，因为悔恨会每天萦绕在我脑中，挥之不去。"

杰夫和麦肯齐飞到得克萨斯，在那里向杰夫的父亲借了一辆雪佛兰。创业起源故事中的一段传奇，便始于这段车程。麦肯齐负责驾车，杰夫则打出了一份商业计划书和几份满是收入预测的电子表格。他对此是这样说的："你心里清楚，这份商业计划书一定扛不住第一波现实的考验。但是，把计划写下来的习惯会迫使你把一些问题思考清楚，并在心理上稍微适应这个领域。然后你就会开始意识到，如果按下这个按钮，这一块就会移动到这里，诸如此类。这就是我们的第一步。"

贝佐斯之所以选择西雅图作为新公司的所在地，部分原因是这里有微软和许多其他科技公司的总部，因此有大量的工程师可以招聘。另外，这里也离一家图书发行公司很近。贝佐斯想要立即注册成立公司，于是在行车途中给西雅图的一位朋友打电话，让对方推荐一位当地的律师。没想到，推荐过来的人竟然是朋友的离婚律师，但他也能办理手续。贝佐斯对那位律师说，他想要给公司起名"卡达布拉"（Cadabra），即魔术咒语"阿巴卡达布拉"中的后半部分。律师的反应却是，"卡达布"[1]（Cadaver）？贝佐斯用他招牌式的大笑予以回应，同时也意识到他必须想一个更好的名字才行。他最终做出决定，要用世界上水量最大的河流来命名这家他梦想中将成为世界最大的商店。

他打电话把正在做的事情告诉了父亲，迈克·贝佐斯的回应却是"互联网是什么？"这或者是杰夫加了幻想的演绎。实际上，迈克·贝佐斯是早期拨号上网服务的用户，对在线零售的前景也看得很清楚。他和杰基都觉得，为了这样一件不着边际的事辞去金融行业的高薪工作太过鲁莽，即便如此，他们还是把一生的大部分积蓄——先是给了10万美元，而后又追加更多——都拿了出

---

[1] 即"死尸"。

来，同意投资。"最初的创业资金主要来自我的父母，他们把毕生的大部分积蓄都投入了亚马逊公司的前身之中，"贝佐斯说，"他们的做法既是非常大胆的尝试，也饱含着对我的信任。"

迈克·贝佐斯承认，他根本就没有理解儿子的理念和商业计划书。"跟我母亲一样，他是在往儿子身上下注，"杰夫表示，"我告诉他们，我觉得有70%的概率会把所有投资都砸在里面……我已经给了自己高于正常值2倍的概率，因为说实话，看看一家初创公司真正能够成功的概率，这数字也只有10%左右。但我硬是给了自己30%。"他的母亲杰基后来说："我们不是在为亚马逊投资，而是在为杰夫投资。"最后，两人投入了更多资金，拥有了公司6%的股权，并利用他们的财富成为非常积极和创意频出的慈善家，致力于为所有儿童提供学前教育的机会。

其他人也对贝佐斯的理念一头雾水。当时，克雷格·斯托尔兹还在《华盛顿邮报》担任记者，负责管理报纸旗下关于消费者科技的杂志。贝佐斯来向他阐述自己的想法。事后，斯托尔兹在一篇博客中写道："他个头矮小，带着拘谨的笑容，头发稀疏，情绪不知为何狂热难抑。"斯托尔兹完全没有被说动，不但把对方打发走，还不愿撰文宣传他的理念。在斯托尔兹离开报社多年后，贝佐斯却将这家报社收购了下来。

刚开始的时候，杰夫和麦肯齐将公司设在两人位于西雅图附近租住的一间两室房子里。乔什·奎特纳[1]日后在《时代》杂志中写道："两人把车库改造成了工作间,搬进了三台升阳牌电脑,电源线从房里所有可用的插座蜿蜒通向车库,天花板上裂开一个黑色的大洞——那里本来是大肚火炉,为了腾地方而被拆了下来。为了省钱,贝佐斯跑到家得宝[2]买了三扇木门,用角撑架和3.8厘米×8.9厘米的木板制作了三张桌子,每张的成本只有60美元。"

1995年7月16日,亚马逊官网上线运营。贝佐斯和他的小团队临时制作了一个铃铛,每订出一单便响铃示意,但随着订单的大量涌入,这一做法很快就不得不被废止。在头一个月里,除了让朋友口口相传之外,亚马逊并未实行任何真正的营销或宣传计划,但其业务范围仍扩展到了全美50个州和45个国家。"在最初的几天里,我就知道这家公司要成大气候,"贝佐斯告诉《时代》杂志,"毫无疑问,我们发掘到的东西,要远远超乎我们最大胆的想象。"

最初,一切事务都由杰夫、麦肯齐和几位早期员工来处理,包括打包、装箱及开车把箱子带到运输点。贝佐斯表示:"我们的发货中心完全没有建立起真正的组织结构,收到的订单人多,让我们措手不及。夸张的是,我们竟然要跪在坚硬的水泥地上给商品打包。"这是贝佐斯常常带着那爽朗的大笑讲述的另一个亚马逊

---

[1] 曾在《连线》杂志担任自由记者,《新闻周刊》《时代》杂志撰稿人,《红板报》编辑总监,短暂地在《财富》杂志旧金山分社担任执行编辑,目前是Decrypt联合创始人。
[2] 美国建材家居零售企业。

起源故事，故事的内容是关于他们如何简化打包流程的。

"这种打包方式简直要了我的命！我背痛难忍，跪在这坚硬的水泥地上，膝盖也吃不消了。"一天，贝佐斯不禁大呼起来，"知道我们需要什么吗？我们需要戴护膝！"

一位员工看了看贝佐斯，仿佛这是他见过的最没脑子的人。他说："我们需要的是包装台。"

贝佐斯向那位员工投去了仰望天才一般的目光。"我觉得那是我听过的最妙的主意，"他回忆说，"第二天我们就买来了包装台，生产效率估计一下子翻了一番。"

亚马逊的增长如此迅速，这意味着贝佐斯和他的同事们对于许多挑战都没有准备。虽然大家不得不拼命赶工，但他还是从中发掘到了不幸中的万幸。他表示："这在公司的每个部门都打造了一种用户服务文化。为了确保订单发出，公司里的每一个人都需要通过双手无微不至地为用户服务，这扎扎实实地树立起了一种让公司受益匪浅的文化。而我们的目标也在于此，那就是成为地球上最以用户为中心的公司。"

很快，贝佐斯的目标就变成了打造一家"万货商店"。接下来的措施，便是向音乐和影视领域拓展。专注于用户的他，给其中的1000名发送了电子邮件，看看他们还希望买到什么样的商品。这些答案帮助他更好地了解了"长尾概念"[1]，这意味着他们有能力

---

1 此概念一般应用在统计学和商业上。在商业中，成功运用长尾效应的企业可通过向大量消费者销售少量难以找到的商品来获得可观收益。

提供不是畅销品的商品，而这些商品也不会出现在大多数零售店的货架上。"用户给出的答案，就是他们当时正在寻找的商品，"他说，"我记得其中一个答案是'我希望你们能销售汽车雨刮片，因为我真的很需要它'。我暗想，任何商品都可以销售。就这样，久而久之，我们便逐渐推出了电子产品、玩具和其他各种品类。"

1999年年底，我还在《时代》杂志担任编辑。那时，我们做出了一个有些不同寻常的决定，就是将贝佐斯评选为"年度风云人物"，尽管他不是知名的大国领袖或政治家。我有一个理论：那些对我们的生活产生最深刻影响的人，往往是商界或科技领域的人物，至少在职业生涯早期，这些人大多是不会见诸报纸、杂志的头版的。比如在1997年年底，我们就曾经把英特尔公司的安迪·葛洛夫选为了"年度风云人物"，因为我觉得，微芯片的突飞猛进对社会造成的影响要比任何总理、总统或财政部长都大。

然而在1999年12月，随着贝佐斯作为封面的那期杂志的出版日期逐渐临近，互联网泡沫却开始呈现消散之势。我担心亚马逊等互联网公司的股票会出现暴跌——事实也确实如此。因此，我找到时任时代公司首席执行官的唐·洛根，向足智多谋的他询问选择贝佐斯是不是一个错误，如果互联网经济紧缩，我在未来几年会不会背上愚蠢的名声。唐告诉我不会如此，他说："坚持你的选择吧。杰夫·贝佐斯做的不是互联网的生意，他做的是用户服务的生意。未来的几十年里，当人们把那些一定会以破产收场的互联网公司忘得一干二净时，他仍会有自己的一席之地。"

就这样，我们便开始行动。伟大的肖像摄影师格雷格·海斯勒说服贝佐斯把头套在一个满是包装材料的亚马逊箱子里，让他面对镜头摆好姿势；然后在玛格丽特·卡尔森[1]的家中举办了一场派对，用的食物和饮料全是从网上订购的。杂志社最富洞察力的年轻编辑约书亚·库珀·拉莫撰写了一篇人物介绍，将贝佐斯置于历史的视角之中：

> 每当我们的经济发生地震般的剧变时，总有一些人远远超前地感知到震动，这震动如此强烈，采取行动变得势在必行——即便这行动看似轻率，甚至愚蠢。看到铁路的崛起，船业老板科尼利尔斯·范德比尔特便"跳船"进入了铁路行业。在计算机尚未起步时，小托马斯·沃森便不由自主地预见到计算机无处不在的情景，于是用父亲的办公机器公司IBM做了赌注。杰夫里·普雷斯顿·贝佐斯（贝佐斯的全名）也有着同样的经历，第一次窥看由计算机连成的叫作"万维网"的迷宫时，他便意识到，零售业的未来正在他的眼前熠熠闪光……贝佐斯对于在线零售世界的构想是如此全面，他的亚马逊官网极尽优雅和迷人，从创业第一天开始，它就成了每一个人、每一个公司进行线上销售货物的参考标准。事实证明，所有人都在其中。

---

[1] 曾是《时代》杂志的首位女性专栏记者，目前在新闻网站"每日野兽"开设专栏。

亚马逊的确受到了互联网泡沫破灭的重击。1999年12月，我们的年度风云人物期刊出版之时，亚马逊公司的股票为每股106美元。一个月之后，股价便下跌了40个百分点，并在不到两年的时间里跌至6美元的低位。记者和股票分析师们对亚马逊嗤之以鼻，戏称亚马逊"完事大吉""一蹶不振"。在此后不久写成的年度致股东信中，贝佐斯只用了两个字作为全信的开头，"哎哟"。

但是，唐·洛根是正确的。亚马逊和贝佐斯都从泡沫中挺了过来。他说："眼看着股价从113美元滑落到6美元时，我也在密切关注着我们所有的内部业务指标，比如用户数量和单位利润。业务的方方面面都在迅速变得越来越好，而成本是固定的。因此在我看来，从内部指标来看，销售量达到一定程度时，我们便能抵补固定成本，公司便会转为赢利状态。"

贝佐斯之所以成功，在于他紧盯长远目标，为实现增长放弃短期盈利。在对待竞争对手和自己的同事时，他不仅严苛，有时甚至冷酷无情。互联网泡沫期间，他和其他几位互联网企业家参加了汤姆·布考罗主持的《NBC晚间新闻》特别节目。"贝佐斯先生，'利润'这个词，您确定会拼吗？"布考罗诘问道，意在强调亚马逊成长过程中的资金大放血。"当然会，"贝佐斯回答道，"P-R-O-P-H-E-T。"[1]截至2019年，亚马逊的股票已经达到了每股2000美元，并在全球拥有2330亿美元的收入及64.7万名员工。

---

[1] 英文利润一词为"profit"，而贝佐斯拼出的"prophet"虽然与"利润"同音，却是"先知"之意。

19

亚马逊Prime服务的推出，彰显了贝佐斯的创新和运营方式，这项订阅服务颠覆了美国人对于在线订购能够多么快速和廉价地满足其需求的认识。一位董事会成员一直提议，亚马逊应该打造一种用户忠诚计划，类似于航空公司的空中飞人奖励。而在不同场合，一位亚马逊工程师则提出，公司应该向最忠诚的用户提供免费邮寄服务。贝佐斯将这两个想法融合在一起，并让他的财务团队对成本和利润进行评估。"结果简直糟糕透顶。"贝佐斯带着他招牌式的大笑说道。但是，贝佐斯有一个原则，那就是在做重大决定时将心灵、直觉与经验数据并用。他说："冒险是必经的过程，直觉也是必需的。所有好的决策都必然如此制定。决策要与团队一起去做，要带着极大的谦卑去做。"

贝佐斯明白，打造亚马逊Prime服务，便是打造了一扇他所谓的"单向之门"：这是一个难以逆转的决定。"我们犯过错误，比如智能手机Fire Phone和千千万万行不通的产品的惨败。我在此不把我们所有失败的实验一一列举，但是，一款大获全胜的产品会为千万个失败的尝试买单。"他明白，刚起步的情形会让人望而却步，因为最初订阅Prime服务的用户对于货运的需求是最大的。他说："如果你开了一家随心吃到饱的自助餐餐厅，那么会有哪些人先来？是那些特别能吃的人。这挺吓人的，感觉就像'老天啊，我真的让你敞开肚子吃那么多大虾了吗？'"但是，最终，亚马逊Prime服务不仅发展成了一套用户忠诚计划，为用户提供了便利，也成为巨大的用户数据来源。

贝佐斯最伟大也最无心插柳的创新，便是亚马逊云服务。最初的想法是从公司内部迸发出来的，具体涉及一款叫作"弹性云端运算"的软件和一款名为"简单存储服务"的托管服务。最终，人们将一系列相关创意汇总在一份备忘录中，提议创建一款服务，"让开发人员和公司使用网络服务，来构建成熟和可扩展的应用程序"。

贝佐斯不断挖掘亚马逊云服务的潜力，推动他的团队以更快的速度将服务发展壮大。他激情澎湃，有时情绪甚至会转为盛怒喷薄而出。由此而来的产物，为互联网创业注入了继苹果应用商店之后无人能及的巨大能量。这项服务的出现，让任何一个住在宿舍里的学生和小镇中任一条主街上的门店——大企业也可以包括在内——不必购买满架子的服务器和成套的软件，便能实践各种想法和构建新的服务。人们可以共用同一个分布在全球的基础设施，它拥有比世界上任何其他公司都强大的服务器农场、按需计算能力及应用程序。

贝佐斯表示："我们彻底颠覆了公司购买计算服务的方式。就传统而言，如果你是一家需要计算机提供算力的公司，那就要搭建一个数据中心，在数据中心里填满服务器，然后还要对这些服务器的操作系统进行升级并保证一切顺利运行，等等。其中任何一件事都没有为公司的业务增加任何价值。这是一种无差异化的苦力，是入场必须交的门票钱。"贝佐斯意识到，这个过程也束缚住了亚马逊公司内部各个创新群体的手脚。长期以来，公司的应用程序开发人员都与硬件团队意见不合,但贝佐斯对开发人员的指示是让他们开发一些标准的应用程序编程接口和访问计算资源的路径。他说:"我们一这么做之后,很明显,世界上每家公司都想这样做。"

但在很长时间里,发生了一件咄咄怪事:几年以来,竟然没有其他公司进入这个领域与他们竞争。贝佐斯的眼光远远超越了其他人。他说:"在我看来,这是商业史上最好的彩头。"

有的时候,失败与成功是并肩而行的。亚马逊Fire Phone的惨败,以及公司的智能音箱Echo和家用设备助手Alexa的告捷,就是这样的例子。贝佐斯在2018年的致股东信中写道:"虽然Fire Phone遭遇了滑铁卢,但我们得以汲取教训(并集结开发人员),加快了Echo和Alexa的构建工作。"

贝佐斯对Echo的热情,源于他对《星际迷航》的钟爱。小时候和朋友们一起玩《星际迷航》游戏时,贝佐斯喜欢扮演"企业号"星舰上全知电脑的角色。"对于Echo和Alexa的构思,就是受到《星际迷航》中这台电脑的启发而来的,"他写道,"这个创意也源于我们多年来一直在搭建和畅想的两个领域:机器学习和云服务。从亚马逊创立之初,机器学习就一直是我们的产品推荐中不可或缺的一部分,而亚马逊云服务则让我们近距离见证了云的威力。经过多年的开发,Echo于2014年问世,并由生活在亚马逊云服务中的Alexa提供支持。"由此而生的,便是几款智能音箱、一台爱聊天的《星际迷航》风格家用电脑,以及一位智能个人助理的完美结合。

从某种程度而言，亚马逊Echo音箱的诞生，与史蒂夫·乔布斯对于苹果iPod的开发如出一辙。这个创意是直觉而非焦点小组的产物，也并非响应某些简单浅显的用户需求。"没有用户提出过对Echo的需求，"贝佐斯表示，"市场调研也没有什么用处。如果你在2013年找到一位用户，说：'有一个永不关机的黑色圆筒设备，大小和品客薯片罐差不多，可以帮你开灯和播放音乐，你也可以与之交谈或向它提问，你想不想放在厨房里？'我敢保证，对方会疑惑地看着你，回答'不想'。"然而出人意料的是，贝佐斯先是将这样一款家用设备打造了出来，给了苹果一记痛击，并对其语音识别和机器学习组件进行打磨，使之比谷歌和后来的苹果这两家竞争者的产品更胜一筹。

最终，贝佐斯希望将亚马逊在线商店、亚马逊Prime服务、Echo音箱及亚马逊的用户数据分析服务与其2017年收购的全食超市连锁店融合为一。贝佐斯表示，收购这家公司的部分原因，是为了对公司创始人约翰·麦基的远见卓识表示钦佩。与亚马逊打算收购的公司的创始人或首席执行官会面时，贝佐斯会试图评估对方到底只是为了赚钱，还是对服务用户抱有真正的热情。贝佐斯说："我总会试着先把一件事弄明白：这个人到底是传教士[1]还

---

[1] 原指传播天主教、基督教的人员。贝佐斯在本书中用"传教士"指代商业社会中不追求短期利益而守护长期信念的长期主义者。

是雇佣兵[1]？雇佣兵图的是炒高股价。而传教士热爱他们的产品或服务，热爱他们的用户，图的是创造出优质的服务。顺便提一句，这其中最大的悖论是，赚到更多钱的人，通常是那些传教士。"麦基给贝佐斯留下了传教士的印象，他的热情贯穿于全食超市整体风气之中。"这是一家传教士式的公司，他也是个不折不扣的传教士。"

除了亚马逊之外，贝佐斯最大的兴趣便是太空旅行，这是他从小就开始培养的爱好。2000年，在高度保密的情况下，他在西雅图附近成立了一家叫作"蓝色起源"（Blue Origin）的公司，公司名的出处便是这个人类起源的淡蓝色星球。他邀请自己最喜爱的一位科幻小说作家尼尔·斯蒂芬森作为公司顾问。他们天马行空地聊一些疯狂又新颖的创意，比如使用一种类似牛鞭的装置将物体弹射到太空。最终，贝佐斯将注意力放在了可重复使用的火箭上。"2000年的条件与1960年有何不同？"他问道，"发动机可能稍微改进了一些，但仍是化学火箭发动机。不同的是计算机的传感器、照相机和软件。诸如垂直降落这样的问题，可以用存在于2000年而1960年尚未问世的技术来解决。"

2003年3月，贝佐斯开始在得克萨斯州筹建一大片牧场，在那里秘密打造他的可重复使用火箭。克里斯蒂安·达文波特的著作《下一站火星：马斯克、贝佐斯和太空争夺战》中最精彩的一

---

[1] 原指为了利益而参加一场武装冲突的团体和个人。雇佣兵参战只是为了金钱，只要对方出价够高，他们可以受雇于任何人。贝佐斯在本书中用"雇佣兵"指代商业社会中只追求短期、现实利益而出卖长期价值的短期主义者。

幕，描写的便是贝佐斯乘坐直升机物色牧场时经历的那场可怕的飞机失事。

记者兼贝佐斯的传记作者布拉德·斯通发现蓝色起源的存在后，便给贝佐斯发去电邮，让他对此发表评论。斯通的解读是，贝佐斯成立这家公司，是因为他觉得政府管理的美国国家航空航天局（NASA）计划已经变得过于谨小慎微和迟缓怠惰。虽然尚未做好讨论公司事宜的准备，但贝佐斯还是公开发表声明，驳回了斯通的看法。贝佐斯在给斯通的信中写道："NASA是一国之宝，你说有人会对它感到失望，简直是无稽之谈。我对太空感兴趣的唯一原因，就是5岁时受了（NASA的）启发。能够给5岁孩子带来启发的政府机构，你能想到几家？他们的工作对于技术的要求极高，工作性质本身就有风险，而他们却不断有卓越的表现。小型航天公司之所以有机会取得任何成绩，唯一的原因就在于它们得以站在NASA的肩膀上，分享他们的成就和创意。"

贝佐斯是以一位传教士而非雇佣兵的姿态来对待他的航天事业的。他表示："这是我正在做的最重要的工作，我对此深信不疑。"地球是有限的，能源的使用也经历了巨幅增长，他认为，这很快就会将我们这个小星球的能源消耗殆尽。摆在我们面前的是这样一个选择：接受人口的静态增长，或者在地球之外的地方进行探索和拓展。他说："我希望我的孙子的孙子能享受的人均能源消耗，要比我现在的多得多。我也想看到人口上限不复存在那天到来。我希望太阳系里有1万亿人口，这样我们就会有1000个爱因斯坦和1000个莫扎特了。"但他担心，在不到一个世纪的时间里，地球便会无力支撑这种幅度的人口增长和能量消耗。"那么，这会带来什么呢？这会带来停滞。我觉得，停滞与自由这么基本的权利都是水火不容的。"这个理念促使他坚信，我们现在就应该开始思考对新疆界的拓展。"这个问题是可以解决的。"他说，"具体的做法，就是降低进入太空的成本和对太空资源进行利用。"

蓝色起源致力于通过可重复使用的运载火箭和发动机来降低访问太空的成本。以第一位美国宇航员艾伦·谢泼德的名字命名的"新谢泼德号"，是第一枚垂直起飞进入太空后又垂直返回地球的火箭——除此之外，这也是第一枚被重复利用的火箭。从得克萨斯西部发射升空的"新谢泼德号"，设计之初的宗旨便是实现载人航天，这枚火箭即将做好运载付费用户往返太空的准备，并已开始为大学、研究所及NASA推出机上研究实验。作为蓝色起源较大的轨道火箭，以第一位绕地球轨道飞行的宇航员约翰·格伦的名字命名的"新格伦号"，已经做好了将来自企业和NASA及国家安全部门的用户送上太空的准备。2019年，贝佐斯还发布了"蓝月亮"月球登月器的相关计划，NASA为该计划通过了一纸将近5亿美元的合同，以开发一套能带人类重回月球的系统。在该计划中，蓝色起源与洛克希德·马丁公司、诺斯罗普·格鲁曼公司及德雷珀实验室达成了合作。另外，贝佐斯还资助了一次太空考察，将阿波罗登月计划中运送宇航员前往月球的"土星五号"所使用的几台F-1发动机找了回来。

贝佐斯的另一个爱好，便是他于2013年收购的《华盛顿邮报》。在一个报纸产业逐渐式微的时代，他却为《华盛顿邮报》注入了资金、能量、科学技术，以及全新的记者团队，同时也给予了马丁·巴伦——这家报纸的伟大主编——绝对的编辑控制权。"我无意找一份报纸，"贝佐斯表示，"我从没有过这种想法，这也不是我童年的梦想。"然而没想到的是，《华盛顿邮报》的老板唐纳德·格雷厄姆找到了他，并通过一系列的谈话说服他相信这是一项重大的使命。就这样，贝佐斯对自己的灵魂进行了一番拷问，并一如既往地依直觉和分析做出判断。"这是一家重要的机构，"谈到自己得出的结论时，他这样表示，"这是一家位于世界上最重要国家的首都的报纸。《华盛顿邮报》在这个民主国家中扮演着举足轻重的角色。"因此，他告诉唐纳德，他同意收购报纸，也没有跟对方讨价还价。他说："我没有跟他谈判，也没有做尽职调查。有了唐纳德，这些都不必要。他把所有隐忧都跟我挑明，也向我展示了所有的优势。事实证明，无论好坏，他所吐露的每一件事都是属实的。"

虽然贝佐斯已对这份报纸进行了改善并增强了其财务可行性，但这次收购仍然付出了高昂的代价。对于贝佐斯没有行使编辑控制权，以及《华盛顿邮报》与亚马逊完全分离一事，唐纳德·特朗普既不理解，也不关心。因此在我看来，这位（前）总统试图惩罚亚马逊并拒绝通过本属于亚马逊云服务的合同，其实就是联邦政府的腐败和权力滥用。[1]

在贝佐斯本人的政治和哲学理念中，融合了社会自由主义——他曾捐款支持同性婚姻合法化运动——和强调个体自由的经济观，但他并未将此强加给《华盛顿邮报》。这种心态，是他与逃离卡斯特罗治下古巴的父亲共有的。他表示："自由市场经济必然会涉及高度的自由，而在资源配置方面也恰好合理有效。"虽然如此，在他看来，自由市场的优势不只来自效率，也来自其赋予个体的道德价值。

> 想象一下这样一个世界：有一台出神入化的人工智能计算机，在资源配置上要比无形的手更在行，它会告诉你："不该有这么多小鸡，应该有那么多小鸡。"应多添几只或减去几只。这或许会让财富总量再上升一个层次。因此，在这样的社会中，如果你放弃自由，那么可能人人都会更加富有一些。现在，我想提的问题是，如果事实证明这个世界就是如此，"这是一桩好交易吗"？就个人而言，我并不这么认为。依我看，这是一桩糟糕的交易。我认为，美国梦的主题，应该是自由。[2]

---

[1] 意指美国国防部与微软签订的一项价值100亿美元的云计算合同。亚马逊对这份合同表示质疑，指责这是特朗普为追求个人利益和政治目的所进行的干预。
[2] 摘自贝佐斯2001年与美国成就协会的访谈。

在这本书中，你可以从贝佐斯的访谈、文章以及自1997年以来亲笔撰写的年度致股东信中学到诸多经验和秘诀。以下是我认为最为重要的五点：

1.放眼长期。"一切以长期为重"，这是他在1997年的第一封致股东信中强调的第一个小标题。"我们的投资决策要继续基于长期市场领导地位来考虑，而不是看短期盈利或华尔街的短期反应。"你的用户希望以更低廉的价格和更快的速度得到更好的服务，你的股东则希望获取投资回报，放眼长期，会使二者的利益趋于一致。而在短期内，二者却并非总是趋同。

此外，长期主义思维还为创新留出了空间。他说："我们热爱发明创造和尝试新事物，我也坚信，长期的定位对于创造发明是必不可缺的，因为在过程中，你一定会遇到很多失败。"

贝佐斯说，他对于太空旅行的兴趣，有助于提醒他将焦点放在遥远的地平线上。他的众多优点之一，便是像他在亚马逊所做的那样放眼于遥远的地平线。他在太空公司使命宣言中写道："蓝色起源将耐心地追寻这一长期目标，步步为营。"当埃隆·马斯克断断续续大张旗鼓地推进与蓝色起源相抗衡的太空计划时，贝佐斯却建议他的团队"宁做乌龟，不做兔子"。蓝色起源的公司徽标上有一句拉丁文的座右铭，"Gradatim Ferociter"，意即"步步为营，勇往直前"。

带着洋溢的激情和不骄不躁的心态遵循这一座右铭的能力，也是贝佐斯的众多优点之一。在得克萨斯的牧场中，贝佐斯已经开始了一座万年钟的建造工作。这座钟由未来学家丹尼·希利斯设计,其世纪指针每100年前进一次,布谷鸟则每1000年出来报一次时。他说:"这是一座意义非凡的时钟,设计初衷便是成为一个符号、一个代表长期思维的象征。"

2. 充满激情、坚持不懈地关注用户。这个理念,就是他在1997年的致股东信中所写的"痴迷于用户"。每年的致股东信都在强化这句口号。他在翌年写道:"我们力图打造全球最以用户为中心的公司。用户是敏锐而明智的……这些都是不言自明的公理……但是,操劳之人永无宁日。我时常提醒我们的员工要心怀危机感,每天早上都要战战兢兢地醒来,不是惧怕我们的竞争对手,而是敬畏我们的用户。"

在一场由阿斯彭研究所和《名利场》杂志主办的会议上,贝佐斯在接受我的采访时做了详细的阐述。他说:"公司的核心在于对用户痴迷,而不是对竞争对手痴迷。专注于用户的好处是用户永远不会满意。他们总想得到更多,因此也会带动你前进。然而,对于痴迷于竞争者的公司而言,如果你是领导者,在环顾四周时看到所有人都在你身后跑,那你或许就会把脚步放慢一点了。"

贝佐斯允许产品负面评论出现在亚马逊网站上的政策,也是他关注用户的体现之一。一位投资者抱怨说,贝佐斯忘记了亚马逊只有在售出商品时才能赚钱,因此差评对于业务是一种损害。"读到那封信的时候,我心想,我们并不靠售出商品赚钱,"贝佐斯这样说,"只有在帮助用户做出购买选择时,我们才有钱赚。"

和沃尔玛超市一样，亚马逊也因向供货商施压并强迫他们削减成本而受到诟病。但在贝佐斯眼中，为用户"坚持不懈地降价"就是亚马逊的核心使命。近年来，亚马逊在各大消费者的满意度调查中几乎独占鳌头。

3. 避免使用幻灯片和类似的演示。这是一条史蒂夫·乔布斯也同样遵循的准则。贝佐斯相信讲故事的力量，这意味着他认为同事们应该通过创造通俗易懂的故事来演示自己的想法。他在2017年的致股东信中写道："在亚马逊，我们不用幻灯片（或任何其他类似的形式）做文稿演示，而是用叙事的形式写一份6页备忘录。每次会议开始时，我们都会在'自修室'一样的会议室里默读一篇备忘录。"

这些长度限于6页的备忘录应当笔迹明晰，贝佐斯认为（事实也的确如此），这能促使思路清晰。这些备忘录往往是集体协作的结晶，但也可以带有个人风格。有的时候，这些备忘录中也附带着推荐提交的新闻稿。他说："即便是写6页备忘录，也需要团队合作。团队中必须有人具备这种写作技能。"

4. 专注重大决策。"作为一名高级主管，你真正的职责到底是什么？"他问道，"你的工作是对少数重大问题做出决策，而不是每天对成百上千件的小事做决定。"

他将必须做出的决定分为可撤销和不可撤销两种。后者需要多加谨慎。对于前者，他会尝试将这一过程进行权力下放。在亚马逊，他打造出一种叫作"多途径获批"的制度。他指出，在其他企业中，一项提案或许会遭到多个层级负责人的扼杀，想要获批，就必须将这些门槛一一跨过。而在亚马逊，想要让自己的想法获批，员工只需走访数百名有权批准的高管中的任何一位就行。

5.雇用合适的人才。贝佐斯在早期的一篇致股东信中写道："我们将继续专注于招聘和留住那些多才多艺、天赋异禀的员工，也会继续将他们的薪酬与股票期权而非现金来挂钩，在早期尤为如此。我们深知，公司成功与否，在很大程度上将会取决于我们吸引和保留积极进取的员工的能力，这些员工中的每一个人都必须从公司主人翁的出发点进行思考，因此也必须真正扮演起主人翁的角色。"

他指示管理者们在招聘时要考虑到三个指标：你会钦佩这个人吗？这个人能拉高所加入的团队的平均效率吗？这个人是哪个领域的佼佼者？

在亚马逊任职，绝不是一件易事。贝佐斯在面试求职者时会提醒他们："在工作上，你或许会锲而不舍，或许废寝忘食，或许明智通达，但在亚马逊，这三者缺一不可。"贝佐斯觉得这样的要求并无不妥，他说："我们正在努力打造一个重要的平台，一个关系到我们用户利益的平台，一个我们人人都能向自己的孙辈分享故事的平台。这样的事业本就不该唾手可得。我们三生有幸，拥有这样一群敬业的员工，是他们用心血与激情构筑起亚马逊公司。"

这些经验让我想起了史蒂夫·乔布斯的工作方式。有的时候，这种做法或许让人难以招架，一些人或许会感到太过严苛甚至残忍。然而，这种做法也可能衍生出伟大而独特的创新，以及颠覆我们生活方式的公司。

所有这些，贝佐斯都做到了。但在他的人生故事中，尚有许多章节有待谱写。他一向热衷于公益，我认为，在接下来的几年里，他会在慈善事业上进一步深入。就像比尔·盖茨的父母引导他投入公益事业一样，在为所有儿童提供高质量学前教育的问题上，杰基和迈克·贝佐斯也为贝佐斯树立了榜样。

我也坚信，至少还有一个重大的飞跃等待着他去完成。我相信他一定会成为——也的确渴望成为——首批将自己送入太空的普通公民中的一员。就像他在1982年对母校的高中毕业班所说的那样："太空，最后的边境，我们那里见！"

这么多年来，贝佐斯虽然将亚马逊打造成了一家世界瞩目的跨国公司，但对2020年发生的一连串危机却未曾预料。新冠疫情的蔓延使得人们被动待在家中，这很快便造成了电商运输需求激增，而亚马逊也面临着保证其数十万仓库工人安全的严峻挑战。贝佐斯说，他的时间和大脑"完全被新冠疫情和亚马逊如何最大限度地发挥作用的问题所占据"。《纽约时报》报道，他每天都会通过电话协助制定库存和病毒检测等问题的决策，这与他近年来因关注长期项目而把日常职责转交给高层管理人员的做法大相径庭。无独有偶，美国国会也在这时对科技行业施压。7月29日，贝佐斯与脸书、谷歌以及苹果公司的首席执行官们一起出席了美国国会听证会[1]，贝佐斯在证词中描述了美国所面临的挑战："我们正置身于一场针对种族主义的极为必要的清算活动中。除此之外，我们也面临着气候变化和收入不平等的挑战，雪上加霜的是，我们还要在一场全球性的疫情中艰难前行。"然后，他又转换到了企业家的积极语气，说："尽管如此，尽管美国有着如此多的缺陷和问题，世界上的其他国家仍渴望从我们这里喝到哪怕一小滴灵药圣水……对于这个国家而言，今天仍是第一天……"

---

[1] 指美国国会众议院司法委员会召开的包括全球四大科技巨头在内的反垄断听证会。

第一部分
致股东的信

1997年

一切以长期为重

　　1997年，亚马逊公司跨越了许多座里程碑：截至年底，我们已经为超过150万用户提供了服务，收入增长838%，达到了1.478亿美元。尽管竞争激烈，我们的市场领导地位仍然得到了提升。

　　然而，这只是互联网产业发展的"第一天"，如果我们执行得力，这也是亚马逊公司的"第一天"。今天，电子商务为用户节省了开支和宝贵的时间。未来，通过个性化服务，电子商务的探索进程会加速。亚马逊公司利用互联网为用户创造真正的价值，并在此过程中希望建立一个经久不衰的品牌，甚至进入现有的大型市场。

　　目前，较大的企业尚在调动资源和寻求线上的机会，刚刚接触线上购物的用户们也有意愿建立新的关系，我们有一个机遇的窗口期。竞争格局仍在快速演化。许多大型企业已经带着可信、可靠的产品上线，并投入大量精力与资源来打造知名度、流量和销量。我们的目标，就是迅速巩固并提升自身现有的地位，同时寻求其他领域的电子商务机遇。我们在瞄准的大型市场中，看到了巨大的机遇。这种战略并非完全没有风险：需要庞大的投资和果决的执行，来对抗那些特许经营中的老牌领军者。

一切以长期为重

我们相信，衡量公司成功与否的一个最基本的标准，便是我们创造的长期股东价值。这一价值是我们提升和巩固自身现有市场领导地位的直接结果。公司的市场领导地位越稳固，经济模式也就越牢靠。市场领导地位能够直接转化为更多的收入、更强的盈利能力、更快的资本周转速度，以及与此相应的更高的资本回报率。

我们的决策始终反映着这一专注点。我们会用最能反映市场领导地位的指标对自身加以衡量，即用户和收入的增长、用户重复购买的频率，以及我们的品牌实力。为了着手打造一个持久的品牌，我们已经开始并将继续展开积极投资，从而对用户群体、品牌及基础架构进行拓展和利用。

出于对长期的关注，我们的决策及权衡利弊的方式或许会有别于其他一些企业。因此，我们希望与大家分享在管理和决策上的基本方针，以便让作为股东的你们更加坚信，这种方法与你们的投资理念是相符的：

我们将继续坚持不懈地专注于我们的用户。

我们的投资决策要继续基于长期市场领导地位来考虑，而不是看短期盈利或华尔街的短期反应。

我们将继续以分析的方式来衡量我们的项目及评估投资的有效性，放弃那些无法提供满意回报的项目，并追加那些表现最优项目的投资。我们要继续从成功和失败中汲取经验或教训。

看到获得市场领导优势的充分可能性时，我们要进行大胆的投资，而不要谨小慎微。这其中的一些投资会带来回报，有一些则不会，无论成败，我们都能从中学到宝贵的一课。

在优化财务报表的表象和最大化未来现金流的现值之间，如果非要做出选择不可，我们会选择后者。

在（竞争压力允许的范围内）做出大胆抉择的时候，我们会分享战略思考过程，以便让大家自行评估我们所做的长期领导力投资决策是否合理。

我们会努力精简开支，保持我们精益的企业文化。我们都清楚不断加强成本意识的公司文化的重要性，尤其在一个容易出现净亏损的行业里。[1]

为了平衡对于增长的关注，我们也要注重长期盈利能力和资本管理。在这一阶段，我们选择将增长放在优先位置，因为我们相信，规模对于充分实现这种商业模式的潜能是至关重要的。

我们将继续专注于招聘和留住那些多才多艺、天赋异禀的员工，也会继续将他们的薪酬与股票期权而非现金来挂钩，在早期尤为如此。我们深知，公司成功与否，在很大程度上将会取决于

---

[1] 1997年，亚马逊的净亏损为3100万美元。

我们吸引和保留积极进取的员工的能力，这些员工中的每一个人都必须从公司主人翁的出发点进行思考，因此也必须真正扮演起主人翁的角色。

我们不敢贸然宣称上述内容就是所谓"正确"的投资理念，但至少这些就是我们的投资理念，如果我们对自己已采取和将会继续沿袭的措施都不明晰，那么就无异于玩忽职守。

以此为基础，我们想转而回顾一下公司的业务重点、在1997年取得的进步，以及对未来的展望。

痴迷于用户

打从成立伊始，我们的重点就是为用户提供令人无法抗拒的价值。我们发现，曾经被誉为"全球等"[1]的互联网，至今仍然以龟速发展。因此，我们便着手为用户提供一些他们无法通过任何其他途径获取的东西，并开始提供书籍销售服务。我们给他们带来了任何实体商店都无法提供的选择范围（我们目前网店的体量，足够占据6个足球场），并通过便于搜索浏览的方式将商品呈现在一家全年、全天候开放的商店中。我们对提升购物体验保持着一丝不苟的关注，并在1997年对我们的网店进行了大幅优化。目前，我们为用户提供礼券、一键下单购物[2]，以及海量的评论、内

---

1 原文"World Wide Wait"，是对万维网"World Wide Web"的戏称。
2 亚马逊的一键下单功能允许用户使用上次购买已填的信息，在之后的购买中无须重复提交即可通过一次点击完成购买。

容、浏览选项与推荐功能。我们大幅降低了商品售价，从而进一步提高了用户价值。在用户获取方面，口碑仍是我们所拥有的最大的无形资产，而我们也对用户给予的信任心怀感激。复购和口碑的结合，共同打造了亚马逊公司的在线图书销售市场领军者地位。

从多方面来看，亚马逊公司在1997年取得了长足的进步：

销售额从1996年的1570万美元增至1.478亿美元——增长达841%。

累计注册用户从18万增至151万——增长达738%。

来自复购用户的订单百分比从1996年第四季度的46%以上增至1997年同期的58%以上。

就受众范围而言，根据媒体矩阵网路调查公司[1]的数据，我们的网站排名从第90位上升到前20位。

我们与许多重要的战略合作伙伴建立了长期合作关系，包括美国在线、雅虎、Excite门户网、网景、雅虎地球村、AltaVista搜索引擎、家用电信服务@Home，以及在线服务商Prodigy。

基础架构

1997年，我们大力扩充了公司的基础架构，以便支撑这些大幅增长的运输量、销售量及服务水平：

---

1 互联网统计公司ComScore旗下一项数字内容受众评级服务。

亚马逊公司的员工从158人增加到614人，我们也对管理团队进行了大力整合。

物流中心的容量从4645平方米增加到26477平方米，其中包括我们对西雅图设施进行的70%的扩建，以及11月在特拉华州建立的第二个物流中心。

截至年末，我们的库存商品增加到逾20万种，这也使我们为用户提供更多的选择。

得益于1997年5月的首次公开募股及7500万美元的贷款，公司的现金和投资的年末结余达到了1.25亿美元，这为我们提供了巨大的战略弹性。

我们的员工

过去一年的成功，是团队中天赋异禀、聪明肯干的员工努力的产物，能成为其中一员，我深感自豪。无论是过去还是未来，高门槛的人才招聘方式，都是亚马逊公司取得成功的首要因素。

在这里工作绝不是一件易事（在面试求职者时，我会告诉他们："在工作上，你或许会锲而不舍，或许废寝忘食，或许明智通达，但在亚马逊，这三者缺一不可。"），但是，我们正在努力打造一个重要的平台，一个关系到我们用户利益的平台，一个我们人人都能向自己的孙辈分享故事的平台。这样的事业本就不该唾手可得。我们三生有幸，拥有这样一群敬业的员工，是他们用心血与激情构筑起亚马逊公司。

1998年的目标

在如何通过电子商务为用户创造新价值的问题上，我们仍处于早期学习阶段。我们的目标，仍是继续巩固、拓展我们的品牌和用户群。这需要我们对系统和基础架构进行持续投资，从而在发展的同时为用户提供更大的便利、更多的选择及更优质的服务。我们正计划将音乐加入商品类别中，随着时间的推移，相信其他商品也会成为我们谨慎投资的对象。我们也相信，通过减少配送时间和更好地打造个性化用户体验等措施，会给海外用户提供更优质的服务。毫无疑问，就很大程度而言，我们所面临的挑战并不在于如何寻找拓展业务的新途径，而在于如何为我们的投资排列优先顺序。

与亚马逊创立伊始相比，我们对电子商务的了解要深刻许多，但仍有很多东西需要学习。我们虽然乐观，但必须保持警惕，并保持一种紧迫感。在实现亚马逊公司长期愿景的征途中，我们将要面对的挑战和障碍有以下几点：强大、迅猛且资金充裕的竞争对手，巨大的成长挑战与运作风险，商品类别扩充与市场地域扩张带来的风险，以及为适应不断扩大的市场而产生的对持续稳定的大笔投资的需求。然而就如我们一直都在强调的，事实将会证明，网上书店及整个电子商务会成长为一个庞大的市场，而许多企业也很有可能从中收获巨大的利益。我们对已经取得的成就感到欣喜，更为未来想要做的事情感到兴奋。

  1997年，的确是非同凡响的一年。我们在亚马逊向用户表示感谢，谢谢他们的惠顾与信任，感谢每位员工的辛勤工作，还要感谢股东们的支持与鼓励。

1998年

痴迷

过去的三年半时间令人心潮澎湃。我们累计为620万用户提供了服务，以10亿美元的年营收运转率挥别1998年；在美国推出音乐、影视和礼品商店，也在英国和德国开设新店，近期又推出了亚马逊拍卖网站（Amazon.com Auction）。

我们预计，接下来的三年半时间会更加振奋人心。我们正在努力打造一个平台，吸引数千万用户在此寻找和探索他们想要购买的任何东西。这的确是互联网发展史上的"第一天"，如果我们对商业计划执行得力，这也将永远成为亚马逊的"第一天"。我们认为，摆在我们面前的机会和风险，比我们过去经历的机会和风险还要大。鉴于之前的跌宕起伏，这或许有些难以想象。我们必须审慎地做出许多选择，其中一些必定是大胆而非常规的。但愿其中一些选择终将成功。但毫无疑问，一些失败也是难免的。

由于对用户的潜心关注，我们在1998年取得了长足的进步：

销售额从1997年的1.478亿美元增至1998年的6.1亿美元——增长达313%。

累计注册用户从1997年年底的150万增至1998年年底的620

万——增长逾300%。

不仅新用户增势喜人，亚马逊网站的复购用户下单比例也由1997年第四季度的58%增至1998年同期的64%。

亚马逊音乐商店是我们的第一次大型商品类别扩充项目，它在上线后的第一个季度便成为线上音乐零售中的佼佼者。

利用亚马逊公司技术打造的亚马逊英国网店和德国网店在10月启动，两家网店第四季度销售额比第三季度增长近4倍，使之成为各自市场中首屈一指的线上书店。

在推出亚马逊音乐网店后，我们又在11月推出了影视和礼品网店，仅仅6周时间便成为线上影视零售业的领头羊。

在亚马逊1998年第四季度的总销售额中，有25%来自亚马逊英国、亚马逊德国，以及亚马逊官网上的音乐、影视、礼物销售，所有这些都是我们刚刚推出的业务。

通过一键下单购物、一键送礼、全网销售排名，以及即时推荐等功能，我们大幅改善了用户体验。

1998年的营收和用户增长及1999年实现的持续增长，都取决于我们对基础架构的拓展，以下是一些最突出的成绩：

1998年，我们的员工总数从约600人增至逾2100人，管理团队显著壮大。

我们在英国、德国设立了配送和用户服务中心，并于1999年年初宣布在内华达州芬利市租赁一家面积约为3万平方米的高度机械化物流中心。这个最新敲定的物流中心，将使我们目前的配送能力增加1倍以上，并进一步缩短用户的收货时间。

库存由年初的900万美元增至年末的3000万美元，这让我们提高了为用户提供现货的供应能力，并通过从制造商直接采购来降低商品成本。

在1998年5月发行高收益债券和1999年年初发行可转换债券之后，我们目前的现金和投资结余已远超15亿美元（拟算额），这给予了我们强大的财务实力和战略灵活性。

能拥有如此受资金青睐且高效的商业模式，是我们的幸运。由于不必设立实体商店或用实体店存储商品，在集中管理式的配送模式下，我们仅在库存和厂房与设备上各自注入了3000万美元的投资，就实现了10亿美元量级的总销量。1998年，我们共产生了3100万美元的运营现金流，抵销2800万美元的新增固定资产费用之后，这个数字尚有盈余。

我们的用户

我们力图打造全球最以用户为中心的公司。用户是敏锐而明智的，品牌形象要名副其实，而非本末倒置，这些都是不言自明的公理。用户告诉我们，之所以选择亚马逊公司并向朋友宣传，是因为我们提供了多样的选择、简便的操作、低廉的价格，以及优质的服务。

但是，操劳之人永无宁日。我时常提醒我们的员工要心怀危机感,每天早上都要战战兢兢地醒来,不是惧怕我们的竞争对手,而是敬畏我们的用户。用户成就了我们今天的事业,我们与他们建立起联系,也对他们负有巨大的责任。我们相信他们会忠实于我们——直到有人给他们提供更优质的服务为止。

每迈出一步,我们都必须致力于不断改进和创新。我们乐于做开拓者,这是铭刻在公司基因之中的东西。同时,开拓也是件好事,因为我们想要成功,就需要这种开拓精神。不断创新及对用户体验孜孜不倦的关注,造就了公司不同凡响的业绩,我们对此深感自豪,也相信公司在1998年所做的一切努力都反映了这一点:就如我们的美国网上书店一样,我们的音乐、影视及英德两国的网店,也都是行业的佼佼者。

努力工作,乐在其中,缔造历史

没有卓越的人才,想在互联网这样瞬息万变的环境中取得成就是不可能的。努力缔造一小段历史不应是一件易事,而且说实话,我们也逐渐意识到,事情本该如此。现在,我们的团队由2100名伙伴组成,他们聪明、勤奋、热情,还将用户放在第一位。无论过去还是未来,高门槛的人才招聘方式都是亚马逊公司取得成功的首要因素。

在亚马逊的招聘会上,我们会要求招聘官在做出决定之前考虑三个问题。

你会钦佩这个人吗？回想一下你人生中所钦佩的人，对方很可能是曾经让你受益匪浅或作为榜样的人。对于自己而言，我一直都在努力争取只与钦佩的人一起共事，也鼓励我们的员工树立同样的高标准。人生苦短，不要把时间浪费在不值得的人身上。

这个人能拉高所加入的团队的平均效率吗？我们要对抗熵增[1]。入职标准必须不断提高才行。我会让员工们构想5年后公司的情形。那时，我们每一个人都应该面面相觑地感叹："现在的标准也太高了吧——天哪，真庆幸自己趁早进来了！"

这个人是哪个领域的佼佼者？许多人都拥有独一无二的技能、爱好及观点，这些东西能为我们的工作环境增光添彩，又往往与其本职工作毫不相干。我们有一位员工是"全美拼字比赛"的冠军（印象中应该是1978年那一届的）。我想，这对她日常的工作应该没有什么帮助，但如果你偶然在大厅里逮到她，考考她会不会拼"onomatopoeia"[2]，那工作氛围肯定就更活跃了！

1999年的目标

展望前路，我们相信整体电商行业的机遇是巨大的，而1999年将会成为重要的一年。虽然亚马逊公司已经建立起稳固的领先地位，但竞争的进一步加剧将是毫无疑问的。我们计划进行积极

---

1 物理定义，指从有序向无序发展的自发过程。
2 "象声词"之意。

投资，打好基础，打造一家营收将达到数十亿美元量级、为数千万用户提供卓越运营和高效服务的公司。虽然这种程度的激进投资耗资巨大且存在诸多固有风险，但我们相信，这会为用户打造最佳的端到端体验，并为投资者提供一种风险最低的创造长期价值的途径。

我们1999年计划的内容或许不会出乎大家的意料。

·配送能力。我们计划打造一套宏大的配送基础设施，实现对大型库存快捷调用，以确保支持用户的全部购买需求。

·系统能力。我们将会对系统能力进行拓展升级，从而为相应的业务增长提供支持。系统开发团队任务艰巨，他们需要拓展系统以满足短期增长的需求，重构系统来匹配数十亿美元级别的业务和数千万级别的用户规模，为新业务和新创意开发新功能及新的系统，提升运营的质量和效率。在进行这些升级的同时，还要保证今天这个10亿美元、800万用户规模的网店全天候地正常运营。

·品牌保证。相对于那些线下零售巨擘而言，亚马逊公司仍是一家年轻的小型公司，在这个关键时期，我们必须切实建立起广泛而坚实的用户关系。

·拓展产品和服务范围。1999年，我们将继续在现有产品和服务范围上实现进一步拓展，同时推出全新业务。亚马逊拍卖就是我们最新推出的一项业务。如果你们当中还有人尚未尝试，我鼓励你争分夺秒——而不是不紧不慢——地登录亚马逊网站，点击"拍卖"按钮。作为亚马逊的用户，你不必提前注册便可以直接进行"竞拍"或"售卖"。作为卖家，你的商品可以覆盖800万名亚马逊资深在线顾客。

·后备力量及措施。由于新的产品、服务、区域、并购及商业模式的完善，我们的业务复杂度已出现大幅提升。我们计划在团队、流程、沟通和人才培养计划方面进行投资。以这种方式进行规模化扩张，是我们计划中最富挑战也最为艰难的一个组成部分。

在过去几年中，亚马逊公司已经实现了数项长足的进步，但需要学习和实践的东西还有很多。我们仍旧乐观，但也明白保持警惕和紧迫感的必要性。我们面临着许多挑战和障碍，其中包括强大迅猛且资金充裕的竞争对手、自身扩张带来的成长挑战和运作风险，以及为适应不断扩大的市场而产生的对持续稳定的大笔投资的需求。

我在这封信中所说的最重要的事情，已经在去年详细阐述长期投资计划的信中说过了。由于众多新股东的加入（今年的致股东信，我们打印了20多万份——而去年只印了1.3万份），我们将去年的致股东信附在今年的信的末尾。我强烈建议你读一读标题为"一切以长期为重"的那部分内容。为了确定我们的确是你希望投资的那种公司，把那部分读上两遍也无妨。就像其中所言，我们不敢贸然宣称这就是正确的投资理念，但我们敢说，这就是属于我们的投资理念！

再次将最深切、诚挚的感激献给我们所有的用户和股东，以及所有为打造出一家意义深远、历久弥新的公司而每日不懈努力的员工。

1999年
为长期打基础

在公司成立的四年半时间里,我们已经收获了一些令人惊喜的成果:当前,我们的服务范围已经覆盖了超过150个国家的1700万用户,并已打造出全球领先的跨国电商品牌与平台。

我们预计,在未来几年中,随着全球数百万新用户与互联网的首次接触,我们也将会因电子商务用户的不断增多而获益。随着在线购物体验不断改善,用户的信赖和信心也会有所提高,从而进一步推动人们对电商的接纳。如果身在亚马逊公司的我们尽到自己的职责,便能占据独一无二的优势,为这些新用户提供最优质的服务,并因此从中获益。

回顾1999年

在1999年,我们对用户坚持不懈的关注有了回报:

销售额从1998年的6.1亿美元增至16.4亿美元——增长达169%。

新增用户达1070万,累计注册用户从620万增至1690万。

来自复购用户的订单百分比从1998年第四季度的64%增至1999年同期的73%以上。

来自全球各地的用户选择亚马逊,在这里购买各种商品。两年前,公司的美国网上书店业务还占据着我们销售总额的100%。而今,虽然美国书店业务长势强劲,但其他领域的销售已经占据了公司销售总量的一半以上。1999年的主要业务包括亚马逊拍卖、便捷网店服务zShops、玩具、电子消费品、家居装饰、软件、电子游戏、支付,以及我们的无线业务Amazon Anywhere。

我们不仅在图书等较为成熟的领域享有着业界最佳的声誉,且新推出的商店也极富口碑。拿玩具领域举例,亚马逊玩具已经获得了多项殊荣,包括在微软全球广播公司的一项调查中被评为最佳玩具网店,被弗雷斯特研究公司评为玩具商店冠军,并在《消费者报告》的电子排行榜玩具类中位列第一,这些都是打败了众多比我们更加资深的公司所斩获的。

美国本土之外的销售总额为3.58亿美元,占据了整个销售额的22%。在英国和德国,我们也推出了亚马逊拍卖和zShops业务。不仅如此,亚马逊英国、亚马逊德国,以及亚马逊主页现已跻身欧洲人气前3位的在线零售网站。

在不到12个月的时间里,我们已将全球配送能力从约2.8万平方米提升至46万平方米。

在短短3个月的时间里,我们便将营收提升了90个百分点,同时保证至少99%的节假日订单及时送达,这其中的部分原因要归功于上文所述的配送能力。据我们所知，销售额超过10亿美元且在3个月中实现90%增长的公司，除了我们，还别无他家。

对于亚马逊公司的每位员工，我感到无比自豪，感谢他们孜孜不倦地耕耘，在塑造行业标杆的亚马逊标准用户体验的同时，还取得了如此超凡的增长速度。如果哪位股东想要对这个杰出的亚马逊团队致谢，请随时发邮件到jeff@amazon.com。在杰出的办公室文员团队的协助下，我会将汇总后的信件转发给公司。我知道，这个做法一定会得到大家的欢迎。（同时我也正好看看到底有没有人会读这些邮件，这也算是个附带的好处吧！）

在1999年，固有的资本效率商业模式一如既往地让亚马逊受益良多。我们不必搭建实体商店，也不必在商店中堆满货物，利用集中管理的配送模式，我们在库存、固定资产上仅分别投入了2200万美元和3180万美元，便得以创立起一家年销售额超过20亿美元的企业。在过去的5年中，我们的累计运营费用仅为6200万美元。

你拥有什么

前不久，在斯坦福大学校园内举办的一场活动中，一位年轻女子走到话筒前，向我提出了一个精辟的问题："我持有了亚马逊公司的100股，这说明我拥有什么呢？"

我吃了一惊，这样的问题我竟从没听过，至少问得没有这么直白。那么，你拥有什么呢？你拥有的是这个顶尖电商平台的一部分。

亚马逊公司的平台，是由品牌、用户、科技、配送能力、电商领域的专业技能，以及一个热衷于创新和为用户提供优质服务的杰出团队组成的。2000年年初，我们拥有1700万名用户，以关注用户的理念、顶尖的电商软件系统，以及特建的配送和客服基础设施而享誉全球。我们已经达到了一个"引爆点"，与其他任何公司相比，利用这一平台，我们能够以更快的速度、更高质量的用户体验、更低的增量成本以及更高的成功概率推出新的电商业务，并通过更加便捷的途径实现规模化扩张和赢利。

我们的愿景，就是利用这一平台打造出地球上最以用户为中心的公司。在这里，用户可以寻找他们想在网上购买的任何东西。在这条征途上，我们不会孤军奋战，而是与数千家各种规模的合作伙伴并肩作战。我们要聆听用户的声音，从他们的利益出发进行投资，针对每位用户量身打造属于他们的商店，与此同时为继续赢得他们的信赖而潜心耕耘。大家或许早已看出，这个平台能够带来超乎想象的巨大机遇，如果我们充分把握，这机遇便会为用户和股东双方创造可观的价值。尽管其中存在着诸多风险和难题，但我们仍将潜心致力于这一目标的实现。

2000年的目标

在2000年，亚马逊公司共有六大目标：增加用户量并巩固我们与每位用户之间的关系；继续快速扩充我们提供的产品和服务；推进卓越运营；进行全球扩张；扩充我们的合作项目；最后也是非常重要的一点，便是将我们现有的每一项业务推向盈利状态。接下来，我针对每一个目标稍加说明。

·增加用户量并巩固我们与每位用户之间的关系。在获取新用户方面，我们将继续进行大力投资。这个理念或许有些令人匪夷所思，虽有过去5年斐然的成绩，但今天仍是电商发展史上的"第一天"，产品服务分类仍处于成形的早期，许多用户还是第一次与这种业务形式建立关系。我们必须潜心增加在平台上购物的用户数量，并提升他们的购买频率及购物满意度。

·扩充产品与服务。我们正在努力打造的，是一个让用户们可以随时随地寻找想要购买任何东西的平台。我们所提供的每一种产品和服务，都让我们与更为广泛的用户群建立起更深的关系，从而提高他们的到店频率。因此，在扩充产品、服务范围的同时，我们也是在为整个业务打造良性循环。用户的访问频率越高，吸引其再次访问所需的时间、精力及营销投入也就越少，所谓"眼有所见，心有所想"。

进一步来说，随着我们的扩张，每家新店都会配备一个专业团队，将之打造成行业中的领先者，因此每家新店的建立也是让我们展示对用户的重视的机会。最后，每一款新产品或新服务都会进一步撬动我们在配送、用户服务、科技、品牌方面的投资，从而提升损益表的杠杆率。

・卓越运营。对于我们而言，卓越运营意味着两件事：不断完善用户体验，以及整体提升所有业务的生产率、利润率、销量、资产周转速率。

一般来说，想要推动其中一项，最好的方式就是达成另一项。举例来说，更高效的配送便意味着更短的交付时间，这也会进而降低用户联系率[1]和客服成本。而这些，又反过来提升了用户体验并巩固了品牌，从而降低了吸收和保留用户的成本。

2000年，整个公司都会集中全力，在各业务领域推进卓越运营。世界一流的用户体验和运营能力，会让我们有能力实现更快的增长，并在服务水平上更上一层楼。

・全球扩张。我们认为，相比于美国境内的用户而言，境外用户所面对的零售业务匮乏问题要更为严重。有了成熟的平台，亚马逊公司便具备了成为零售业领头羊的有利条件。在近5年的时间里，我们的发货范围遍布150多个国家，已经在全球拥有了强大的品牌影响力、可观的销售量及用户群。很欣慰地告诉大家，我们在英国和德国的公司双双旗开得胜：已经在各自国家的网站排名中跻身前10名，且都是国内第一的电商网站。在接下来的一年中，我们遍布全球的用户和股东们会看到，亚马逊将在现有基础上实现地域版图的进一步拓宽。

・扩充我们的合作项目。通过亚马逊的平台，我们有能力为

---

[1] 用户联系率的计算方法是先找出一段时间内通过销售客服系统进行问询的用户数量，再用它除以该时间段内已支付订单的数量。

诸如药店网这样的合作伙伴带来巨大价值。不仅如此，按照我们以往的经验，在业务的搭建上，亚马逊很可能为合作伙伴提供最高效且最有效的平台。为了以用户至上、高成本效益的方式对亚马逊网店进行拓展，在许多领域中，最好的方式就是合作。值得强调的一点是：合作伙伴能够提供的用户体验质量，是我们选择过程中参照的首要标准——对于任何一家无法像我们一样对服务用户抱有激情的公司，我们是绝不会选择合作的。

我们之所以热衷于这种合作关系，是因为这既能满足用户和合作伙伴，同时也能产生诱人的经济效益，让我们的股东（也就是我们大家）都舒心顺意。

·将现有每一项业务推向盈利状态。我在前文中概述过的每一个目标，都有助于我们长期目标的实现，也就是建立最优质、利润最大、回报率最高的长期品牌。因此从某种程度来说，推动盈利也就是支撑所有这些目标的基础。在接下来的一年中，通过持续推动与供货商的合作关系、提高公司自身的生产力和效率、加强固定和营运资金的管理，以及对产品组合与价格更专业的调控，我们预期将实现可观的利润率增长并获得经营杠杆收益。

今年，我们相继推出的每一款产品和服务都应该会搭建在亚马逊平台上，因此，我们的投资曲线将会稍趋平缓。总体而言，每一项业务达到盈利状态的时间也会进一步缩短。

一切以长期为重

在结尾处,我们思考一下这个重要的问题:当今的在线购物体验,将会是今后最糟糕的。这样的体验当下足足吸引了1700万的用户,但未来必定要经历飞跃式的改善。宽带的提速将会带来更快的网页加载速度和更丰富的网页内容。进一步的升级,将会带来"时时联通"的体验(我希望这能大力推动在家网购,而不要把这事放到办公室来做)。另外,我们也会看到非个人电脑设备和无线连接的飞速发展。进一步来说,如沧海一粟的我们,能够成为这数万亿美元规模的全球市场的一部分,真是一件非常值得高兴的事。现在的我们,真可谓好事成双:我们不仅面对着一个潜力无限的市场,而且每天都致力于研发的科技又恰巧是这一领域的基础。这可真是可遇而不可求。

按照惯例,我们在亚马逊仍要感谢用户的惠顾与信任,感谢每位员工的辛勤工作,还要感谢股东们的支持与鼓励。千言万语,感激不尽。

2000年

从长计议

哎哟。过去的一年真是举步维艰，对于资本市场中的许多人如此，对于亚马逊公司的股东更是如此。与去年写信时相比，截至写这封信时，我们的股价已经下跌了超过80%。尽管如此，用几乎所有标准来看，与之前任何阶段相比，亚马逊都处在一个更为有利的位置。

我们在2000年服务的用户数量，已从1999年的1400万增长至2000万。

我们的销售额从1999年的16.4亿美元增长到了2000年的27.6亿美元。

拟算营业亏损率从1999年第四季度销售额的26%，减少至2000年同期销售额的6%。

美国市场的拟算营业亏损率从1999年第四季度销售额的24%，减少至2000年同期销售额的2%。

2000年，用户人均消费为134美元，增长19%。

净利润由1999年的2.91亿美元上升至2000年的6.56亿美元，增长125%。

我们2000年第四季度的美国用户中，在如电子产品、工具及厨具等亚马逊"非BMV"[1]商店之外消费的人数占到了36%。

国际销售额从1999年的1.68亿美元上涨至2000年的3.81亿美元。

2000年第四季度，我们协助合作伙伴"玩具反斗城"网站实现了1.25亿美元的玩具和电子游戏销售额。

由于2000年年初进行的欧元转换融资，截至2000年年末，我们的现金与适销证券从1999年年底的7.06亿美元增至11亿美元。

最重要的是，由于用户的关注，我们在美国消费者满意度指数中获得了84分的成绩。据我们了解，这个数字是所有行业的服务类公司取得的最高成绩。

那么，如果公司目前的局势比一年前更为有利，股价又为何会比一年前低这么多呢？就如著名投资人本杰明·格雷厄姆所说："从短期来看，股市是一台投票机；从长期着眼，却是一台称重机。"很显然，在经济景气的1999年，人们的投票行为居多，而称重行为很少。我们是一家渴望接受市场称重的公司，随着时间的推移，我们也的确会被称重——从长远来看，这是所有公司都要经历的。与此同时，我们也要埋头苦干，打造出一家越来越有分量的公司。

你们很多人都听我谈论过"大胆下注"。作为一家公司，我们曾经大胆下注，今后也要继续这样做——这些赌注，不仅涵盖了

---

[1] 即除图书、音乐和影视之外的亚马逊商店。

我们对于电子和无线技术的投资，也包含了对小型电子商务公司进行投资的决策，其中的线上家具商店living.com和线上宠物用品零售商Pets.com均在2000年关店。作为两家商店的重要股东，我们遭受了惨重的经济损失。

之所以做这些投资，是因为我们知道亚马逊不会在短期内进入这些细分品类，而且我们也曾对互联网领域的"圈地热"笃信不疑。没错，在1994年之后的几年中，这种理念对公司的决策起到了非常重要的推动作用，但现在我们看得出，这种做法的效用已经在过去几年中基本消失殆尽了。回头看去，我们远远低估了进入这些品类的窗口期的时长，也低估了一家单品类电商公司达到成功所需的规模的难度。

在线销售（相比于传统零售）是一项规模化的业务，具有固定成本高昂和变动成本相对较低的特征。中型电商公司难以立足，就是这个原因。在融资生命周期足够长的情况下，宠物网和生活网或许能够吸引足够的用户，从而形成所需的规模。但当资本市场向互联网公司关闭融资大门时，除了关门歇业之外，这些公司别无选择。这虽然让人扼腕，但另一种选择——为勉强维持而继续拿我们自己的资金追加投资——将会是一个更大的错误。

未来：实体产业不遵循摩尔定律

让我们将目光投向未来。你为什么应该看好电子商务和亚马逊公司的未来呢？

在未来几年，推动产业发展及获取新用户的动力，便是对用户在线购物体验坚持不懈的改善。

这些对于用户体验的改善，会由可用宽带的速度、硬盘空间、计算能力的大幅提升带动，而所有这些因素的成本都处于快速下滑之中。

每过大约18个月，计算能力的性价比便会翻倍（摩尔定律）；硬盘空间的性价比大约每过12个月就会翻倍；宽带性价比翻倍则只需大约9个月的时间。根据宽带性价比的翻倍速度，从现在起5年后，在保持现行用户人均宽带成本不变的情况下，亚马逊每位用户的人均宽带用量便会扩大60倍之多。同样，硬盘空间和计算能力的性价比提高也会带来诸多好处，比如我们可以对网站进行更多、更好的实时个性化完善。

在实体产业中，零售商们虽能继续利用科技来降低成本，但无法为消费者的体验带来改革。我们虽然也会利用科技来降低成本，但更重要的效果是利用科技带动新用户的获取及营收的增长。我们仍然坚信，最终将会有大约15%的零售商业转至线上。

尽管未来不可预测，且我们尚要拿出更多成绩才能证实自身价值，但今天的亚马逊的确是一项独一无二的资产。我们拥有品牌、用户关系、技术、物流基础设施、财务优势及人员团队，我们也有决心要在这个新兴产业中将领军地位进一步夯实，建立起一家伟大而持久的公司。要做到这一点，我们就要继续将用户放在首位。

2001年,将会成为公司发展历史上举足轻重的一年。如2000年一样,专注与执行也会成为今年的重点。我们已经迈出了第一步,确立了在第四季度实现拟算运营利润的目标。我们任重而道远,却没有任何成功的保证,尽管如此,我们已经制订了实现目标的计划,这是重中之重。而这家公司的每一个成员,也都在致力于推动这个目标的实现。我期待在明年向大家汇报我们的进程。

按照惯例,我们在亚马逊仍要感谢我们的用户,谢谢他们的惠顾与信任;感谢我们的员工,谢谢每位的辛勤工作;还要感谢我们的股东们,谢谢你们的支持与鼓励。千言万语,感激不尽。

2001年

品牌形象是我们最珍贵的资产

去年7月,亚马逊公司走到了一个重要的节点。在4年的时间里,我们都心无旁骛地专注于增长,又将之后近两年的时间几乎全部花费在降低成本上。而今,我们终于有余裕的精力在增长和成本改善之间寻得平衡,并双管齐下,配置资源和备有专员的项目,推动这两个方面的发展。在7月进行的重磅降价中,我们对超过20美元的图书进行了原价30%的优惠,这次降价便是转变的标志。

从去年第四季度起,这种平衡开始为我们带来回报,我们不仅远远超过了盈利目标,同时也再次提升了业务的增速。2001年1月,我们推出了一种新的运量等级,对超过99美元的订单实行免运费政策(全年有效),从而进一步降低了价格。我们专注于减少成本,有能力降低价格,从而拉动业务增长。业务的增长将固定成本分摊于更多的销量之上,减少单位成本,提供了更大的降价空间。用户们皆大欢喜,股东也因此获益。我们会将这一良性循环继续下去,请拭目以待。

如前文所说,我们以5900万美元的拟算运营利润和3500万美元的拟算净利润，超额完成了第四季度的目标。全球各地的数千名亚马逊员工都为这一目标的实现付出了辛勤的努力，他们对此成就深感自豪。以下是亚马逊在这重要一年取得的其他突出成就：

2001年的销售额由2000年的27.6亿美元增至31.2亿美元，增长13%；经过再次提速，我们在2001年第四季度首次实现了季度营收逾10亿美元的成绩，年同比销量增长达23%。

2001年，我们服务的用户达2500万，这个数字在2000年为2000万，在1999年则是1400万。

2001年的国际市场销售额增长了74%，超过1/4的销售额来自美国海外市场。第四季度，我们最大的国际市场——英国和德国——首次出现了合计拟算运营利润。仅开业一年的亚马逊日本则在第四季度达到了1亿美元的年营收运转率。

通过在亚马逊高访问量的产品详情页面上直接向用户销售全新及二手产品，数以十万计的小型企业和个人都赚取了回报。继2000年11月推出后，亚马逊电商平台第四季度的订单量已经占到美国市场订单的15%，远远超出了我们的预期值。

2001年的存货周转从2000年的12次增加到16次。

最重要的是，由于对用户秉持坚持不懈的关注，我们在万众瞩目的密歇根大学统计的美国消费者满意度指数中以84的高分两年蝉联榜首。据我们所知，这是有史以来的最高得分——不仅包括所有零售商，而且包括所有服务公司。

痴迷于用户：我们的坚持从未停止

截至7月，亚马逊公司主要以用户体验的两大因素作为核心支柱：选择多样和操作便捷。就如我在上文中提到的，7月份，我们又添加了第三大用户体验支柱，即坚持不懈地降低价格。我要在此强调，我们对于前两大支柱的坚持仍如以往一样坚定。

目前，我们的电子产品商店中产品数量超过4.5万种（这个数字是一般大型实体电子产品连锁店的7倍左右），厨房用具的品类增至原来的3倍（你能在这里找到所有最好的品牌），我们还推出了计算机和杂志订阅商店，并新添了塔吉特超市和电路城公司等战略合作商家的商品。

我们也对操作的便捷性进行了提升，即时订单更新功能就是其中一例，这项功能会在用户重复购买同款商品之前发出提醒（大家都很忙，一不小心就可能忘记自己已经买过同款商品了！）。

我们还对用户自助服务功能进行了大幅改进。现在，用户们能够轻松寻找、取消或修改自己的订单。想要找到某个订单，你只需确保自己已经进入并通过验证，然后就可以在订单页面正常搜索任何产品。当你进入目标商品的详情页面时，页面顶端便会出现订单的链接。

我们还创建了一个叫作"在线试读"的功能。此功能可供用户查阅书籍的封面、封底、索引、目录及足量的内页样章高清大图。在做出购买决定前,用户可以通过此功能一窥书中内容。该功能适用于我们数百万种图书中的20多万种(相比之下,一家典型的大型书店仅能提供约10万种图书)。

关于最后一个例子,我想说的只有一点。我们为提升用户便捷性和体验所做的最为重要的努力,恰巧也是优化成本生产率的一个重要的助推因素,那就是从根源排除失误和错误。自亚马逊公司成立以来,这些年我们在错误的规避上做得越来越好,而过去的一年,则是我们表现最突出的一年。铲除错误的根源,不仅为我们节省了资金,也为用户们节省了时间。

品牌在用户眼中的形象是我们最宝贵的资产,我们将通过创新和努力来滋养它。

投资框架

在每年的股东信中(包括这一封),我们都会附上1997年的致股东信原稿,不仅方便投资者判断亚马逊公司是不是投资的正确选择,也帮助我们判断自己是否矢志不渝地坚持着公司最初的目标与价值观。我觉得,这一点,我们做到了。

在1997年的那封信中,我们写道:"在优化财务报表的表象和最大化未来现金流的现值之间,如果非要做出选择不可,我们会选择后者。"

为何要以现金流为重?因为每一股股票都是公司未来现金流

的一部分。因此，与其他任何单个变量相比，现金流都是最能从长期角度反映一家公司股价的因素。

只要能确定两件事，即一家公司的未来现金流及其未来的流通股数量，那你就能较为准确地把握这家公司目前每股股票的公允价值。（你也需要明白合适的折现率是多少，但如果你能确定未来现金流，想知道应该采用怎样的折现率也是相对容易的。）这虽然并不简单，但你可以调查公司过去的业绩，查看公司的杠杆率和规模化能力等因素，从而根据这些信息对未来现金流做出预判。想要估算未来的流通股数量，你就必须对赋予员工的期权或其他潜在的权益性交易进行预测。最终你判定的每股现金流，将会成为你愿意为任何一家公司支付的每股股价的有力指标。

我们希望将固定成本保持在一个基本稳定的位置，即便在销售量激增的情况下也是如此，我们相信亚马逊公司已经做好了准备，在未来几年创造意义深远、持续稳定且自由畅通的现金流。我们2002年的目标恰好反映了这一点。正如我们在1月份公布第四季度业绩时说的一样，我们计划今年产生正运营现金流，从而带来自由现金流（二者之间的差额，是高达7500万美元的计划资本支出）。我们12个月的滚动拟算净收入，应与12个月的现金流趋势大体趋同，但未必完全一致。

对股票数量加以限制，意味着更高的每股现金流和股东长期价值。我们现阶段的目标，是在未来5年将员工期权的净摊薄每股收益（扣除注销股份后的款项）的年平均值定在3%，但这个数字或许会在每年稍有浮动。

对长期股东价值的不懈坚持

我在之前已多次谈过，我们坚信，股东的长期利益与用户的利益息息相关：如果我们执行得力，今天的用户将会在未来进行重复购买，我们也能在过程中吸引更多用户，从而为股东带来更多的现金流和长期价值。为此，我们要通过一种造福用户，从而自然而然地造福投资者——这二者一脉相连——的方式，全力拓宽我们在电商领域的领军地位。

在开启2002年新篇章之际，我要很高兴地告诉大家，我对这项事业的热情要比以往任何时候都更加高涨。值得憧憬的创新，要比既已实现的创新更多，我们业务模式的运营杠杆很快就要显现出来，而我也将有机会与亚马逊遍布全球的卓越团队携手共进。我很幸运，也很感激。亚马逊的股东们，我们要感谢你们的支持和鼓励，感谢你们与我们一同踏上探险之旅。如果你同时也是我们的用户，那么我们要再说一声感谢！

2002年
造福用户就是造福股东

就很多方面而言，亚马逊都不是一家普通的商店。我们提供了不囿于货架空间限制的多样选择。我们一年的库存周转达到了19次。我们针对每位用户量身打造个性化商店。我们用实体资产置换科技的发展（科技成本逐年下降，性能却逐年提升）。我们将用户对产品的负面评论放在网上。只需花几秒钟的时间轻轻一点，用户就能够顺利完成购买。我们将二手商品附在全新产品旁边，方便用户做出选择。我们将自家最宝贵的"地产"，也就是我们的商品信息页面与第三方共享，如果对方能提供更加优质又优惠的商品，我们便会敞开大门。

然而，大家对我们最为激动人心的一个特点不甚了解。众所周知，我们誓要提供世界一流的用户体验及最低价格，但对于一些人而言，这个双重目标看起来难免自相矛盾，甚至可以说是痴心妄想。传统商店要在无微不至的用户体验和尽可能低廉的商品价格之间权衡取舍，这其中的矛盾由来已久。那么，亚马逊又该如何做到一箭双雕呢？

答案在于，我们能把用户体验中的大部分因素——如无可比拟的商品多样性、翔实的商品信息、个性化的推荐及其他全新的软件功能——转为一笔基本固定的费用。用户体验成本一旦基本确定（相比于零售模式，这与出版模式更为相似），我们的成本在销售额中所占的百分比便会随着业务的发展而迅速降低。此外，在我们的业务模式中，用户体验成本中的可变部分——如物流成本中的可变部分——也会随着漏洞的减少而减少。填补漏洞不仅能够减少成本，还能带来更优质的用户体验。

我们相信，亚马逊降低价格和提升用户体验意义重大，过去一年的证据表明，这一措施已经有了效果。

首先，我们的确实现了用户体验的继续提升。今年的冬季节假日就是一个例证。在向用户配送有史以来最多的商品的同时，我们也送上了前所未有的优质用户体验。与去年相比，我们的物流中心处理每个订单所用的周期缩短了17%。而用户联系率这一用户满意度最为精确的衡量数据，也下降了13个百分点。

在现有商品品类的框架下，我们努力对可选范围进行了扩充。仅在美国市场，电子产品的种类就比去年增加了40多个百分点。我们现在提供的电子产品数量，是典型大型电子产品连锁店的10倍。即便是深耕8年的亚马逊美国书店，我们的商品种类也提高了15%，其中绝大多数是较为稀有和已经绝版的图书。当然，我们也添加了新的商品品类。我们的服装配饰商店现已迎来了500多个顶级服装品牌，在开业的前60天内，用户们就购买了15.3万件衬衣、10.6万条裤子，以及3.1万件内衣。

再来看看最权威的用户满意度调查——美国消费者满意度指数。今年，亚马逊公司获得了88分的好成绩，这是有史以来的最高分数，不只是在电子商务和零售业领域，而是所有服务业中绝无仅有的高分。用他们的话来说："亚马逊公司又一次展现了惊人的用户满意度。获得88分（比去年提高了5%）的亚马逊，正在创造服务业中前所未见的满意度佳绩……亚马逊的用户满意度还能再创新高吗？我们的最新数据表明，这是完全有可能的。亚马逊提供的服务水平和价值主张，都已实现了令人咋舌的提升。"

其次，在关注用户体验的同时，我们也对价格进行大幅降低。我们的降价范围广泛涵盖各类产品，并通过全年有效的"超级免费寄"福利，将超过25美元的订单邮费全额减免。另外，我们也正在业务所及的所有国家施行类似的优惠。

我们的定价目标并非在限定时间内对小部分商品打折，而是每天推出覆盖全部商品的低价。举例说明，前不久，我们与一家大型知名连锁书店进行了一次价格对比。我们并非只拣出了想要加以对比的部分图书，而是选择了这家书店公布的2002年前100名畅销书书单。这份书单很好地反映了大众购买最多的书籍，其中包括45本精装书和55本平装书，涵盖了文学、爱情、惊悚悬疑、非虚构、儿童及励志等各种类别。

为了寻找这100种图书的价格，我们走访了这家书店在西雅图和纽约的连锁店。我们花了6个小时走访了其4家连锁店，才将书单上的100种书找齐。我们将所有的花费相加，发现以下特点：

在这家书店，这100本畅销书的总价为1561美元。在亚马逊，同样的100本书总价为1195美元，共节省366美元，相当于优惠23%。

在这100本畅销书中，72本的价格在亚马逊更为便宜，25本书的价格持平，只有3本在这家书店的价格较便宜（我们随后便对这3本书的价格进行了下调）。

在这些实体连锁书店里，100本书中打折销售的只有15本——也就是说，其他的85本都是按原价销售的。而在亚马逊，这100本书中有76本都在打折，其余24本书按原价销售。

诚然，你或许有在实体店购物的理由，比如你有急迫的需求，然而如果这么做，就要付出一笔额外的费用。如果你想节省金钱和时间，在亚马逊网站上购物无疑是更好的选择。

最后，我们兼顾低廉价格和优质用户体验的决心，已经带来了经济上的回报。今年的净销售额增长了26%，达到了破纪录的39亿美元。而单位商品销售量的增速则达到了更加可观的34%。自由现金流——也就是我们最为重要的财务指标——达到了1.35亿美元，相比去年增加了3.05亿美元[1]。

一言以蔽之，造福于用户，就是造福于股东。

今年，我要再次附上1997年的致股东信原稿，并鼓励现在和潜在的股东们读一读这封信。鉴于我们经历的成长和互联网的发展，能保持经营基本原则始终如一，这着实难能可贵。

---

[1] 2002年的自由现金流量为1.35亿美元，即经营活动所获的1.74亿美元现金净额减去购买固定资产的3900万美元。2001年的自由现金流量为-1.7亿美元，即1.2亿美元被用于经营活动，同时还有5000万美元被用于购买固定资产。——作者注

2003年

长期主义思维

长期主义思维是真正主人翁意识的必备条件和必然结果。房东不同于租客。我认识一对往外出租房子的夫妇，租住的一家人竟然不用圣诞树支架，而是直接把树钉在了实木地板上。我估计这只是权宜之计，诚然他们也是非常糟糕的租客，但是，没有任何房东会做出如此短视之举。与此类似，许多投资者实际上也是短期租客，他们频繁变换投资组合，只能算是在租借自己暂时"持有"的股票而已。

在1997年公司上市以来的第一封致股东信中，我们特地强调了公司的长期主义视角，因为这种方针的确推动我们做出了许多切实而具体的决策。在此，我想以用户体验领域为背景，将这些具体决策中的几条拿出来讨论。在亚马逊公司，"用户体验"这个词的含义很广泛，包括我们业务中所有面对用户的因素——从商品价格、选择种类、网站用户界面到打包和邮寄商品的方式。迄今为止，我们营造的用户体验，一直是公司业务最为重要的驱动因素。

在设计用户体验时，我们考虑的是公司长期股东的需求。我们尽己所能，将大大小小的用户体验决策悉数放在这个框架之下来制定。

举例来说，1995年推出亚马逊网站后不久，我们就赋予了用户对商品进行评论的权利。虽然现在此举在亚马逊已成惯例，但在当时，我们还是收到了来自一些卖家的抱怨，大体上是在质疑我们到底懂不懂自己的业务，如："你们在售出产品后才能赚钱——为什么允许网站上出现差评呢？"从一个"单人焦点小组"的身份出发，我知道，我本人有时的确会因负面或者不冷不热的评论而在下单前转念。虽然差评会在短期内让我们损失部分销售，但是，帮助用户做出更明智的购买决策，最终还是会为公司带来回报的。

另一个例子，是我们的即时订单更新功能，这项功能会在用户重复购买同款商品时发出提醒。大家的生活都很忙碌，不是总能记得自己曾经买过哪些东西，比如一年前买下的DVD或是CD。推出即时订单更新时，从统计显著性来看，这项功能使销售略微降低。这对用户有益吗？毫无疑问。对股东有益吗？从长远来说，的确有益。

在我们致力推行的用户体验改善措施中，成本最高的就是每日免运费优惠和长期推行的降价活动。填补漏洞、提高生产率，并将由此节约的成本以减价的形式回馈用户，这是一种放眼长远的决策。销量的增加需要时间，而价格的下调几乎总会损害到现有的业绩。但如果从长计议，对"价格—成本结构循环"的不懈推动，会让我们的业务变得更为稳健和更有价值。对于我们来说，包括软件工程在内的许多成本都是相对固定的，而我们的许多变动成本在更大规模下也可以实现更好的管控。因此，若在我们的成本结构中引入更大规模的销量，这些成本在总销售额中所占的百分比便会降低。举一个小例子，为4000万用户设计如即时订单更新这样的功能，所用的成本远远不到为100万用户提供相同功能的40倍。

我们的定价策略的目标，并非最大限度地提高毛利润百分比，而是旨在为用户提供最大价值，从而使公司收益大幅增长——当然是从长远来说。比如，我们为珠宝销售制定的净利润目标要远低于行业标准，这是因为我们相信随着时间的推移，这一举措一定会为股东创造出更多的价值，因为用户是终会分清利弊的。

我们有一个强大的团队，这些勤奋工作且敢于创新的人，为亚马逊公司贡献着力量。他们不仅专注用户，而且放眼长远。从长远的时间尺度来看，股东和用户的利益是一致的。

又及：今年，万众瞩目的美国消费者满意度指数再度给予亚马逊88分的高分——这是有史以来任何服务行业中消费者满意度的最高分，包括线上及线下。据悉，该指数的一位代表人曾表示："如果亚马逊再往上升，就得高反流鼻血了。"我们求之不得，正朝这目标努力呢。

2004年
关于财务的思考

我们的终极财务指标，也是最想要长期推动的指标，即每股自由现金流。为什么不像许多公司那样首先关注盈利，比如每股盈利或盈利增长？简单回答，盈利不会直接转化为现金流，而股票的价值只能是其未来现金流的现值，而不是未来盈利的现值。未来盈利是未来每股现金流的一个组成部分——但并非唯一的重要组成部分。营运资金和资本支出也很重要，未来的股份稀释同样不可忽视。

虽然在一些人看来有违常理，但在特定环境下，一家公司的确会因增长盈利而损害股东价值。当增长所需的资本投资超过这些投资产生的现金流现值时，这种情况就会发生。

举一个非常简单的例子来说明。假设一位企业家发明了一台能将人快速从一地运输到另一地的设备，这台设备成本昂贵——耗资1.6亿美元，每年可载客10万人次，使用寿命为4年。每趟票价为1000美元，需要450美元的能源和材料物资，以及50美元的劳动力和其他成本。

我们继续假设，这门生意很红火，第一年载客10万人次，将设备的性能发挥得淋漓尽致。扣除包括折旧在内的营业费用后,利润为1000万美元——净利润率为10%。这家公司的主要关注点是盈利,因此根据第一年的结果,这位企业家在第二年到第四年增购了更多的设备,决定通过投资更多资本来刺激销售和盈利增长。

以下是这家公司前4年的损益表:

	盈利(按千美元计算)			
	第一年	第二年	第三年	第四年
销售额	100,000	200,000	400,000	800,000
售出单位	100	200	400	800
增长率	N/A	100%	100%	100%
毛利润	55,000	110,000	220,000	440,000
毛利率	55%	55%	55%	55%
折旧费	40,000	80,000	160,000	320,000
劳动力和其他成本	5,000	10,000	20,000	40,000
盈利	10,000	20,000	40,000	80,000
盈利率	10%	10%	10%	10%
增长率	N/A	100%	100%	100%

这样的成绩令人惊叹:复合盈利增长率为100%,累积盈利为1.5亿美元。只考虑上述损益表的投资者,一定会满心欢喜。

然而,现金流却向我们展示了一个截然不同的现实。在同样的4年中,这项运输业务产生了5.3亿美元的累计负自由现金流量。

	现金流（按千美元计算）			
	第一年	第二年	第三年	第四年
盈利	10,000	20,000	40,000	80,000
折旧	40,000	80,000	160,000	320,000
营运资金	—	—	—	—
运营现金流	50,000	100,000	200,000	400,000
资本支出	160,000	160,000	320,000	640,000
自由现金流	(110,000)	(60,000)	(120,000)	(240,000)

当然，盈利与现金流更为相近的其他商业模式也是存在的。但就如这个运输业例子所示，单靠看损益表，是无法评估股东价值的增益和减损的。

另外还要注意到的一点是，对于息税折旧摊销前利润的关注，也会导致我们对业务的经营状况得出同样错误的结论。按时间顺序，连续4年的息税折旧摊销前利润分别应为5000万美元、1亿美元、2亿美元和4亿美元，即连续3年实现100%的增长率。然而，若没有考虑到产生这一"现金流"所需的12.8亿美元的资本支出，那我们便不能看到局势的全貌——息税折旧摊销前利润并不等同于现金流。

如果我们对增长率进行调整，并相应地调整设备的资本支出，那么现金流是会恶化还是改善呢？

第二年到第四年销售额和盈利增长率	第四年设备数	第一年到第四年累计盈利	第一年到第四年累计自由现金流
		（按千美元计算）	
0%, 0%, 0%	1	40,000	40,000
100%, 50%, 33%	4	100,000	(140,000)
100%, 100%, 100%	8	150,000	(530,000)

矛盾的是，从现金流的角度来看，这项业务发展得越慢，情况反而越好。一旦投入第一台设备的初期资本，理想的增长轨迹便是通过扩张将设备的性能快速发挥到100%，然后停止增长。然而，即使只有一台设备，累计毛现金流量直到第四年才能超过初始的设备成本，这一股现金流的净现值（占用资本成本的12%）仍为负值。

很遗憾，这项运输业务从本质上存在缺陷。无论有怎样的增长率，都不值得我们为这桩生意进行初始或后续的投资。实际上，我们的例子之所以如此一目了然，意在便于说明问题。投资者只需对其经济情况进行一次净现值分析，很快就会发现这桩生意不挣钱。虽然现实生活中的实例更加微妙和复杂，但盈利和现金流之间的二元对立问题经常发生。

现金流报表往往得不到应有的关注，而目光敏锐的投资者是不会只满足于关注损益表的。

我们最重要的财务措施：每股自由现金流量

亚马逊公司的财务重点，便是每股自由现金流的长期增长。亚马逊的自由现金流主要通过增加运营利润，以及有效管理营运资金和资本支出来驱动。我们通过全面改善用户体验来增加销售额，并保持精益的成本结构，从而提高运营利润。

之所以拥有能够生成现金的营业周期[1]，是因为我们会在向供应商付款之前先向用户收款，于是就能快速周转库存。高速的库存周转率意味着我们对于库存的投资保持在一个相对较低的水平——销售额为近70亿美元，而年终库存投资仅为4.8亿美元。

我们对固定资产的投资不多，年末为2.46亿美元，占到2004年销售额的4%，这也显示了亚马逊业务模式的资本效率。

2004年的自由现金流[2]增长了38%，达到4.77亿美元，比去年增加了1.31亿美元。我们相信，如果继续改善用户体验——包括丰富商品选择和降低价格——并高效执行，我们的价值主张及自由现金流都将得到进一步提升。

---

1 营业周期是指存货周转天数加上应收账款周转天数，再减去应付账款周转天数。——作者注
2 自由现金流是指经营活动提供的现金净额减去固定资产的购买额，包括资本化内部使用软件和网站开发，二者都体现在现金流量表上。2004年的自由现金流量为4.77亿美元，即经营活动提供的5.66亿美元净额减去购买包括资本化内部使用软件和网站开发费在内的固定资产8900万美元。2003年的自由现金流量为3.46亿美元，即业务活动产生的3.92亿美元净额减去购买包括资本化内部使用软件和网站开发费在内的固定资产4600万美元。——作者注

在股份稀释方面，截至2004年年底，总流通股和股权奖励之和与2003年基本持平，相较过去3年下降了1%。在同一阶段，我们也偿还了将于2009年和2010年到期的逾6亿美元可转换债务，从而消除了600多万可能在未来遭稀释的股票。有效地管理股票总量，不仅意味着更高的每股现金流，也会给持股人带来更多的长期价值。

对于亚马逊公司而言，关注自由现金流并不是什么新鲜事。我们在1997年的致股东信——也就是我们上市以来的第一封致股东信——中说得很明白："在优化财务报表的表象和最大化未来现金流的现值之间，如果非要做出选择不可，我们会选择后者。"

2005年
决策

我们在亚马逊制定的许多至关重要的决策，都可以通过数据来完成。答案有对错好坏之分，而数学可以让我们明辨是非。我最喜欢做的就是这种决策。

开设新的物流中心就是一个例子。利用现有配送网络的历史信息，我们对季节高峰期做出估算，并模拟出新容量的备用方案。我们审视了包括产品尺寸与重量在内的预期商品组合，以确定需要多少空间，以及是否需要为"可分类"的小规格商品或通常单独装运的大规格商品专门安排设备。为缩短交货时间和降低出库运输成本，我们会根据用户、交通枢纽和现有设施的距离来确定适宜的位置。定量分析不但提升了用户的体验，也优化了我们的成本结构。

同样，我们的绝大多数库存采购决策都可以进行数字建模和分析。我们要保证存货并立即提供给用户，得将总库存降至最少，使相关存货成本维持在低水平，从而使价格维持在低点。为了达到保证存货并立即提供给用户的目标，库存量必须恰到好处。利用历史采购数据，我们可以预测出用户对产品的需求和该需求的预期变化。利用卖家的历史业绩数据，我们可以估算出补货时间。

根据入库和出库的运输成本、仓储成本及预期用户地点，我们能够判断应将产品存储在配送网络中的哪个位置。通过这种方法，我们不仅维持仓库中常年备有100多万件立即可供给用户的独特商品，同时仍将每年的库存周转率保持在14次以上。

上述这些决策，需要我们做出一些假设与判断，然而在这些决策中，判断和看法只能发挥初级作用。重头戏还得靠数学来完成。

你应该能猜到，并非所有的重要决策都能通过这种令人羡慕的数学模型来制定。有的时候，能够用作指导的历史数据少之又少或无处可寻，而前瞻性的实验不是不可行或不现实，就是与直接将决策付诸行动无异。尽管数据、分析及数学模型都能发挥作用，但在这些决策中，扮演主要角色的还是判断力。[1]

如股东们所知，我们已经做出决定，在效率和规模允许的条件下，年复一年大幅地为用户持续降低价格。这个例子便彰显了一个无法通过数学法则来制定的重要决策。实际上，在降低价格时，我们就是在违背自己所知的数学原理，因为数字总是告诉我们，提高价格才是明智的方法。我们掌握了大量价格弹性的相关数据，可以相当准确地预测，一定比率的价格下降将会带来一定

---

[1]《"非结构化"决策过程的结构》是亨利·明茨伯格、杜鲁·赖辛加尼和安德烈·诺尔特于1976年发表的一篇非常有趣的论文。他们研究企业如何做出战略性的"非结构化"决策，而不是更加可量化的"操作性"决策。这篇文章中有一个绝妙的论点，"管理科学家对操作性决策的过度关注，很可能会使企业在不当的方法上越发高效"。他们并不是在讨论严格和定量分析的重要性，只是指出人们之所以对这种分析方法倾注了失衡的大量研究和关注，或许就是因为其更可量化的特性。论文原文参见www.amazon.com/ir/mintzberg。——作者注

比率的销量增加。除了少数例外情况，短期销量的增加绝不足以弥补价格的下降。然而，我们对于价格弹性的定量理解是在短期框架下的。我们可以估算价格下降在本周和本季度产生的效果，却无法从数字上估算价格的持续下降会在5年、10年或更长时间内对业务造成什么影响。我们的判断是，坚持不懈地将效率提升和经济规模化以降价形式反馈给用户，能够建立起一个良性循环，从长期来看将带来金额更高的自由现金流，从而增加亚马逊公司的价值。对于"超级免费寄"和亚马逊Prime服务，我们也做出了类似的判断，这两项服务都在短期内花费不菲，但我们相信，从长期来看，二者都有着重要的意义和价值。

再举一个例子。2000年，我们邀请第三方在我们最宝贵的商品信息页面上直接比拼。让亚马逊自营商品和第三方商品在同一个页面一起展示，这看起来风险很大。公司内部和外部的好心人都不禁担心，此举会对亚马逊的零售业务造成冲击。另外，就如很多以用户为中心的创新举措一样，没有什么方法能够事先证明此举一定能够成功。我们的买家指出，将第三方引入亚马逊，会使得库存预测难上加难。如果在"某个商品信息页上输给了"某个第三方，那么我们便会陷入库存积压的"窘境"。不过，我们的判断很简单。如果某个第三方能在某件产品上提供比我们更好的价钱或可得性，那么我们就希望用户能够轻松享受这些优惠。渐渐地，第三方销售已经成了我们业务中一个颇有成效且举足轻重的组成部分，即便在总零售收入增长3倍的情况下，第三方销量所占的份额也还是从2000年的6%增至了2005年的28%。

基于数学计算做出的决策能够博得广泛的共识；而至少在付诸实践和得到证实之前，基于判断做出的决策则会引起应有的疑问且往往争议重重。任何不愿忍受争议的企业，都必须局限于第一种决策。在我们看来，这样的做法不仅会限制争议，还会给创新和长期价值的创造套上沉重的枷锁。

我们制定决策的基础，已在1997年的致股东信中进行了详细阐明，特地在此附上这段内容：

我们将继续坚持不懈地专注于我们的用户。

我们的投资决策要继续基于长期市场领导地位来考虑，而不是看短期盈利或华尔街的短期反应。

我们将继续以分析的方式来衡量我们的项目及评估投资的有效性，放弃那些无法提供满意回报的项目，并追加那些表现最优项目的投资。我们要继续从成功和失败中汲取经验或教训。

看到获得市场领导优势的充分可能性时，我们要进行大胆的投资，而不要谨小慎微。这其中的一些投资会带来回报，有一些则不会，无论成败，我们都能从中学到宝贵的一课。

我们会将强而有力的定量和分析文化与大胆决策的觉悟结合在一起，对此，大家大可放心。与此同时，我们会将用户作为出发点，由此进行逆向倒推。依我们的判断，这就是创造股东价值的最佳途径。

2006年

发展新业务

以亚马逊目前的规模,想要播种能够成长为新业务的种子,需要一些纪律准则、一点点耐心,以及一种有益于业务蓬勃发展的公司文化。

我们的现有业务是稳稳扎根的小树。正在茁壮成长的它们,钟爱高资本回报率,在各自巨大的市场领域蒸蒸日上。这些特点为我们想要启动的任何新业务设下了一个高门槛。在将股东的钱投资于任何新业务之前,我们必须说服自己,这个新的机遇能够带来投资者在为亚马逊注资时所预期的资本回报率。而我们也必须让自己坚信,这一新业务今后的确能够发展到在整个公司不容小觑的规模。

此外,我们也必须相信,这一机遇目前尚未达到饱和,且我们具有必备的能力,可以为市场带来面向用户的强大差异化产品或服务。若个如此,我们就不大可能对这项新业务进行规模化扩张。

经常有人问我:"亚马逊准备什么时候开实体店?"对于这个扩张的机遇,我们一直是抵触的。这个机遇只符合上述标准中的一项。实体店的潜在规模令人跃跃欲试。但是，我们不知道该如何在低资本和高回报的条件下着手这门生意；实体店零售是一种保守而老旧的业务，目前已呈饱和状态；而且，对于如何为用户创造出一种非同凡响的差异化实体店体验，我们也全然没有头绪。

当你看到我们涉足新业务时，我们相信这些业务符合上述标准。我们对于卓越网的收购，就是为世界人口第一大国提供服务的第一步。电子商务在中国仍处于初期，我们相信，这是一个绝好的商业机会。我们在鞋子、服饰、食品、百货这些大型领域具有足够的能力，不仅能够创新，还能发展大规模和高回报的业务，真正改善用户体验。

亚马逊物流就如一套网络服务的应用程序编程接口，将面积约111万平方米的物流中心网络转换为一个庞大而复杂的电脑外围设备。只需每月支付每立方米1.27美分的物流中心租金，你就能将商品储存在我们的网络之中。你可以发出网络服务[1]请求，通知我们存货即将到达，安排我们对一件或多件商品进行分拣和包装，并告知我们往哪里寄送。你不用跟我们有任何的语言交流。这是一项差异化的业务，可以做到很大规模，也符合我们的回报率标准。

另一个案例是亚马逊云服务。利用这项服务，我们正在搭建

---

1 网络服务是一个可编程的应用程序，用于交换数据或集成，确保不同平台的应用服务可以交互操作。

一项新的业务，瞄准的是一群新的用户——软件开发人员。目前，我们提供了10种不同的网络服务，搭建了一个拥有24万名注册开发人员的社区。我们针对的是开发人员的广泛需要，如存储和计算能力——开发人员曾经针对该领域表达过需求，而我们也在过去12年从亚马逊公司的规模化扩展中积累了扎实的专业知识技能。我们对开展这一业务占有优势，且此业务具备高度的差异性，也有潜力随着时间的推移发展成一项意义重大且经济效益优厚的业务。

在一些大公司里，想要将新业务从微小的种子培养壮大或许并不容易，因为这需要耐心和培育。在我看来，亚马逊的文化为具有巨大潜力的新业务提供了超乎寻常的支持，而我也相信，这是公司竞争优势的源泉之一。

与任何公司一样，我们公司的文化不仅由我们的意图塑造，也是发展历程的结晶。对于亚马逊而言，这段历程还非常短暂，但幸运的是，其间已经出现了几个小种子成长为参天大树的案例。在我们的公司中，许多人都目睹了数个1000万美元的"种子"发展为10亿量级业务的过程。在我看来，这种第一手的经验和由这些成功案例衍生出的文化，都是我们有能力白手起家发展业务的重要原因。我们的公司文化要求这些新业务具有高潜力、创新性和差异化的特征，但并不要求新业务从一开始就具备很大的规模。

还记得1996年图书销售突破1000万美元大关时，我们有多么心潮澎湃——我们是从零起步做到1000万美元的。而今，当亚马逊内部的新业务增长到1000万美元时，只意味着整个公司的营收从100亿美元上升到了100.1亿美元。对此，我们管理10亿美元量级业务的资深高管很容易嗤之以鼻，但他们并没有这样做。他们密切关注着这些新兴业务的增长率，还会发送邮件表示祝贺。这种做法值得盛赞，公司中能有这样的风气，我们很自豪。

根据我们的经验，如果一项新业务旗开得胜，那也得在3到7年之后才可能开始对公司的总体经济产生重大影响。在公司的国际业务、早期的非图书影音业务及第三方销售业务中，我们都看到了这样的时间框架。目前，我们的国际销量占总体的45%，非图书影音业务占34%，而第三方卖家销售业务则占到了28%。如果亚马逊一些新播种的种子也能如此成功，那我们就心满意足了。

自从庆祝销售额首次突破1000万美元至今，我们已经取得了长足的进步。随着亚马逊的发展，我们将努力坚守这种拥抱与支持新业务的公司文化。对于新业务，我们要在有条不紊推进的过程中，关注业务的资本回报、可能达到的规模，以及提升用户关注的差异特征的能力。我们并不能次次做出正确的选择，也不会时时取得成功，但我们仍会谨慎选择、不遗余力、锲而不舍。

2007年

传教士团队

2007年11月19日,是特殊的一天。经过3年的筹备,我们在这天将亚马逊电子书阅读器Kindle带到了用户的面前。

许多人或许都对Kindle有所了解——能够有如此广泛的报道与讨论,我们深感幸运(和感恩)。简单来说,Kindle是一款专门打造的阅读设备,可通过无线网络访问11万种图书、博客、杂志及报纸。所谓的无线网络,并不是指无线热点Wi-Fi,Kindle使用的是与先进的手机一样的无线网络,这也就意味着无论你是躺在床上还是在外四处走动,都能正常使用。你可以通过Kindle直接购买图书,整本书都可以通过无线网络下载并即时阅读,整个过程不会超过60秒。你不必订购"无线套餐",没有一年期的合约,也不用支付包月费用。Kindle采用的是一种类似纸张的电子墨水显示屏,即使在刺眼的阳光下也很容易阅读。第一次看到这种显示屏的人,都不敢相信自己的眼睛。Kindle比一本平装书更轻、更薄,能够容纳200本书的内容。你可以在亚马逊网站上的Kindle产品页面一睹用户的反馈——他们已经留下了2000多条评论。

不难想象,在经过3年的努力之后,我们由衷地希望Kindle

能够得到市场的认可，但实际需求如此强烈，是我们始料未及的。Kindle在发售后的5个半小时便销售一空，我们的供应链和生产团队都不得不加紧行动，提高生产能力。

不得不说Kindle是我们为自己设定的一个大胆的目标，即对纸质书进行改善。选择这个目标，并非一时兴起。对于任何一种以大致相同的形态流传了500年的东西而言，改善都不太可能是件易事。在设计伊始，我们就明确了脑中的书籍最重要的特征。书籍能够融于无形。阅读一本书的时候，读者不会注意到它的纸张、油墨、胶水或装订线。所有这一切都不复存在，剩下的只有作者描绘的世界。

我们知道，与纸质书一样，Kindle也需要从人们的感官中消失，从而让读者们全身心投入文字之中，忘记自己是在用某个设备进行阅读。我们也知道，企图将纸质书的所有特征都模仿得淋漓尽致也不可取——我们永远无法通过模仿来超越本尊。我们必须添加全新的功能——传统图书永远无法企及的功能。

亚马逊公司的早期经验可供我们借鉴。一家网上书店应该囊括实体书店所有特征的构想，是当时的我们所向往的。"你们准备怎么做电子书签售？"关于这个功能，我已经被人问过几十次了。13年后，我们仍然没有找到解决这个问题的方法！我们没有努力尝试复制实体书店，而是从中汲取灵感，然后努力发掘新媒介能够实现而老媒介永远无法企及的功能。我们做不了电子书的签售，也同样无法提供一个可以啜饮咖啡和休闲放松的舒适空间。但是，我们却能提供数百万种的图书，通过产品评论帮助用户做出购买决定，并提供"购买此款产品的用户也会购买……"等探索功能。只有新媒介才能实现的好用功能，足足有一长串。

接下来，我要来重点介绍一些我们为Kindle植入的纸质书无法企及的功能。如果遇到不认识的字词，你可以轻松进行查阅。你可以对图书进行搜索。你的批注和画线部分会被保存在"云端"服务器中，以防止丢失。Kindle会自动保存你每本书的阅读位置。如果视觉疲劳，你可以改变字体的大小。最为重要的，还是畅通无阻地找到一本书并在60秒内下载获取的功能。在观察了用户首次体验这一功能的反应后，我很确定，这一功能对读者的震撼是巨大的。我们对于Kindle的愿景是，让用户在60秒内将任何出版过的各语种图书收入囊中。包括大型出版社在内的出版机构，都对Kindle表示欢迎，我们对此深表感谢。从出版机构的视角来看，Kindle具有众多的优势。有了它，书籍便永远不会绝版，也绝对不会缺货。印刷过量所带来的浪费也被永远杜绝了。最重要的是，Kindle使读者们能够更加方便地购买到更多书籍。任何事情只要降低难度和减少阻力，便会遍地开花。

人类是与工具共同演化的。我们改变工具，工具也改变着我们。发明于几千年前的写作就是一项不同寻常的伟大工具，关于它对我们产生的巨大改变，我也毫不存疑。500年前，古腾堡的发明颠覆了图书的成本。纸质书开启了人们协作与学习的新方式。近年来，台式电脑、笔记本电脑、手机、掌上电脑等联网设备也为我们带来了巨变。它们将我们逐渐带到摄取碎片化信息的快餐式文化之中，在我看来，人们的注意力持续时间也由此变短。我钟爱我的黑莓手机，也坚信它让我更加高效，却不愿意在上面阅读一份300页长的文件。同样，我也不愿在台式或笔记本电脑上阅读几百页的文字。就像我在这封信中提到的，人们更愿意去做方便无阻的事情。如果我们的工具让碎片化信息更加唾手可得，那么我们就会趋向于碎片化信息，与长篇阅读渐行渐远。而Kindle就是特地为长篇阅读而设计的。我们希望，通过几年的时间，Kindle及其后继产品能够提供一股与近期盛行的信息碎片化抗衡的力量，让我们逐步进入注意力长时间集中的状态。我明白，我说这话的语气活像个传教士，但我向你保证，这的确是我的肺腑之言。另外，这也并不是我的一己之见，而是公司里大批人共有的想法。我对此深感欣慰，因为传教士们能够打造出更加优质的产品。我还要指出，虽然我对图书即将得到改善这一点坚信无疑，但亚马逊绝不会"只挂闲职，不干实事"。这一改革势在必行，但如果我们执行不力，一定还会有别人来完成这项使命。

这个亚马逊传教士团队对于提高每股自由现金流及资本回报率斗志昂扬。我们坚信：坚持将用户摆在第一位，我们就能实现这一目标。我在此保证，未来还有更多的创新等待着我们，而我们也清楚，前路不会一帆风顺。我们希望甚至期待Kindle能够名副其实地"燃起火种"[1]，为阅读带来全面提升。

我们在1997年第一封致股东信中提到的理念与长期投资策略，都在Kindle身上得到了充分的彰显。

---

1 Kindle一词的原意为"点燃"。亚马逊最初打算用编程代码"菲奥娜"为阅读器命名，后接受品牌顾问的意见，改用Kindle来命名。

2008年

逆向倒推

在全球经济风雨飘摇之际,我们的基本方针仍然岿然不动。我们心无旁骛地着眼长期,并保持对用户的痴迷。长期思维不仅能够撬动我们现有的能力,也能让我们实现难以想象的伟业。这种思维不仅对创新必经的失败与迭代予以支持,也让我们摆脱束缚,去探索未经开发的领域。若追求立竿见影的效果,或是虚无缥缈的幻影,你很可能会发现,早有一群人先你一步等在那里了。从长计议与痴迷用户相得益彰。如果能够认识到用户的需求,并进一步深信这种需求意义重大且持久有效,那么,这种方针便会让我们有足够的耐心,愿为找到解决方案而耕耘多年。从用户需求出发的"逆向倒推法",可与利用现有技术和能力推动商机的"技能正推法"形成鲜明对比。"技能正推法"的理念是:"我们非常擅长 X。利用 X,我们还能做些什么呢?"这的确是一种实用且有效的做法。然而,如果仅仅依靠擅长的技能,那么公司便永远不会有动力去开发新的技能,而既有的技能也终将过时淘汰。以用户为出发点进行倒推的方法,往往会要求我们磨炼新的技能并动用平时不常练到的肌肉,绝不要将迈出第一步时可能出现的不适与尴尬放在心上。

Kindle便是我们基本方针的一个绝佳范例。在4年多之前，我们便开始构建愿景：所有出版过的各种语言的书籍，通通在60秒内让用户读到。我们所构想的用户体验，是不允许Kindle设备和Kindle服务之间出现任何断层——这二者必须天衣无缝地结合。在此之前，亚马逊从未设计或打造过任何硬件设备，但我们并没有因当时的既有技能而改变愿景，而是聘请了一批才华横溢的硬件工程师（他们个个都是传教士），并着手学习这一未来更好地服务于读者而必不可缺的基本技能。

Kindle的销售超出了我们最为乐观的预期，对此我们心怀感激，也心潮澎湃。2月23日，Kindle2正式上市。第二代Kindle具备了深受用户喜爱的第一代Kindle的所有特征，而且更薄、更快、显示更清晰、待机时间更长，能容纳1500本图书。你可以从25万多种图书、杂志和报纸中进行自由选择。无线传输没有任何费用，只需不到60秒，你便能将图书收入囊中。我们已经收到了数千封关于Kindle的用户反馈邮件，值得注意的是，在26%的邮件中都出现了"热爱"这个词。

用户体验的核心支柱

我们坚信，在我们的零售业务中，用户重视的是低廉的价格、丰富的选择和快捷便利的物流配送，且这些需求会长期保持稳定。

我们难以想象，10年之后的用户们会转而开始渴望高昂的价格、单一的选择或是龟速的配送。之所以有足够的信心为巩固这些核心支柱进行投资，是因为我们坚信这些支柱将会持久存在。我们知道，现在所付出的投资，必将带来长期而持续的红利。

我们的定价目标在于赢得用户的信任，而不是寻求短期经济利益的最大化。就长期而言，这种定价方式是增加总体经济利益的最佳途径，我们对此深信不疑。每件商品的获利或许有所下降，但通过源源不断地获取信任，我们将会销售出更多的商品。因此，我们的低价策略覆盖了所有商品范围。出于同样的原因，我们也一如既往地对包括亚马逊Prime服务在内的免费送货活动注入资金。用户们消息灵通且敏锐、精明，在做出购买决定时，会对包括运费在内的总体成本加以评估。在过去的12个月间，通过我们的免费送货服务，全球各地的用户已经节省了超过8亿美元的费用。

另外，我们坚持不懈地专注于扩大商品的可选范围，不仅在现有分类中丰富选择，同时也添加了新的品类。自2007年起，我们已经添加了28个新的品类。其中一个发展快速且不断给我带来惊喜的业务，就是我们在2007年推出的鞋店Endless.com。对于用户而言，迅捷、可靠的配送至关重要。在2005年，我们推出了亚马逊Prime服务。每年支付79美元[1]的会费，会员们便可不限次数

---

[1] 亚马逊Prime服务是一项全球业务：日本的会费为3900日元，英国为48英镑，德国为29欧元，法国则是49欧元。——作者注

地享受两天到货的免费邮寄服务；或只花3.99美元，便可将到货时间缩短到一天。2007年，我们为第三方卖家推出了"亚马逊物流"服务。利用这项新服务，卖家们可将其货物储存在我们的全球物流网络中，由我们代卖家进行分拣、包装并寄送给终端用户。亚马逊物流中的商品也可享受亚马逊Prime服务和"超级免费寄"福利——与亚马逊自家库存中的商品并无区别。由此，亚马逊物流不但提升了用户的体验，也带动了卖家的销量。在2008年的第四季度，我们代使用亚马逊物流的卖家们寄送出了超过300万件产品，实现了用户与卖家的双赢。

谨慎支出

选择了用户体验至上之路，我们就必须具备一个高效的成本结构。针对成本结构，我们发现了巨大的改善空间，这对于我们的股东来说无疑是个好消息。无论放眼何处（大家都在努力观察），我们都能发现日本制造者口中的"無駄"[1]（即徒劳）。我觉得，这是一个让人大为振奋的发现。我将这视为一种潜能——变动和固定生产率逐年增长，还有提高资本支出的效率、速度和灵活性。

我们的首要财务目标，仍然是长期自由现金流的最大化和投

---

[1] 不久前，在亚马逊的一家物流中心，我们的一位"丰田改善法"的专家问我："我认同物流中心要做到干净整洁，但为何要费力打扫？为何不将尘埃的来源给斩断？"这让我恍若成了《龙威小子》里学习空手道的少年。——作者注

资资本的高回报。在亚马逊云服务、第三方卖家工具、数字媒体、中国市场及全新的商品品类中，我们都在倾入大量的投资。之所以做出这些投资，是因为我们相信，这些领域不仅能达到可观的规模，也符合我们针对回报率所设下的高标准。

在世界各地，杰出、创新和勤恳的亚马逊人都在秉持着用户至上的理念。能够成为这个团队中的一员，我深感荣幸。感谢股东们的支持和鼓励，也感谢你们在这条绵延的征途中与我们并肩前行。

2009年
制定目标

2009年的财务业绩反映了提升用户体验15载所带来的累积效应：商品品类日渐丰富、配送速度日渐加快、成本结构日渐优化，这也使得我们能够为用户提供更为低廉的价格和各种各样的优惠。这个成绩是公司各部门的一大批才华横溢、坚持不懈、忠于用户的同人共同努力的结晶。我们有低廉的价格和可靠的配送，对于鲜为人知和稀有难找的商品也存有现货，这是我们引以为傲的资本。我们同时也明白，亚马逊的工作还有很大的提升空间，因此，我们也致力于实现进一步的改善。

2009年一些值得注意的重点业绩如下：

净销售额同比增长28%，达到2009年的245.1亿美元，这是10年前16.4亿美元净销售额的15倍。

自由现金流量同比增长114%，达到2009年的29.2亿美元。

更多用户享受到了亚马逊Prime服务的便利，全球会员数量相较去年大幅增加。2009年可立即装运的各种商品的数量增加了50%以上。

2009年，我们在全球新添了21种商品品类，包括亚马逊日本的汽车、亚马逊法国的婴儿用品，以及亚马逊中国的鞋子和服饰。

对于我们的鞋类业务而言，2009年是繁忙的一年。我们在11月收购了Zappos，这家在线服饰和鞋类销售的领军者致力于为消费者提供最优质的服务和最丰富的商品。Zappos的入驻，为我们的Endless、Javari、亚马逊和Shopbop等服饰平台提供了活力。

我们的服饰团队推出了牛仔服饰店Denim Shop，其中涵盖了乔氏牛仔、幸运牛仔、赛文·弗奥曼德和李维斯等在内的100种品牌，进一步改善了用户体验。

鞋类和服饰团队创造出逾12.1万种的商品说明，并在网站上传了超过220万张图片，为用户提供了生动逼真的购物体验。

亚马逊全球各网站上大约新增了700万条用户评论。

亚马逊网站上第三方卖家的商品销售，占到了2009年单位商品销售量的30%。活跃卖家账号数增长24%，达到了2009年的190万。在全球范围内，使用亚马逊物流的卖家在我们的物流中心网络中存储了超过100万件独特的商品，使这些商品得以享受亚马逊Prime服务和"超级免费寄"的福利。

亚马逊云服务在高速创新的道路上继续前进，相继推出多种新服务和功能，包括亚马逊关系型数据库服务、虚拟私有云、数据处理服务、高内存型EC2实例、预留和竞价实例、媒体流式传输，以及亚马逊简便存储服务的版本控制功能。除此之外，亚马逊云服务也在继续扩大其全球足迹，包括在欧盟提供更多的服务，以及在北加利福尼亚新开辟一个云区域，并计划于2010年将服务扩展至亚太地区。持续不断的创新和卓越的经营业绩，推动亚马逊云服务在2009年获取了有史以来最多的新用户，其中不乏众多大型企业用户。

目前，美国的Kindle商店拥有的图书已从去年的25万种上升到了46万多种，其中包括《纽约时报》110本畅销书中的103本；还拥有8900多个博客，以及171种美国和国际顶尖报纸、杂志。我们已将Kindle出售至120个国家，并提供6种语言的内容。

新加入亚马逊的高层领导往往会惊讶地发现，我们几乎不会在探讨实际财务业绩或制订预期财务产出上花时间。需要说明的是，我们非常重视财务产出，但我们也相信，从长期来看，将精力集中在业务的可控财务投入上才是最大化财务产出的绝佳途径。我们的年度目标制定始于秋季，并终于冬季节假日销售旺季结束后的新年年初。我们的年度目标制定大会持续时间长、气氛热烈且关注细节。针对用户值得拥有的体验，我们不仅会定下高标准，同时也对提高这一体验秉持着一种紧迫感。

多年以来，我们一直都在使用相同的方法制定年度目标。关于2010年，我们制订了452个列有明确负责人、可交付成果及预计完成日期的详细计划。这些虽然并不是我们的团队为自己定下的所有目标，但我们觉得，这些目标是最需要予以监控的。这些目标中的任何一个都不会唾手可得，且有许多必须借助发明创造才能达成。我们的资深高管团队每年都会对每一个目标的进展状况进行数次评估，并根据实际情况进行填补、删除和修正。

细看这些目标，我们发现了一些有趣的数据：

在452个目标中，360个目标会对用户体验产生直接影响。

"营收"一词用了8次，而"自由现金流"只用了4次。

在452个目标中，"净收入""毛利润/毛利率""运营利润"一次也没有出现。

从总体来看，这批目标是我们基本方针的体现。以用户为出发点，逆向倒推。聆听用户的心思，但不要只是倾听，还要代表用户的利益进行创新。我们不能确保一定能实现今年的全部目标，在过去的几年就没能做到。但可以保证的是，我们会一如既往地痴迷于用户。从长远来看，这种方法无论是对股东还是对用户都大有裨益，对此，我们坚信不移。

今天，仍是第一天。

2010 年

关键利器

随机森林、朴素贝叶斯估算器、表现层状态转换（RESTful services）、Gossip 协议、最终一致性、分片数据、逆熵、拜占庭共识（Byzantine quorum）、纠删码、向量时钟[1]……走进亚马逊的某场会议，你或许会一时间觉得自己误入了计算机科学的讲堂。

翻阅当前关于软件架构的教科书，你会发现，里面很少有亚马逊没有运用过的模式。我们会用到高性能交易系统、复杂渲染和对象缓存、流程和排队系统、商业智能和数据分析、机器学习和模式识别、神经网络和基于概率的决策，以及各种各样的其他技术。虽然我们的许多系统都以最新的计算机科学研究为基础，但这往往并不够：我们的架构师和工程师还必须将研究往学术界尚未涉足的方向推进才行。我们面临的许多问题在教科书上都找不到解决方案，因此，我们便发明了自己的新方法，并且乐在其中。

我们的技术几乎无一例外地以"服务"的形式植入：就像一个个封装好的模块，将需要处理的数据包装起来，仅仅提供一些

---

[1] 均为机器学习领域的名词。

外部接口来调用功能。这种方法不但减少了意外的连带后果,也使服务能够以自己的节奏发展,而不会影响整体架构的其他部分。面向服务的架构(SOA)是亚马逊技术这一虚拟大楼的地基。多亏了一个由富有思想和远见的工程师与架构师构成的团队,远在SOA成为业界的热门之前,这种方法就已在亚马逊践行。我们的电子商务平台由数百个软件服务构成,这些服务协同合作,旨在提供从商品推荐、订单交付到库存跟踪等一系列功能。举例来说,想要为一位访问亚马逊网的用户构建一个高度个性化的商品介绍页面,要调用200到300种服务来呈现。

任何一个系统若要发展出庞大的规模,状态管理都是核心。许多年前,亚马逊的需求便达到了任何商业解决方案都无法满足的程度:我们的关键数据服务中储存了好几PB[1]的数据,每秒要处理数百万个请求。为了满足这些严苛而特殊的需求,我们已经开发出了数种与众不同、量身定制且功效持久的方案,包括独有的键值存储和单表存储数据库。为此,我们在很大程度上依赖于分布式系统和数据库研究社区的核心原则,并以此为基础进行创造发明。我们率先开发的存储系统表现出了极大的可扩展性,同时在性能、可用性和成本上进行了严格控制。为实现其超大规模性能,这些系统采用了一种创新的数据更新管理方法:通过放宽需要被大量复制传播更新的同步需求,让这些系统依然能在严苛

---

1 计算机存储容量单位,1PB=1024TB=1048576GB。

的性能和可供性要求下运行。这些系统都以最终一致性的概念为基础。亚马逊云服务所提供的云储存和数据管理服务的基础架构，便始于亚马逊工程师在数据管理方面取得的突破。举例来说，我们的简单存储服务（S3）、弹性块存储（EBS）和SimpleDB数据库的基本架构，都是从这些独一无二的亚马逊技术中衍生出来的。

亚马逊业务的其他领域，也面临着类似的复杂数据处理和决策问题，比如产品数据获取与分类、需求预测、库存分配和欺诈检测。基于规则的系统可以顺利使用，但随着时间的推移，有可能变得难以维护或者容易损坏。在许多情况下，先进的机器学习技术可以提供更为精确的分类，并能够通过自行复原来适应不断变化的环境。举例来说，我们的搜索引擎会利用后台运行的数据挖掘和机器学习算法来构建主题模型，我们则运用信息抽取算法来识别属性并从非结构化的描绘中抽取实体，使得用户缩小其搜索范围并迅速查出所需产品。我们会考虑大量的搜索相关因素，以预测用户感兴趣的概率，并对搜索排名进行优化。产品的多样性要求我们采用最新的回归技术，如成熟的由决策树构成的随机森林等，以便在排名时将数千种产品属性合并起来。这些幕后软件带来的最终结果是什么？是快速且精准的搜索结果，它能帮你找到想要的那件商品。

如果我们只是让某个研发部门来负责技术，那么在其中投入的努力或许就没有那么多了，但是我们并没有选择这种方式。在我们的团队、我们的所有流程、我们对决策的制定，以及对每项业务的创新方式中，都蕴含着科技的影响。科技深深贯穿于我们所做的每一件事中。

Kindle的同步功能就是一个例子，Kindle服务的设计初衷就是确保不论你在哪里、携带什么样的设备，都可以访问你的图书馆和所有的标记、笔记及书签，这些内容在你的Kindle设备和手机应用程序上都是同步的。技术上的挑战，是让遍布全球100多个国家、拥有数以亿计的图书及数百种型号设备的百万名Kindle用户都能使用这一技术，且确保全天候的可靠性。同步功能的核心是具有最终一致性的复制数据存储，其中有应用定义的冲突解决机制，此机制必须也应该具备处理断网数周甚至更久的设备数据的能力。对于Kindle的用户而言，我们将所有这些技术都隐藏在了幕后。因此，每当打开你的Kindle时，设备都会进行同步并开启正确的页面。套用亚瑟·克拉克[1]的话：就如任何足够先进的科技一样，Kindle也与魔法无异。

好了，如果阅读这封信的一些股东已经看得眼皮都打架了，那就让我用一句话让你们打起精神，在我看来，追求这些技术并非漫无目的——这是直接通往自由现金流的途径。

在我们生活的时代中，可用带宽、磁盘空间和处理能力飞速提高，所有这一切的价格都会继续急速下降。我们的团队中有世界上最在行的技术专家，为解决当今前沿的挑战贡献着力量。就

---

1 亚瑟·克拉克，英国科幻小说家，著名的代表作之一是《2001太空漫游》。贝佐斯套用的话的原句为："任何足够先进的科技，都与魔法无异。"

像我此前多次探讨过的一样,在股东长期利益与用户的利益一致这个问题上,我们有着坚定不移的信心。

而且,我们也乐此不疲。发明创造铭刻在我们的DNA之中,技术是我们在升级和优化用户体验时运用的不可或缺的利器。需要学习的东西尚有许多,而我们也期待和希望在学习过程中能够一如既往地乐在其中。能够成为这个团队的一员,我深感自豪。

今天,仍是崭新的第一天。

2011年
创造的力量

"亚马逊云服务对我们的价值是毋庸置疑的——在20秒之中，我们就能让自己的服务器容量翻一倍。身处这样的高增长环境，却只有小型开发团队，我们能被认可有能力为全球音乐社区提供最佳的服务是十分重要的。5年前，我们可能会遇到系统崩溃而死机，并且不知道什么时候能恢复。现在，由于亚马逊持续创新，我们不仅有能力提供最优质的技术，而且还在继续成长壮大。"这话出自音乐人平台BandPage的首席科技官克里斯托弗·托伦。他的此番称赞——亚马逊帮助他们实现了快速提升计算性能的速度和稳定性的关键需求——绝非空口无凭：现在，BandPage平台支持50万个乐队和艺术家与数千万粉丝的交流互动。

"我是从2011年4月开始在亚马逊网站上进行销售的，到6月份我们成为亚马逊最大的饭盒销售商时，每天都能接到50到75个订单。八九月份是我们最忙的时候，因为新的学年开始了，我们每天的订单量达到了300单，有时甚至有500单。简直太神奇了……我用亚马逊来配送订单，这也省下了许多时间精力。此外，当用户发现他们可以通过Prime服务享受免费送货时，我们的饭盒销量便开始疯狂上涨。"凯莉·莱斯特是"简易便当"（EasyLunchbox）的"妈妈创业家"，她自创了便于打包的环保饭盒系列产品。

"我是误打误撞找到亚马逊的，它为我开启了一个崭新的世界。由于家里有1000多本（书），于是我心想：'不如试一试吧。'我卖了一些书，然后就不停地扩大网店规模。我渐渐发现，这门生意简直太有趣了，我决定再也不找其他的工作了，再也没有老板管我了——当然，我太太除外。还有什么能比这更好呢？网店其实是我和太太共同打理的。我们俩都会去找书，因此，这家店其实是高效协作的团队结果。我们一个月大概售出700本书。我们每月向亚马逊发800到900本图书，然后亚马逊再把700本有人购买的图书配送出去。如果没有亚马逊来处理物流和客服事宜，我和太太就得每天带着几十个包裹往邮局之类的地方跑。有人帮我们分担这部分工作后，生活变得轻松多了……这套服务简直太棒了，深得我心。亚马逊不但为用户提供产品，甚至连运送图书也包了。你想想，还有什么比这更周到的呢？"在经济衰退的浪潮中被解雇后，鲍勃·弗兰克创立了RJF书店。他和妻子在凤凰城和明尼阿波利斯两地生活。他说，为书店寻找图书就像是"每天都在寻宝"。

"多亏了Kindle自助出版，我现在一个月获得的版税比为传统出版社写作一整年的收入还要多。以前的我总担心该怎么维持生计——有好几个月我都处于入不敷出的状态。现在，我终于有了实实在在的积蓄，甚至开始筹划度假了，这可是我几年来都不敢想的事……亚马逊为我创造了发挥所长的舞台。之前，我被局限于单一类型中，却想写不同类型的书。现在，我梦想成真了。我掌控了自己的事业。我感觉自己终于找到了一位合作伙伴，那就是亚马逊。亚马逊了解这个行业，并从作者和读者的利益出发，改变了出版业的业态，将选择权交回了我们的手中。"这段话，出自《父亲的家》的作者A.K.亚历山大，这本书是Kindle 3月份前100名畅销书中的一本。

"2010年3月，是我决定在Kindle自助出版上出版电子书的第一个月，我怎么也没想到，它会成为我人生中的决定性时刻。这么做不到一年，每个月的收入便足够支撑我辞去朝九晚五的工作，从而全心专注于写作了。通过Kindle进行自助出版的决定，给我带来了不啻扭转人生的收获。不论经济、个人、情感还是创作，都是如此。能够全职写作，陪伴家人，创作我真正想写的内容，而不用面对出版社营销团队对写作的指手画脚，这让我成为一位更强大、更高产的作家。最重要的是，我也变得快乐了许多……亚马逊和Kindle自助出版平台确确实实提升了出版界的创造力，也给了我这样的作者一个为梦想拼搏的机会，对此，我永远心怀感恩。"说这话的是布雷克·克劳奇，他创作了多部惊悚小说，其中包括Kindle畅销书《奔跑》。

"亚马逊给予我这样的作者将作品展现给读者的机会，也改变了我的人生。在一年多的时间里,我通过Kindle销售出近25万本书,旧梦已经成真,更宏伟、美妙的梦想在眼前招手。我的4本书都冲上了Kindle前100名畅销书榜。除此之外,代理商、海外分销商和两位电影制片人都找到了我,《洛杉矶时报》《华尔街日报》《个人电脑杂志》对我也都有报道,《今日美国》还在不久前对我进行了专访。最重要的是,当今所有的作者不必翻越那些不可逾越的障碍,便有机会将自己的作品呈现在读者面前,这一点是让我最为振奋的。作者们拥有了更多主动权,读者们也拥有了更多选择。出版行业正处于瞬息万变之中,而我也准备好了享受这段旅程的跌宕沉浮。"特蕾莎·拉甘是Kindle自助出版的作者,著有《绑架》等数本Kindle畅销书。

"刚过60岁,我和妻子就赶上了经济衰退,我们发现自己的收入严重缩水。Kindle自助出版成了我为毕生梦想孤注一掷的平台——这是我们改善经济状况的唯一机会。出版几个月后,Kindle自助出版已然彻底改变了我们的生活,为我这个上了年纪的非虚构作者开启了畅销小说家的全新职业生涯。关于亚马逊和他们为独立作者提供的诸多工具的益处,千言万语道不尽。我强烈建议作家同人寻找并把握Kindle自助出版提供的机遇。就如我惊喜发现的一样,这其中没有丝毫负面风险——蕴含的潜力却是近乎无限的。"此话出自罗伯特·比迪诺托,即Kindle畅销书《惊悚猎人》的作者。

"借助Kindle自助出版的技术,我得以远离传统行业中的所有'守门人'。在过去，争取每一位读者都要付出漫长而艰辛的努力，而今拥有这种轻松的感觉，你能想象得到吗？我以前无法接触到的励志小说的爱好者们，现在也能花2.99美元在Kindle商店阅读到我的《小人物》和其他两本小说了。我一直都想写一个灰姑娘式的故事。现在我实现了这个梦想。多亏了我的'白马王子'（也就是Kindle自助出版），未来还会有更多故事……"说这话的克雷斯顿·梅普斯是Kindle畅销书《小人物》的作者。

创造的形式和程度多种多样。最具突破性和颠覆性的发明，往往能够促使他人释放创造力，激励他们追寻自己的梦想。这就是亚马逊云服务、亚马逊物流和Kindle自助出版的宗旨。三者合力，我们正在打造强大的自助服务平台，让成千上万人大胆试验和实现看起来不可企及或不切实际的目标。这些创新的大规模平台所创造的并非零和关系，而是打造双赢局面，为开发人员、企业家、用户、作者及读者创造巨大的价值。

亚马逊云服务已经拓展出了30多种不同的业务，已经服务了数千家规模各异的企业及独立开发者，他们都是我们的用户。作为亚马逊云服务最早推出的项目之一，简单存储服务目前拥有9000多亿个数据对象，每天新增的数据对象超过10亿。简单存储服务每秒处理的交易通常在50万次以上，巅峰速度可达100万次每秒。所有的亚马逊云服务运用的都是即付即用的，从根本上将资本支出[1]转变成了变动成本[2]。这是一项自主式的服务：你不需要商讨合约，也无须与销售人员接洽，只要阅读在线资料就可以开始了。亚马逊云服务具有弹性，其规模很容易扩大和缩小。

在刚刚过去的2011年最后一个季度，亚马逊物流为卖家运送出了数以千万计的商品。卖家在使用亚马逊物流时，其商品能够享受亚马逊Prime服务、"超级免费寄"及亚马逊的退货和用户服务。亚马逊物流是一项自助服务，配有属于亚马逊卖家服务平台的便捷库存管理控制台。若是对技术有更多的要求，亚马逊物流还附有一套应用程序编程接口，你能像使用一台巨大的计算机外围设备一样利用我们的全球物流中心网络。

之所以强调这些平台的自助属性，是出于一个我认为虽然重要但不甚明显的原因：即便行业守门人的意图再好，也会阻碍创新。在自助化的平台上，再天马行空的创意也能尝试，因为没有守门的专家会立马插嘴说："这肯定行不通！"你知道吗？在这些不可思议的创意中，有许多的确成了现实，而这种集思广益的受益者便是社会自身。

Kindle自助出版已迅速扩充到了惊人的规模。目前，平台上每月作品销量超过1000本的作者已有1000多人，有些作者的销量已经达到了数十万本，其中有两个人更是跻身"Kindle百万销量俱乐部"。Kindle自助出版为作者们带来了诸多好处。使用这一

---

[1] 资本支出是指组织或企业在购买、维护或改善其固定资产上花费的资金。
[2] 变动成本指支付给各种变动生产要素的费用，如购买原材料、电力消耗费用和工人工资等，这种成本随产量的变化而变化，常常在实际生产过程开始后才需支付。

平台的作者能够拥有自己的作品版权和衍生版权，还能按自己的时间发表作品——在传统的出版行业，一本书往往要在完稿后一年或更长时间才会出版。另外，我要把最精彩的话留到最后：Kindle自助出版的作者们能够获得70%的版税。而最大型的传统出版社，只会为电子书支付17.5%的版税。（他们支付的是售价的70%的25%，相当于售价的17.5%。）对于作者来说，Kindle自助出版的版税机制带来了彻底的颠覆。一本Kindle自助出版的图书一般售价为2.99美元，对读者具有吸引力，且作者能从中得到大约2美元的版税。如果按照17.5%的传统版税计算，想要同样得到每本书2美元的版税，售价就必须调至11.43美元才行。我向你保证，同样一个作者的作品，定价2.99美元远比定价11.43美元好卖。

Kindle自助出版之所以对读者有利，是因为他们能够享受更低的价格。但或许同样重要的一点是，可能现在许多曾被老牌出版渠道拒绝的作者有了进入市场的机会，因此读者们也可以获取到更加多元化的内容。这一点毋庸赘述。只需看看Kindle畅销书榜，然后和《纽约时报》畅销书榜单做比较——二者哪个更加多元化呢？Kindle的畅销书榜上满是来自小型出版社和作者个人出版的作品，而《纽约时报》的榜单却主要被成功的知名作家占据。

亚马逊人正在朝着未来步步前进，带着具有颠覆性和变革性的创造发明，为数以千计的作者、企业家和开发人员创造价值。

发明已经成了亚马逊的第二天性，在我看来，这个团队的创新步伐迈得甚至比之前更快——我向大家保证，这是一派欣欣向荣的场景。我为整个团队感到无上自豪，能够近距离见证这一切，我感到万分荣幸。

今天，仍是我们的第一天！

2012 年

内驱力

　　致股东信的忠实读者们一定知道,亚马逊的活力来自打动用户的渴望,而非击败对手的狂热。对于这两种方针中的哪种更有可能让企业实现成功的最大化,我们不表立场。这二者各有利弊,且紧盯竞争对手的卓越公司也不在少数。我们的确会努力关注竞争对手,也会从他们身上受到启发。然而,目前,以用户为中心才是我们文化中的决定因素。

　　关注用户带来的优势——这个优势也许不那么明显,就是有助于调动我们的积极性。在巅峰状态下,我们是不会等待外界的压力出现才行动的。虽然并非迫不得已,但我们受内在驱动,会先发制人地对我们的服务加以改善,增加福利与功能。在万不得已之前,我们便会为用户下调价格和提高价值;在万不得已之前,我们便会进行发明创造。驱动这些投入的是对用户的关注,而不是对竞争对手的反应。我们认为,这种方针更能获得用户的信任,也能够加速推动用户体验的改善。值得强调的是,即便是在我们已经占据领先地位的领域中,也同样如此。

　　"感谢你们。每次在亚马逊首页看到白皮书时,我就知道,我花的钱是超值的。订阅亚马逊Prime服务本是为了享受邮寄福利，但现在我连电影、电视和图书服务也一并收入囊中。你们不停地增加新内容，但又不提价。因此，我要再次感谢你们为我们新添的内容。"目前，我们的Prime服务中已有1500多万件商品，比2005年推出时提高了15倍。在一年多一点的时间里，Prime即时视频的内容便翻了3倍，电影和电视剧的数量超过了3.8万部。Kindle用户借阅图书馆的图书也增加了3倍多，超过30万种，包括我们斥资数百万美元纳入图书馆藏书的《哈利·波特》系列。Prime服务的这些改善并非出于"必要"，而是我们自愿发起的。与此相关的一笔耗时数年的重大投资项目，便是亚马逊物流。这一服务为第三方卖家提供了选择，可将其商品与我们的商品一起存放在亚马逊物流中心网络中。对于我们的卖家用户而言，这不啻一项颠覆传统的服务，因为其售卖的商品能够享受Prime服务的免运费配送福利，从而拉动销售；而与此同时，买家用户们也能从Prime服务享受选择更多商品的便利。

我们构建了自动化系统，用以发现不符合我们所设标准的用户体验，并通过系统主动向用户退款。最近，一位行业分析师收到了我们的系统自动发送的电子邮件，上面写道："我们检测到，您在亚马逊视频点播平台收看电影《卡萨布兰卡》时播放效果不佳。我们很抱歉为您造成不便，并已退还以下费用：2.99美元。希望您再度惠顾。"这笔自动退款让分析师始料未及，最后，他将这段体验记录了下来："亚马逊竟然'检测到我的电影播放效果不佳',还决定因此给我退款……天啊……这才是不折不扣的用户至上。"

在亚马逊网站上预购商品时,我们保证,你享受到的价格是从下单时间到商品发售当日的最低价。"我刚刚收到通知,由于预购价格保护,我的信用卡里收到了5美元的退款……这种做生意的方式简直太贴心了!感谢你们提供如此公平诚信的交易。"绝大多数的用户都很繁忙,因此无暇在下单预订后监测商品价格的变动,而我们完全可以将政策设为用户主动联系我们并提出退款请求后才退款。虽然主动退款对我们来说成本更高,但这不仅能够为用户带来惊喜和好心情,也能换来他们的信任。

我们的用户中同样也包括作家。亚马逊全球出版刚刚宣布,将按月为作家们支付版税,延付周期为60天。出版行业的支付标准为一年两次,这一标准已经沿用了很长时间。然而,我们将作家们作为用户进行访问时,却发现支付节点的频率太低是造成他们不满的一大主要因素。想象一下,如果每年只能收到两次薪水,你会作何感想?虽然没有什么竞争压力驱使我们在每6个月里多次支付作者薪水,但这是我们自发想做的事。顺便提一句,虽然调研费时费力,但我还是完成了任务。我也很欣慰地告诉大家,我最近在佛罗里达的一片海滩上看到很多人都在使用Kindle。Kindle目前共出了五代,我相信,除了第一代之外,其他的每一代都有人使用。我们的经营方针是以基本保本的价格销售最高品质的硬件设备。我们的确希望在用户使用我们的产品时赚钱,但靠的并不是设备的销售。我们认为，这一点能让我们更好地与用户利益趋同。比如说，我们不需要用户无休止地对设备进行升级。看到人们还在使用买了4年的Kindle，我们依然由衷地感到高兴。

值得一提的案例还有许多，比如Kindle Fire平板电脑的家长控制套件、我们的异常状况停机机制安灯系统、为实体碟片提供MP3版本。但在最后，我还是要讲讲内驱力的一个非常有代表性的案例：亚马逊云服务。2012年，亚马逊云服务宣布推出了159款新功能和服务。自7年前推出以来，我们已经为亚马逊云服务降价了27次，并在其中添加了企业服务支持升级，还构建了帮助用户提升效率的全新工具。"可靠顾问"服务可以监控用户配置，将其与已知的最佳实践进行对比，然后告知用户哪里存在着提升性能、加强安全或节省花费的机会。没错，我们的确是在主动告知用户，他们支付给我们的费用存在下调空间。在过去的90天里，用户们已经通过亚马逊可靠顾问节省了数百万美元，而这项服务只不过刚刚开始。所有这些进步，都是在亚马逊已成为所在领域公认佼佼者的背景下实现的——在这种位置上，你或许会担心来自外部的动力可能已经起不到作用。而相比之下，来自内部的动力，也就是想要用户由衷感叹"太棒了"的决心，却能让创新持续大步前行。

从总体而言，我们对于亚马逊Prime服务、亚马逊云服务、Kindle、数字媒体和用户体验的巨额投资，会给一些人留下过于慷慨、对股东利益漠不关心甚至违背营利性公司原则的印象。一位公司外的观察员写道:"在我看来,亚马逊是一家由一群投资界人士运营的慈善机构,宗旨就是为用户谋取福利。"但我并不这么认为。在我看来,火烧眉毛时才加以改进,无异于聪明反被聪明误。在我们生活的瞬息万变的世界中,打擦边球是很危险的。从根本而言,我认为从长计议才能创造奇迹。积极主动地为用户带来惊喜能够赢得信任,从而从这些用户那里获得更多的业务,即便在新兴商业领域也同样如此。从长远的角度审视用户和股东的利益,你会发现二者是一致的。

在我写这封股东信的时候,亚马逊近期的股价表现一直不错,但我们还是不断提醒自己不要忘记一件重要的事情——就如我常在全体员工大会上引述的著名投资人本杰明·格雷厄姆的那句话——"从短期来看,股市是一台投票机;从长期着眼,却是一台称重机。"股价10%的上涨,不会让我们像庆祝卓绝的用户体验一样欣喜。股价上涨10%时,并不意味着我们比从前聪明10%;而股价下跌10%的时候,也不意味着我们比之前笨了10%。我们希望得到市场的"称重",也无时无刻不在努力打造一家更有分量的公司。

我为我们的进步与创新深感自豪,但与此同时我也知道,前路上的错误是不可避免的——其中一些是自己造成的,一些是聪明、勤恳的竞争对手带来的。开拓的热情将会推动我们到狭窄小径去一探究竟,而我们也会不可避免地发现,其中许多小径都是死路一条。然而,只需一点好运的眷顾,总会有几条小径通往宽阔的坦途。

亚马逊团队中的"传教士",不仅像我一样重视用户,而且每天都在用自己的辛勤努力证实着这一点。能够成为这个大家庭中的一分子,我感到万分荣幸。

2013 年

"太棒了"

过去一年亚马逊所有团队为用户做出的贡献,真让我倍感骄傲。世界各地的亚马逊人将产品、服务打磨到了远超预期和要求的程度,他们着眼于长远,颠覆常规,引得用户们不禁惊呼"太棒了"。

我想要带领大家一起回顾亚马逊众多项目中的一小部分,从亚马逊Prime服务到亚马逊微笑慈善计划,再到Kindle的在线支持系统Mayday。此举旨在让大家从总体上认识到亚马逊各部门如火如荼的进程,并共同感受这些项目激动人心的时刻。如此广泛的项目之所以有可能实现,靠的就是才华横溢的人才组成的庞大团队,他们遍布于公司的各个层级,每天都在发挥着自己优秀的决断力,并且无时无刻不在提问:我们如何才能精益求精?

好的,下面我们开启这段回顾之旅。

亚马逊Prime服务

我们的用户热爱Prime服务。仅去年12月的第三周,就有100

多万用户成了Prime服务的会员。而今，全球各地的Prime服务会员已经达到了数千万。从人均情况来看，Prime服务的会员所订商品的数量和品类比之前任何时候都更多。即便是亚马逊公司内部的人员也很容易忘记，9年前推出时，Prime服务只是一个未经验证（有些人甚至称之为"鲁莽"）的新概念：会员只需缴纳固定数额的年费，就能不限次数地享受两天到货的免费邮寄服务。刚刚推出时，Prime服务上符合配送要求的产品只有100万种。今年，这个数字已经超过了2000万，而我们仍在继续扩充。我们也会在其他方面对Prime服务进行改善，添加新的数字服务福利，包括Kindle用户借阅图书馆和Prime即时视频。而且，前进的脚步尚未停止。对于如何把Prime服务打造得更加优质，我们的灵感还多着呢。

读者与作者

我们正在为实现读者的利益而进行大量的投资。高清晰度、高对比度的全新Kindle Paperwhite甫一上市，便好评如潮。我们在Kindle中融入了功能强大的图书分享社交网站"好读网"，植入了家长控制套件，并将Kindle推向印度、墨西哥和澳大利亚。为给乘机旅客提供娱乐，美国联邦航空管理局已批准旅客在飞机起降时使用电子设备。在各方支持下，我们的公共政策团队潜心努力了4年时间，甚至一度在一架测试飞机上放置了150台处于运转状态的Kindle阅读器。不必担心，结果一切正常！

继独立出版平台CreateSpace、微型小说和长篇报纸及杂志文章发布平台Kindle Singles，以及Kindle自助出版之后，我们又推出了小说出版平台"Kindle世界"、日记应用程序"第一天"及8家全新的亚马逊出版公司，并在英国和德国启动亚马逊全球出版。目前，已有成千上万的作者正在使用这些服务为自己打造卓越的写作生涯。有许多作者来信告诉我们，是我们的帮助让他们有能力把孩子送进大学、支付医疗费用或是购置房产。我们是阅读的传教士，而这些故事也激励和鼓舞着我们不断创新，为作者和读者创造福利。

Prime即时视频

从各项指标来看，Prime即时视频正在经历巨大的增长，包括新用户人数、重复使用次数及播放总数。这些都是输出指标，表明我们正处在一条通往成功的轨道上，且在资源输入上也做到了有的放矢。其中两项至关重要的资源输入，包括可选视频资源的丰富性和用户对这些视频资源的渴望度。自2011年推出以来，我们的可选视频资源已从5000部影片和电视剧增长到了4万多部——所有这些内容，都包含在Prime服务会员权益之中。Prime即时视频拥有数百部热门电视剧的独家在线播放权，包括《唐顿庄园》、好评如潮的《苍穹之下》《美国谍梦》《火线警探》《格林》

《黑色孤儿》，以及《海绵宝宝》《爱探险的朵拉》《蓝色斑点狗》等儿童节目。除此之外，我们的亚马逊工作室也继续斥重资打造原创影视内容。盖瑞·特鲁多的《阿尔法屋》在去年上映，这部由约翰·古德曼领衔主演的电视剧，已经迅速跻身亚马逊播放次数最多的剧集。不久前，我们又获准制作6部新的原创剧，其中包括迈克尔·康奈利的《绝命警探》、《X档案》之父克里斯·卡特的《亡后》、罗曼·科波拉和杰森·舒瓦茨曼的《丛林中的莫扎特》，以及吉尔·索洛韦扣人心弦的《透明家庭》——一些观众认为，《透明家庭》是几年来质量最高的试播集。我们对这种模式情有独钟，最近在英、德两国推出Prime即时视频时，也对此模式进行了沿用。这两国用户的初期反响非常热烈，超出我们的预期。

数字媒体播放器Fire TV

就在上周，经历了两年的不懈努力之后，我们的硬件团队推出了Fire TV这款兼顾网络机顶盒和微型游戏机的设备。Fire TV不仅是收看亚马逊视频内容的最佳途径，同时也支持网飞、Hulu Plus、VEVO和WatchESPN等亚马逊之外的内容服务平台。在这个向来不重视硬件的领域，Fire TV的硬件规格却很高，且性能突出。Fire TV不仅运行速度快，而且播放流畅。我们的预先流媒体分组和预测技术也能够预测用户可能想要观看的内容，并提前进行缓冲，方便即时播放。我们的团队还在遥控器中设置了一个小话筒。长按遥控器上的话筒按键，用户就可以说出想要搜索的词条，而不必通过字母键盘输入。我们的硬件团队将工作完成得无懈可击——语音搜索真的很好用。

除了 Prime 即时视频之外，Fire TV 还能让用户通过菜单点选的方式即时收看超过 20 万部电影和电视剧，包括新上映的《地心引力》《为奴十二年》《达拉斯买家俱乐部》《冰雪奇缘》等。作为额外福利，Fire TV 还能让用户在自家客厅的电视上玩到质高价低的游戏。我们希望大家对这款产品加以尝试。试用之后，欢迎与我们分享你们的感想。我们的团队很期待听到大家的反馈。

亚马逊游戏工作室

22 世纪伊始，地球遭到外星物种 Ne'ahtu 的威胁。这群外星人利用一种电脑病毒侵入了地球电网，致使地球防御系统瘫痪。

在外星人发起攻击之前，计算机科学奇才艾米·拉马努金消除了这种外星病毒，让地球幸免于难。而今，Ne'ahtu 卷土重来，拉马努金博士必须阻止它们对地球大举入侵。她需要你的帮助。

这是亚马逊游戏工作室为 Fire TV 独家开发的首款游戏《空中支援》的序幕。开发团队将塔防和射击游戏类型融合在一起，打造出一种合作模式，由一位玩家操纵手柄指导陆地战斗，另一位玩家则通过平板电脑提供空中支援。我可以向你保证，在千钧一发之际，及时雨般的空袭增援一定会让你如释重负。亲眼见到这款游戏时，你或许难以相信一款如此廉价的流媒体设备竟能提供这么优质的游戏体验。我们正在为Fire平板电脑和Fire TV从零打造一系列新颖独特而图像华美的游戏，而《空中支援》仅仅是第一款。

亚马逊应用商店

目前，亚马逊应用商店的服务范围覆盖了近200个国家。提供内容已扩充至来自全球顶级开发人员的逾20万款应用程序和游戏——在过去一年中，规模就几乎翻了两倍。我们推出了亚马逊货币，这种虚拟货币能帮助用户在购买应用程序和进行应用内购时节省高达10%的花费。运用我们的游戏同步技术，玩家可以在一台设备上启动游戏，并在另一台设备上继续玩，且不会丢失游戏存档。开发人员可以利用移动端网站联盟，在其应用程序中提供数百万种来自亚马逊的实体产品，并在用户购买时赚取佣金。我们推出了应用商店开发者推荐计划，这一营销方案可在Kindle Fire平板电脑和亚马逊移动广告网络上推荐新款应用程序和游戏。我们打造了亚马逊分析和A/B测试服务——这些免费服务能让开发者跟踪用户的参与情况，并针对iOS、安卓以及Fire OS平台优化自己的应用。另外，我们今年为HTML5网络应用开发人员提供了兼容服务。现在，他们也能在Kindle Fire平板电脑和亚马逊应用商店中推出自己的应用程序了。

有声读物

对于世界上最大的有声书销售与制作平台——亚马逊有声阅读——而言，2013年是具有里程碑意义的一年。亚马逊有声阅读能让读者们在双眼无暇阅读时摄取书中的内容。数百万用户通过亚马逊有声阅读下载了数以亿计的有声书及其他有声内容。2013年，亚马逊有声阅读用户下载的总收听时长达到了近6亿小时。多亏了亚马逊有声阅读工作室，人们可以在开车上班的途中收听到凯特·温丝莱特、科林·费尔斯和安妮·海瑟薇等一众明星的朗读。2013年的一部大热作品，是杰克·吉伦哈尔朗读的《了不起的盖茨比》，销量已超过10万。有了有声同步技术，用户可以在用Kindle阅读和用智能手机聆听对应有声书之间进行无缝切换。《华尔街日报》就将有声同步称为"亚马逊新推出的绝佳图书应用"。如果你还没有使用过，我建议你试试看——有声读物不但妙趣横生，而且能够为你增加可用的阅读时间。

生鲜杂货

在西雅图进行了5年的试点工作后（没有人会指责我们缺乏耐心），我们将亚马逊生鲜扩张到了洛杉矶和旧金山。Prime服务的生鲜会员只需支付299美元的年费，便可在清晨收到当天发出的商品，不仅包括生鲜，还包括玩具、电子设备和居家用品等逾50万种其他产品。我们还与当地高人气商家（如比弗利山庄的奶酪商店、西雅图的派克市场、旧金山酒行等）合作，针对品类丰富的预制食品和特选产品提供相同的便捷上门送货服务。我们要带着将亚马逊生鲜逐渐推向更多城市的目标，继续有条不紊地对这项优质服务加以评估和打磨。

亚马逊云服务

亚马逊云服务诞生至今已有8年，团队创新的速度却有增无减。2010年，我们推出了61项重点服务和功能。在2011年，这个数字达到了82项；2012年为159项；2013年则达到280项。同时，我们也在地域上扩大着自己的足迹。目前，我们设有10个亚马逊云服务区域[1]，美国东海岸有一个，西海岸有两个，还有欧洲、新加坡、日本（东京）、澳大利亚（悉尼）、巴西、中国，以及一个

---

[1] 亚马逊云服务的虚拟主机在全球多地托管，由区域、可用区、本地区域等构成。其中，区域基本对应着一个地理区域，而可用区是每个区域内的多个相互隔离的位置，目的是更好地提供数据安全保障。

单独面向政府的政府云端平台。在这些云区域中，我们拥有26个可用区和51个端点，作为内容分发网络。开发团队直接与用户对话，且有权按照他们所了解的信息进行设计、开发和发布。我们不断进行迭代，当某项功能或升级条件成熟时，便会对外推出并立即向所有人开放。这种方式不仅快速高效，且符合以用户为中心的原则——我们在过去的8年中进行了40多次降价，且开发团队丝毫没有放慢脚步的打算。

员工赋能

我们挑战自我，不仅要创造面向外部的功能，还要发掘在企业内部找到更好的做事途径——不仅提高公司效率，也让我们全球各地成千上万的员工从中受益。

第一个是亚马逊职业选择计划，我们会为亚马逊员工支付95%的学费，让他们在飞机机械或护理等热门领域中学习相关课程，无论这些技能是否与亚马逊的工作相关。我们的目标是为员工提供选择的空间。我们知道，对于物流中心的一些员工而言，在亚马逊的工作就是他们的职业选择。但对其他人来说，亚马逊或许是未来职业的跳板，而那些职业要求他们具备特定领域的技术。如果适当的培训意义重大，那我们就愿意助一臂之力。

第二个计划叫作"离职付薪"。这原本是Zappos团队的智慧结晶，亚马逊物流中心吸取后并对其不断迭代。"离职付薪"的机制很简单。每年我们都会向伙伴提供一次付薪离职的机会。第一年开出的价码是2000美元。之后，价码每年上涨1000美元，直到5000美元封顶。发款时附带的标题是"请不要接受我们的出价"。我们希望员工不要接受这笔钱，因为我们希望他们留下来。那么，为何还要给员工这个选择呢？我们的目的是鼓励员工们花些时间好好想想自己真正想要什么。从长期来看，如果一个员工勉强待在供职的地方，不但对自己无益，对公司也有害。

第三项面向内部的创新，是我们的虚拟联络中心。创意始于几年前，经过几年的不断发展，已经取得了不俗的效果。这个项目允许在家工作的员工足不出户地为亚马逊和Kindle用户提供客服支持。这种灵活办公对许多员工而言都很理想，他们或许家中有年幼的孩子，或许是出于其他原因而不能或不愿离开家去上班。虚拟联络中心是我们在美国发展最快的"站点"，目前已在美国10多个州开展。我们希望在2014年实现翻倍，因此，增长的势头仍将继续。

雇用退伍军人

我们希望找到具备创新能力、远见卓识、执行力强、能从用户利益出发实现业绩的领导者。对于那些在军队中为我们的国家效忠的军人来说，这些原则不会陌生。我们也发现，对于我们快节奏的工作环境而言，在领导团队方面的这些经验不啻无价之宝。我们是"支持军队"和"10万工作岗位使命"的成员——这两项全国性项目鼓励企业为服役军人及其家属提供就业机会与支持。去年，我们的军事人才团队参加了50多场招聘活动，帮助退伍军人在亚马逊寻找就业机会。2013年，我们招聘的退伍军人超过1900名。这些老兵一加入团队，我们便会提供数个项目，帮助他们更顺利地过渡到平民岗位中去，并通过内部退伍军人网络牵线搭桥，给予他们引导和支持。这些项目让我们有幸被《政府军人岗位杂志》《美国退伍军人杂志》及《军嫂杂志》评为最佳雇主。随着公司的发展壮大，我们还将在雇用退伍军人方面投入更多资源。

物流创新

19年前，我每天晚上都要开着自己的雪佛兰开拓者把包裹放在后备厢里运送到邮局。我当时的愿景很"宏大"：哪天能有一辆叉车，就心满意足了。时间跳转至今天，我们已经拥有了96座物流中心，物流中心的设计方案也发展到了第七代。我们的业务团队表现非常出彩——既井然有序，又善于创新。通过我们的日式"改善"管理计划，员工们分小组进行工作，从而简化流程，并减少漏洞与耗损。我们的"地球改善计划"在节约能源、循环利用及其他的环保领域制定了目标。在2013年，共有4700多名伙伴参与到了1100个改善活动中。

先进而精密的软件，对于我们的物流中心至关重要。今年，我们在整个物流中心网络中实现了280个重大的软件升级。我们的目标是对这些物流中心建筑的设计、布局、技术、操作继续进行迭代和完善，确保我们新建的每一座设施都比上一座有所超越。我邀请大家到我们的一家物流中心亲身体验。我们为公众提供物流中心参观活动，6岁及以上人群均可参与。可选参观时间信息可在www.amazon.com/fctours上找到。每次参观物流中心时，我总是感觉惊艳不已，希望你们也能安排时间到此一游。相信你们一定会流连忘返。

市内园区

2013年，我们在西雅图总部新增了约4.2万平方米的总部空间，新项目已经破土，它即将覆盖4个市内街区，面积达数万平方米。在郊区进行建设的确可以帮我们节省资金，但对我们而言，留在市区有着重要的意义，将办公园区安置在城市之中要绿色环保得多。我们的员工可以利用现有的社区和公共交通基础设施，从而降低对私家车的依赖。我们正在注资建设专用的自行车道，以提供安全、无污染且便捷的办公路径。我们的许多员工可以在附近安家，免去通勤，直接步行上班。虽然还无从证明，但我相信，将总部设在市区中，不仅能保持亚马逊的活力和吸引合适的人才，并且对城市和员工的健康都是双赢的。

高速配送

通过与美国邮政署的合作，我们已经在一些定点城市首次推出了周日配送服务。周日配送服务是一个福音，而我们也打算在2014年全年对这一服务进行推广，让美国大部分人群都能享受到。在商业运输公司无法满足峰值送货量的英国，我们已经建立了方便快捷的"送货上门"网络。在配送基础设施尚不完善的印度和中国，你可以在主要城市的大街小巷看到亚马逊的电动车快递员。我们的创新不止于此。亚马逊Prime航空团队已在对我们的第五代和第六代无人机进行测试，第七代和第八代无人机则处于设计阶段。

实验，实验，再实验

"Weblab"是我们自己的内部实验平台，可用于对我们的网站和产品的升级改善进行评估。2013年，我们在全球拥有1976个Weblab实验室，这个数字在2012年为1092个，在2011年则是546个。"询问买过这件商品的人"是我们刚推出的一项好用的功能。距离我们率先推出在线用户评论功能，已有好几年的时间——用户们可以针对某款产品分享自己的看法，帮助其他用户做出明智的购买决策。这项功能沿用了同样的理念。在产品页面上，用户可以提出任何与产品有关的问题。比如："这款产品是否与我的电视/音箱/个人电脑兼容？便于组装吗？电池续航时间有多长？"然后，我们便会把这些问题转发给这款产品的用户。就如评论功能一样，用户们也很乐于通过分享自己的见解来为其他用户提供直接的帮助。目前，已有数百万个提问得到了解答。

时装

亚马逊时装正在迅速发展之中。越来越多的优质品牌都逐渐意识到，亚马逊可以帮助他们接触到紧随潮流且依赖商品在线展示的用户，而用户们可以享受多样选择、免费退货，看到高清图片以及在模特行走和转身过程中的动态服装展示与服装质感的详细视频。我们在布鲁克林开设了一家约3700平方米的摄影棚，在影棚的28个场景中，平均每天拍摄10413张照片。为庆祝开张，我们举办了一场设计大赛，邀请纽约普瑞特艺术学院、帕森斯艺术学院、纽约视觉艺术学院及纽约时装学院的学生参与，由包括史蒂文·科尔布、陈娟、林建诚、翠西·瑞斯和史蒂文·艾伦等一众业界领军人物担任评委。祝贺帕森斯艺术学院抱得大奖而归。

轻松拆包装

我们与令人抓狂的扎带和塑料蛤壳包装之间的大战，仍在如火如荼地进行着。这个计划始于5年前一个简单的创意，即用户不应冒着身体受伤的风险将新到货的电子产品或玩具开箱。经过发展，这一项目目前已经覆盖了20多万款产品，所有这些产品使用的都是经过特殊设计且易于打开和回收的包装，旨在减轻人们的"开箱气"，并通过减少包装废料为环保助力。已有2000多家制造商参与了我们的轻松拆包装计划，包括费雪玩具、美泰玩具、联合利华、贝尔金、瑞士维氏军官刀及罗技等。至今，我们已向175个国家寄出了数百万件可轻松拆包装的产品。除此之外，我们也替用户们减少了垃圾——截至目前，我们已经省去了约1500万千克的多余包装材料。这个计划完美彰显了我们的传教士团队是如何潜心专注于用户服务的。通过孜孜不倦和艰苦卓绝的努力，一个最初只涵盖了19件产品的理念现已覆盖到几十万种产品，让数百万用户从中受惠。

亚马逊物流

去年，使用亚马逊物流的用户增加了65个百分点，如此大规模的增长实属罕见。亚马逊物流有几点独特之处，让买卖双方都感到满意的服务并不常见。利用亚马逊物流，卖家可以将商品存储在我们的物流中心，由我们进行分拣、包装、运输，并针对这些商品提供服务。卖家们得益于使用世界上最先进的一家物流中心，能轻松地扩大规模，触达数以百万计的用户。而且，这些可不是普通的用户，而是亚马逊Prime服务的用户。亚马逊物流中心的商品支持两日送达。用户则会因更加丰富的选择而受益——这让他们得以从Prime服务会员中享受更多的价值。另外，不难想象，加入亚马逊物流服务后，卖家们的销量也节节攀升。在2013年的一项调查中，受访的亚马逊物流卖家中有将近3/4的人都表示，在加入服务后，他们在亚马逊官网上的单位商品销售量增加了20多个百分点。这就是双赢互利。

> 亚马逊物流是我迄今以来最优秀的"员工"……一天早晨，我在起床后发现亚马逊物流已经发出了50单商品。一旦意识到可以睡觉、销售两不误时，我便不假思索地选择了这项服务。
>
> ——Action Sports体育用品有限公司，桑尼·舒克

> 在品牌默默无闻的时候，我们想找到愿意存放产品的零售商是很难的，但亚马逊不存在这种壁垒。亚马逊的魅力在于，只要你说"我想创业"，就可以登录亚马逊，在上面真正创立一家公司。刚开始的时候，你不必租用办公场地，甚至连任何员工也不用聘。你只需亲力亲为就行。我就是这么做的。
>
> ——YogaRat瑜伽用品公司，温德尔·莫里斯

第三方登录与亚马逊支付

几年以来,我们一直允许亚马逊用户在其他网站上进行支付。他们可以直接使用亚马逊账户中存储的信用卡和邮寄地址信息,在众筹网站 Kickstarter、图片共享网站 SmugMug 及机上网络服务网站 Gogo Inflight 等其他网站付款。今年,我们对这项服务的功能实现了进一步扩大,允许用户直接使用亚马逊账户登录信息进入第三方网站,从而免去额外记忆一组账户名和密码的麻烦。此举为消费者提供了便利,也为商家提供了业务上的支持。在线家具零售商 Cymax Stores 就利用亚马逊的第三方登录与支付服务获得了巨大的成功。如今,这项服务为这家公司导入20%的订单,使其新用户注册人数翻了两倍,还在头三个月将其购买转化率提升了3.15%。这并非特例。我们看到,许多合作伙伴都获得了类似的好成绩,我们的团队也兴奋难抑且深受鼓舞。敬请期待我们在2014年拿出更好的表现。

亚马逊微笑计划

2013年,我们推出了亚马逊微笑计划,这是一种让用户在每次购物时都能轻松支持自己最喜欢的慈善机构的途径。在 smile.amazon.com 网站购物时,亚马逊便会拿出售价的一部分,捐给你所选择的慈善机构。smile.amazon.com 上的商品种类、价格、邮寄选项及可选的 Prime 服务，都与亚马逊官网的一模一样——你甚至还能在上面找到自己的购物车和愿望清单呢。除了那些意料之中的大型全国性慈善机构，你还可以指定本地的儿童医院、学校的学生教师联谊会或是几乎任何其他想选择的慈善机构。可选的机构有将近 100 万家，希望你能在其中找到最合意的。

Mayday 求助按钮

> "不仅设备性能卓越，Mayday 求助功能也绝对没的说！！！Kindle 团队可真是做得很棒。"
>
> "刚刚在我的 HDX 版 Kindle Fire 平板电脑上试用了求助按钮。响应时间只有 15 秒……亚马逊又一次做到了，简直让人佩服得五体投地。"

在亚马逊，最能给我们带来欢乐的就是"重塑常规"，也就是创造用户们热爱的发明并重塑他们对于常规的既有认识。Mayday 求助功能就重新定义和彻底改变了人们对于设备自带技术支持的认识。按下求助按钮，一位亚马逊技术专家便会出现在你的 HDX 版 Kindle Fire 平板电脑上，通过最有效的方法指导你熟悉任何功能：他可以在你的屏幕上直接描画，为你阐述如何自行操控，也可以直接替你解决问题。Mayday 求助功能全年全天候可用，我们设定的响应时间目标是15秒以内。这个目标已被打破——在圣诞节这个最为繁忙的一天，我们的平均响应时间只用了9秒。

一些求助信息很搞笑。我们的Mayday技术专家已经从用户那里收到了35次求婚请求。有475位用户要求与Mayday的广告代言人艾米对话。有109条求助信息是用户请求我们帮忙订购比萨。从中看出，我们的用户对于必胜客的偏好要略胜于达美乐。我们的Mayday技术专家为用户唱过44次生日快乐歌，倾听用户清唱648次。还有3位用户提出过讲睡前故事的请求。真是挺好玩的！

我希望以上内容能让大家对我们面对的机遇和所做项目的规模有所认识，也希望大家能感受到我们在做项目时秉持的开发进取精神和精益求精的追求。我应再次强调，这只是诸多项目中的部分内容。我在这封信中已经省去了很多项目，这些内容与我特此突出的项目一样前途无量、意义重大且妙趣横生。

我们有幸组建了一个规模庞大且善于创造的团队，也有幸打造了一种以用户为中心的耐心进取的公司文化——每一天，在公司的上上下下，代表用户利益的各式优秀发明都层出不穷。这种不仅限于高层领导者的去中心化创新格局贯穿于整个公司之中，也是实现稳健、高产创新的唯一途径。我们所做的工作富有挑战性和乐趣，这是因为我们是在为未来而奋斗。失败是创新不可或缺的组成部分，我们别无选择。我们明白这一点，也坚持在成功前趁早失败或迭代创新。当这种模式起效时，就意味着我们失败的规模是相对较小的（绝大多数实验都能够从小规模开始），而当我们挖掘到深得用户青睐的产品或服务时，便会加倍下注，以期将之发展为更瞩目的成功。然而，并非事事都如此一目了然。发明创造是个混乱的过程，随着时间的推移，我们难免也会遇到一些大的挫折。

在信的结尾，我想要对乔伊·柯维[1]致以缅怀。乔伊是亚马逊早期的首席财务官，在这家公司身上刻下了不可磨灭的印记。乔伊才华横溢、热情真挚且充满乐趣。她时常把笑容挂在脸上，永远圆睁着好奇的双眼，不会遗漏任何细节。她重于实质而不流于表象，是位放眼长远的思考者，沉着稳重，又不失胆识。她对亚马逊的整个高管团队和公司的整体文化都产生了深远的影响。她的精神会一直伴随在我们左右，确保我们关注细节，看清周围的世界，并且人人都尽情享受其中的乐趣。

能够成为亚马逊团队的一分子，我深感幸运。今天，仍是第一天。

---

1 乔伊·柯维于2013年逝世。

2014年

三大创见

一款令人梦寐以求的产品或服务应该至少具备四个特点：用户喜爱，能够发展到很大的规模，具有强大的资本回报，且能够历久弥新——具备持续数十年的潜力。一旦遇到这样的产品或服务，不要只是"动心点赞"，而是要"永结同心"。

我很高兴地告诉大家，亚马逊在这方面并没有遵从"一夫一妻制"。经历了20载的冒险和团队协作，一路上凭借着幸运之神对我们的慷慨眷顾，现在的我们已与三位我心中的"终身伴侣"喜结连理：亚马逊电商市场、亚马逊Prime服务和亚马逊云服务。在刚开始时，这三项服务中的每一个都是大胆的赌注，也（经常！）会有理智的人担心这些服务无法取得成效。然而事到如今，这些服务的卓尔不凡及我们作为所有者的幸运已是有目共睹的。同样显而易见的是，生意场上无闲职。我们知道，不断滋养和巩固这些服务，是我们的职责。

我们会遵循一直以来的方法——用户至上而非以竞争者为中心，对发明创造抱以诚挚的热情，致力于卓越运营，并乐于长期思考。通过卓越的执行加上一点点好运气，在未来多年，亚马逊电商市场、Prime服务及亚马逊云服务便能一如既往地服务用户，并为我们创造收益。

亚马逊电商市场

亚马逊电商市场的起步并不是一帆风顺的。我们首先推出了亚马逊拍卖。记得好像来的只有7个人，还得算上我的父母和兄弟姐妹。亚马逊拍卖进化成了zShops业务，这基本上就是固定价格版的亚马逊拍卖。但结果一样，还是没有用户。而在此之后，我们又将zShops转型成了亚马逊电商市场。在公司内部，我们将亚马逊电商市场称为"SDP"，即"产品详情页"。我们的理念是利用我们最宝贵的零售"不动产"，也就是产品详情页，让第三方卖家与亚马逊自家的零售品类竞争。此举为用户提供了更多的便利，不到一年的时间，亚马逊电商市场的销量便占到了总销量的5%。时至今日，我们有超过40%的产品都是由遍布全球的200万第三方卖家售出的。2014年，用户们从第三方卖家那里订购的商品超过了20亿件。

这种混合模式的成功加速了亚马逊飞轮[1]的转动。刚开始的时候，用户们被我们快速扩充的商品种类、低廉的价格和卓越的用户体验吸引。通过允许第三方卖家与我们并肩销售产品，我们对

---

1 杰夫·贝佐斯于2001年首次使用了"飞轮效应"一词，即一旦积攒了一定的增长势头，亚马逊就可以后退一步，任事物自行发展。

用户变得更有吸引力，也进而吸引了更多的卖家。另外，此举也改善了公司的经济状况，通过降低价格及为合格订单减免运费，我们将这一成果转交到了用户们的手中。在美国推出这些服务后，我们也尽快将项目推广到了其他地区。最终的成果便是形成一个与亚马逊所有全球网站无缝衔接的市场。

为了帮卖家降低工作量及提升业务量，我们付出了巨大的心血。通过亚马逊的销售指导服务，我们会自动定期定量地发出一系列由机器学习完成的"推送"（每周平均超过7000万个），提醒卖家避免出现存货短缺、增加热销商品品类或是通过降价来增加竞争力。这些推送信息为卖家们带来了数十亿美元的销售增长。

为了进一步在全球推进亚马逊电商市场，我们正在协助各个地区和国家的卖家——无论他们所在的区域是否开设了亚马逊——与跨境用户建立起联系。去年，我们接洽了来自100多个不同国家的卖家，协助他们与185个国家的用户建立起联系。

目前，在亚马逊第三方卖家的总销售额中，有将近1/5的第三方商家的商品卖到了国外，而商家的跨境销售去年几乎翻了一番。在欧盟地区，卖家们只需开设一个账户，便可用多国语言对业务进行管理，并在我们的5个欧盟国家网站上售卖商品。最近，我们开始加强跨境物流的能力，让从亚洲到欧洲和北美的商品享受更便宜的海运服务。

亚马逊电商市场是我们的印度业务得以飞速发展的核心，因为我们在印度的所有商品都是由第三方卖家提供的。亚马逊印度网站上有2.1万名卖家提供的2000多万种产品，比任何印度电商网站都要多。利用"便捷配送"服务，我们从卖家那里提货，并负责将货物送达终端用户。以"便捷配送"为基础，印度团队在最近试行了"基拉纳及时送"，这款服务能在两到四小时将日常必需品从当地的"基拉纳"（私人家庭）小店送到用户手中，为我们的用户增加了便利，也为使用这项服务的店家提升了销售额。

对于卖家而言，我们创立的亚马逊物流服务或许才是重中之重。但在此之前，我们先来谈谈亚马逊Prime服务。

亚马逊Prime服务

10年前，我们推出了亚马逊Prime服务，最初设计为一项免费快捷的不限量邮寄服务。人们一次次地告诉我们，这是一步险棋，从某种意义上来说也的确如此。在推出的第一年，我们放弃了数百万美元的运费收益，也没有什么简单的数学公式能证明我们的付出是值得的。之所以决定继续推进，是因为我们在先前推出"超级免费寄"时得到的积极反馈，以及一个直觉，即用户们很快就会意识到自己正享受着购物史上的最大优惠。除此之外，数据分析也表明，如果达到一定规模，我们就能显著降低快速运输的成本。

我们的自有库存零售业务是Prime服务的基石。除了创建零售团队来搭建我们的各类别在线"商店"之外，我们还建立了大型系统，实现库存补足、库存放置及产品定价的自动化。Prime服务对送货日期的精准承诺，要求我们以全新的方式来运营物流中心。能完成如此复杂的任务，是我们全球运营团队的一大成就。在2005年启动Prime服务时，我们的全球物流中心只有13家，而今这张网络已经扩大到109家。现在，我们已经在进行第八代的物流中心设计，利用专有软件来管理收货、装载、分拣及运送。亚马逊机器人子公司始于我们2012年对机器人物流系统公司Kiva的收购，现在这家公司已经部署了超过1.5万个机器人，以有史以来最高的密度、最低的成本协助产品的装载和检索工作。我们的自由库存零售业务仍一如既往地作为Prime服务吸引用户的最佳利器，在增设吸引客流和第三方卖家入驻上扮演着不可或缺的角色。

虽然快速到货仍是Prime服务的核心优势，但我们也正在寻找向Prime服务注入活力的新方式。其中最重要的两种方式就是数字与设备。

2011年，我们将即时视频作为福利加入Prime服务，现在即时视频已有数万部电影和电视剧，可供美国用户无限量播放。另外，我们也已经开始将此服务扩展至英国和德国。我们在这部分内容上斥下重资，因此，对效果加以监控也就显得十分重要。我们会问自己：这么做是否值得？这能对Prime服务有推动作用吗？我们会密切监控由视频通道加入Prime服务的会员的免费试用启用情况、转换为付费用户的比率、续订率及产品购买率。我们对目前为止看到的表现感到满意，并计划继续在此进行投资。

虽然即时视频的主要资金都花在了购买版权上，但我们也不忘着手开发原创内容。我们的团队旗开得胜。亚马逊原创剧《透明家庭》成了第一个摘得金球奖"最佳剧集奖"的网剧,《飘零叶》则斩获了"安妮奖"最受学龄前儿童欢迎动画片奖。除了广受赞誉之外，内容的播放量也让人眼前一亮。我们的原创剧的一大优势，就在于其开播是在 Prime 服务平台进行的，即尚未在其他任何平台播放过。加上剧集的质量，首播的独家性就成了吸引收视的一个因素。另外，我们也很喜欢原创剧集的"固定成本"特性。由此，我们可以将固定成本分摊在广大的会员群体上。最后，我们制作原创内容的商业模式也很独特。我敢肯定，我们是第一家靠赢取"金球奖"提高了电动工具和婴儿湿巾销量的公司！

从 Kindle、Fire TV 数字媒体播放器再到 Echo 音箱，这些由亚马逊设计和生产的设备，不仅为即时视频及音乐等 Prime 会员权益注入了生机，也从总体上推动了亚马逊生态系统中每一个元素间更加紧密的联系。未来更加可期——我们的设备团队已经铺开了稳健而精彩的发展规划。

在最初承诺的迅捷免费送货服务的完善上，Prime 服务也尚未止步。刚刚推出的"Prime 及时送"，可为 Prime 服务会员提供免费的两小时内到货服务，或是 7.99 美元的一小时内到货服务，已覆盖数以万计的商品。早期的很多用户评价的内容都是："在过去的 6 周里，我和丈夫通过亚马逊的'Prime 及时送'下的订单，实在多到让人难为情的地步。这项服务便宜方便，简直快得离谱。"我们已在曼哈顿、布鲁克林、迈阿密、巴尔的摩、达拉斯、亚特兰大和奥斯汀推出了这项服务，并且很快就会推广到更多城市。

现在，我想和大家聊聊亚马逊物流中心。之所以重要，是因为它就像是将亚马逊电商市场和Prime服务紧密结合在一起的胶水。有了亚马逊物流中心，它们便不再彼此分割。实际上，事情发展至今，我已经无法将二者分开思考了。现在，二者的经济状况和用户体验已经"幸福"而"紧密"地交织在一起了。

亚马逊物流是一项针对亚马逊电商市场卖家的服务。卖家决定使用亚马逊物流时，便可以将商品放在我们的库存中心。一切物流、客服及退货都由我们来负责。如果一位用户订购了一件亚马逊物流的商品和一件亚马逊自有库存中的商品，我们便可以将二者装在同一个盒子里发给用户，从而极大地提高效率。更重要的是，卖家一旦加入亚马逊服务，其商品便可享受Prime服务的福利。

对显而易见的事保持透彻的理解，要比你想象中更加困难，虽然如此，努力擦亮双眼还是有必要的。如果你问卖家想要什么，那么正确（且显而易见）的答案就是他们想要销售更多的商品。因此，当卖家们加入亚马逊物流、使商品享受Prime服务的福利时，这意味着什么呢？他们的销售会节节攀升。

另外，也请从Prime会员的视角看待这件事。每当有卖家加入亚马逊物流，就意味着Prime服务的会员可选择更多会员商品，会员的价值也随之提高。这对于我们的飞轮有强大的推动力。亚马逊物流完成了这一闭环：亚马逊电商市场为Prime服务注入能量，而Prime服务也反之为亚马逊电商市场注入活力。

2014年，一项针对美国第三方卖家的调查显示，71%加入亚马逊物流的卖家表示，在加入之后，其商品销售量增长了20%以上。在节假日期间，全球范围的亚马逊物流商品运送量比上一年增长了50个百分点，囊括了40%的第三方销售商品。去年，美国的Prime服务付费会员数量上涨了50个百分点，全球会员则增长了53个百分点。亚马逊物流提供的实惠，不仅惠及用户，也惠及了卖家。

亚马逊云服务

9年前推出时还是一个大胆创想的亚马逊云服务，如今已经发展壮大且正处于高速发展之中。我们最初的用户是初创公司。按需服务、随用随付的云存储及计算资源，使得开辟新业务的速度得到大幅提升。如缤趣、网络文件同步工具Dropbox和爱彼迎这样的公司，全都使用过亚马逊云服务，且至今仍是我们的用户。

从那之后，大型企业也不断地涌入，它们选择使用亚马逊云服务的原因，与初创公司如出一辙——速度与灵活。信息技术成本的降低的确诱人，而节省的绝对成本有时也能够达到非常可观的数额。但是，单靠节约成本，可能是便宜没好货。企业非常依赖信息技术——这是一项"关键任务"。因此，"我们提供一个和你现在一样好却更便宜的服务"这样的宣言是吸引不来太多用户的。在这个领域，用户们真正想要的是"更好更快"，如果"更好更快"能够附上一盘"节约成本"的配菜，那就再好不过了。但是，成本的节省只是调料，而不是牛排本身。

信息技术是一个高杠杆率的领域。如果竞争对手的信息技术部门比你的更加灵活，那你就有麻烦了。每家公司都有一长串技术业务清单，并希望能够尽早地付诸实践。现实却很"骨感"，因为公司总要艰难地对项目做出优先取舍，而许多项目永远无法见天日。即便是那些有资金、资源支持的项目，也往往会面对交付延迟或功能不完整的命运。如果信息技术部门能够想出办法，以更快的速度交付更多利于业务的科技项目，那么他们便会为所在企业创造有实际意义的重大贡献。

亚马逊云服务之所以发展得如此迅速，主要原因就在于此。各信息技术部门正在逐渐意识到，一旦采用这项服务，他们的效率也会随之提高。花费在低增值作业上的时间会有所减少，如管理数据中心、网络连接、操作系统补丁、容量规划和数据库扩展等。同样重要的是，他们还可以访问功能强大的应用程序编程接口和工具，从而大大降低构建规模化、安全可靠、强劲稳健的高性能体系的难度。这些应用程序接口和工具可以在后台持续不断地被我们的团队优化，而无须用户倾注任何精力。

目前，各种规模的公司和组织将亚马逊云服务运用在了想象可及的各种业务领域，这项服务也因此拥有了100多万活跃用户。

2014年第四季度，亚马逊云服务的使用量比去年增长了约90%。通用电气、美国职业棒球、塔塔汽车及澳洲航空等公司都在此服务的基础上开发新的应用程序——从众筹个性化医疗保健应用再到卡车管理的应用软件，应有尽有。其他用户，如日本电话电报公司都科摩、英国《金融时报》和美国证券交易委员会，都在利用亚马逊云服务对海量数据进行分析并采取相应的行动。而像康泰纳仕、家乐氏、新闻集团等众多用户，则正在将它们的核心应用迁至亚马逊云服务上，有的公司甚至将整个数据中心来了个"举家迁移"。

在发展的过程中，我们已实现了创新的提速——从2012年的近160项新功能和服务，发展到2013年的280项和去年的516项。其中有很多有趣的项目值得讨论，从协作文件处理服务和邮箱服务，到无服务器计算服务和EC2容器管理服务，再到线上软件商店亚马逊云服务电商市场。但为简短起见，我在此只对一项进行讨论，那就是我们最近推出的关系型数据库"亚马逊Aurora"。我们希望，Aurora能够让用户们使用关系型数据库这项技术时建立一种新常态。这项技术是许多应用的关键根基，它至关重要（同时也存在很大问题）。Aurora是一个与MySQL兼容的关系型数据库，它能够提供高端商业数据库的速度与可用性，兼具开源数据库的简洁性与成本效益。Aurora的性能比典型的MySQL数据库高5倍，成本却只有商用数据库程序包的1/10。长期以来，关系型数据库一直是企业机构和开发人员的痛点，我们非常期待看到

Aurora的表现。

我相信,亚马逊云服务是一款让人梦寐以求的商业产品,可以为用户提供服务,也可以在未来多年获得经济收益。我为何如此乐观?首先,这个机遇的规模庞大,最终涵盖了全球用户在服务器、网络、数据中心、基础架构软件、数据库、数据仓库等方面的开销。与我对亚马逊零售业的定位类似,我认为从各方面来看,亚马逊云服务的市场规模也是无限的。

其次,亚马逊云服务目前的领先地位(这一点意义重大)也是一个强大的持续优势。为了让亚马逊云服务尽可能简单、好用,我们付出了巨大的心血。即便如此,这项服务仍是一个具有丰富功能的相对复杂的工具集,学习曲线比较长。一旦学会了,而它又那么好用,那你就无须再在另一个平台上学习一套新的系统了。当然,这绝不表示我们可以凭借这项服务高枕无忧,如果我们能继续给用户带去真正出类拔萃的服务,他们就有充分的理由选择继续信任我们的服务。

再次,同样也拜我们的领先地位所赐,目前,我们拥有数以千计的"亚马逊云大使",分布于世界的各个角落。从一家公司跳槽至另一家公司的软件开发人员成为我们最优秀的销售员,有人说:"上一家工作的公司使用的就是亚马逊云,我们在这家公司也应该考虑看看。我觉得此举会让我们的效率有所提高。"对亚马逊云及其服务的熟悉使用能力,已经成了一些开发人员加在简历中的技能,这是一个好兆头。

最后，我相信亚马逊云一定能够带来稳健的资本回报率。由于亚马逊云是一项资本密集型业务，因此我们团队会对此数据进行认真分析。好在分析时所见的趋势很乐观，这让我们倍感欣慰。从结构上来看，亚马逊云的资本密集度远低于它所替代的DIY数据中心，而后者的利用率很低，几乎总在20%以下。将用户们的工作量汇总在一起，不仅大幅提高了亚马逊云的利用率，也相应地提高了资本效率。此外，我们的领先地位再一次帮了大忙：规模经济为我们的资本效率提供了优势。我们会继续关注和打造这项业务，以获得良好的资本回报。

亚马逊云服务尚且年轻，仍处于成长和发展之中。我们相信，如果一如既往地将用户的需求摆在首位，我们的领先地位也将继续保持下去。

亚马逊职业选择计划

在结尾之前，我想花些时间向股东们介绍一件我们深感兴奋和自豪的事。3年前，我们推出了一项新颖的员工福利，即亚马逊职业选择计划，我们会为员工预先支付95%的学费，让他们在飞机机械或护理等热门领域中学习相关课程，无论这些技能是否与亚马逊的岗位沾边。我们的理念很简单：让选择成为可能。

我们知道，在物流和客服中心，对于一些人而言，亚马逊的工作是他们的职业选择。但对其他人来说，亚马逊或许只是协助他们在其他地方找到工作的跳板——而新的工作或许需要新的技能。如果相关的培训意义重大，我们就愿意助一臂之力，截至目前，我们已为8个国家参与这项计划的2000多名员工提供了帮助。面对如此高涨的热情，我们正在物流中心搭建教室，以便在工作现场教授大学及技术课程，为伙伴们实现职业目标提供更多便利。

目前，亚马逊共有8所物流中心提供了15门课程，这些课程在我们专门打造的教室里现场教授。教室不仅配备高科技功能，并安装了玻璃墙体，以鼓励参与并激励更多人。我们相信，亚马逊职业选择计划提供了一种新颖的方式，将杰出的人才吸引到我们的物流和客服中心之中。随着亚马逊在全球扩张，这些工作可以让员工在亚马逊拥有一段精彩的职业生涯，抑或给员工提供机会，让他们在其他高需求的技术领域追求自己的兴趣爱好。举例来说，第一个参与职业选择计划的员工，就在她所在的社区开启了全新的护士职业生涯。

我也想邀请截至目前已经完成注册的2.4万多人参观我们的任何一家物流中心，这样你就能知道在亚马逊官网上按下"购买"键后发生了哪些神奇的事情。除了在美国，我们也在世界各地的网站上提供参观机会，包括英国的鲁吉利和德国的格拉本，且扩展的脚步仍在继续。你可以在www.amazon.com/fctours上报名参观。

亚马逊电商市场、Prime服务及亚马逊云服务是我们的三大创见。拥有它们是我们的幸运，而我们也决心对它们进行完善和扶持，使之更好地服务于用户。敬请相信，我们一定会继续努力寻找第四大创见。目前，已经有不少备选方案正在筹备之中，正如我们在大约20年前承诺的那样，我们将继续大胆下注。利用创新更好地服务用户的机遇正迎面而来，而我们也向你保证，开拓的脚步永远不会停歇。

今天，仍是第一天。

2015年

"大赢家"可以为诸多尝试买单

今年,亚马逊成了有史以来以最快速度突破1000亿美元年销售额的公司。同样是在今年,亚马逊云服务的年销售额达到了100亿美元——达到这个里程碑的速度,甚至要比亚马逊零售的速度还快。

这背后有什么秘诀?这二者在刚开始时只是不起眼的种子,在没有通过大举收购并入重大企业的情况下,自然而迅速地发展壮大起来。从表面来看,二者简直有着天壤之别。一个服务于用户,另一个则服务于企业;一个以棕色包装盒著称,另一个则因应用程序编程接口闻名。两类天差地别的服务,居然能在同一个屋檐下双双飞速发展,这难道只是巧合吗?在所有努力的背后,运气都扮演着不可忽视的角色,而我也敢断言,我们的确受到了幸运女神的眷顾。但除此之外,它们之间也的确有一定的联系。从本质上看,共同点不能说丝毫不存在。二者共享着一种独一无二的组织文化,并潜心专注和恪守遵从不多的原则。我所说的原则便是痴迷于用户而非竞争者,渴望创新和开拓,敢于失败,拥有长远思考的耐心,以及对卓越运营抱以职业自豪感。通过这些视角来看,亚马逊云服务和亚马逊零售其实是殊途同归的。

关于公司文化,我在此要提醒一句:无论是好是坏,公司文化都是持久、稳定而难以改变的。公司文化可以催生优势,也可以滋生劣势。你可以将你的公司文化用文字记录下来,但在这么做的时候,你只是在发现和揭露,而不是在创造。公司文化是在潜移默化中由人员和事件随着时间的推移缔造而成的,是由那些过往成败衍生的逸事沉淀成的。对于一些人来说,独一无二的公司文化会像定制的手套一样贴合。文化之所以能如此保持稳定,是人们自我选择的结果。因激烈竞争而兴奋的人或许乐于选择某一种文化,热爱开拓和创新的人则会选择另一种文化。值得庆幸的是,这个世界充满了各种高效而迥异的公司文化。我们从不会声称自己的文化就是正确的——只会说这种文化是属于我们的,在过去的20年中,我们吸引了一大批志同道合的同人。这些都是深感亚马逊的文化充满活力而意义深远的人才。

在我眼中,我们的一大独特之处就在于失败。我觉得,亚马逊是世界上最适合失败的地方(我们已成了行家里手!),而失败和创造是不可分割的双胞胎。想要创造,你就得实验,如果你早就知道事情必定成功,那么这称不上实验。绝大多数的企业组织都会欣然接受创造的理念,但不愿意面对发展过程中必须经历的一连串失败的实验。巨大的回报往往来自与传统智慧相悖的押注,而传统智慧通常是正确的。若有10%的机会赢取100%的回报,这样的机会你每次都不应错过。但是,你仍有90%的错误概率。众所周知，打棒球时如果大力挥棒，虽然很可能经常三振出局，但也总能打出几记全垒打。然而，棒球和商业的不同之处在于，棒球的成果是按截断式分布的。在挥棒之时，无论你的球棒击打得多么天衣无缝，最多也只能得到4分。而在商业中，每过一段时间，只要踏上本垒板，你就有机会打出1000分的成绩。大胆果决之所以重要，就在于回报的这种长尾形分布。"大赢家"可以为你的诸多尝试买单。

亚马逊云服务、亚马逊电商市场及亚马逊Prime服务，都是公司取得成功的大胆赌注，能够拥有这三大支柱，我们深感幸运。这三者帮助我们发展成为一家庞大的公司，而有些事情，只有大公司才有能力实现。此话并无对我们西雅图邻居们的不敬，但是无论你是一位多么卓越的创业家，也不可能在初创公司的车库办公室里打造出一架全复合材料的波音787——即使造出来，你也绝对不敢坐上去。如果运用得当，亚马逊的规模可以让我们有能力为用户打造出在不具备规模时想都不敢想的服务。然而，如果我们不够缜密，那么规模便会成为发展的减速带和创造之路上的绊脚石。

与亚马逊各部门的团队会面时，我一次次地因他们展示出的激情、才智和创意而折服。去年，我们的团队取得了累累硕果，对Prime服务、亚马逊电商市场及亚马逊云服务这三大业务进行扶植并推向全球。在此，我希望与大家分享一些其中的亮点。虽然我在此只关注这三大业务，但我向你保证，我们仍一如既往地探索着第四大业务。

亚马逊Prime服务

我们希望能将Prime服务打造成令人难以抗拒的好产品——如果不成为会员，你就是对自己不负责任。

我们将Prime服务两日到货福利包含的产品从100万种扩大到了3000多万种，新添了周日配送服务，并在全球35座城市新推出了覆盖数十万种商品的当天到货服务。我们还新添了音乐、照片存储、Kindle用户借阅图书馆，以及在线影视内容。

Prime及时送服务为用户提供一小时到货的便利，涵盖了部分重要产品，且在构想提出后短短111天便得以问世。在这段时间里，一个小型团队打造出了一款面向用户的应用，选了一个用作室内仓库的地点和准备销售的2.5万种商品，将这些商品入库，招聘了新员工，测试、反复改进，写了新的内部管理软件——一个仓库管理系统和一个面向司机的应用程序，并赶在节假日前及时上线。今天，在上线的短短15个月后，Prime及时送服务已经覆盖了全球30多个城市。

亚马逊Prime视频提供了来自全球最富活力的故事大师的独家内容。我们希望，像吉尔·索洛维、杰森·舒瓦茨曼、斯派克·李这样杰出的创作者能够不畏风险、勇于突破。我们的原创剧集已经获得了120多次提名并斩获了将近60个奖项，将金球奖和艾美奖双双揽入怀中。放在传统的线性节目编排模式之下，这其中的许多故事或许永远也不会有机会问世。正在制作、即将上映的内容，包括了来自杰雷米·克拉克森、大卫·E.凯利、伍迪·艾伦和肯尼斯·罗纳根等创作者的一系列剧集和电影。

根据菲利普·K.迪克的同名小说改编的电视剧《高堡奇人》，演绎了美国在"二战"中战败的一段架空历史。这部剧集在11月20日于亚马逊Prime视频首映，仅仅4周就成为我们收看量最多的电视剧，并获得了如潮的好评，比如"亚马逊的《高堡奇人》是这一季最精彩的新剧"，以及"在当今绝大多数电视剧根本不愿尝试的领域，《高堡奇人》却带来了连连惊喜"。

这些电视剧让用户们一饱眼福，也对Prime服务的飞轮起到了推动作用——观看亚马逊Prime视频的会员从免费试用转换为付费用户的可能性更大，也更有可能在全年基础上进行续订。

最后要提的是，我们有史以来的首次Prime促销日活动也超越了我们所有的预期——当天试用Prime服务的新会员，要比亚马逊历史上的任何一天都要多。全球订单比去年同期增长了266%，而商品可享受Prime服务福利的卖家们的销售量，也创下了新的纪录——其增幅近乎达到了300个百分点。

Prime服务已经成为一款深受会员喜爱的实体数字结合产品，且使用次数没有上限。去年Prime会员的服务同比增长了51%——其中美国本土增长47%，国际增速则要更快，现在的Prime服务全球会员数已经达到数千万之多。你很可能已经成了他们当中的一员,但如果还没有,那就请对自己负点责,加入进来吧。

亚马逊电商市场

在15年前推出亚马逊电商市场之前,我们曾两次大力挥棒,但都以落空告终,这就是亚马逊拍卖和zShops。我们从失败中汲取教训,并坚守自己的愿景。而今,在亚马逊销售的产品中,将近50%都是通过第三方卖家售出的。亚马逊电商市场以其独一无二的选择空间惠及用户,同时也让卖家们得利——在亚马逊平台上,年销售额超过10万美元的创业者已经超过7万人,创造了60万个新的工作岗位。有了亚马逊物流中心的支持,卖家们的存货能够享受Prime服务的便利,而这一服务的飞轮也转得更快——Prime服务对会员更有价值,卖家们则能卖出更多的商品。

今年,我们打造了一项名叫"Prime卖家配送"的计划。我们邀请那些能在发货速度和服务一致性方面符合高标准的卖家加入Prime服务,并以符合Prime服务的速度直接自行发货。这些卖家的销量已经出现了显著的增长,通过这一计划,美国、英国和德国的Prime服务用户也额外享受到了覆盖数十万种商品的免费两日到货或次日到货服务。

为协助卖家发展,我们还打造了亚马逊借贷计划。自计划推出以来,我们已向美国、英国,以及日本的微型、小型和中型企业提供了累计超过15亿美元的短期贷款,我们的未结余贷款额度是4亿……浪手兼高塔桨板公司老板斯蒂芬·阿斯托尔，就是这……益者之一。在亚马逊借贷的帮助下，他的公司已经成……展最快的公司之一。只需点击便可获得现金，如此……获取渠道推动了这些小型企业的发展，为用户带来了……。由于亚马逊的市场营收与卖家的销售共同增长，我们也从中获益。我们希望对亚马逊借贷进行拓展，也正在探索与银行建立合作关系的方式，以便用对方的专业性来帮助我们更好地防范信贷风险。

除了为我们的大型产品和服务提供支持之外，我们也努力将它们推向全球。我们的亚马逊电商市场为世界各地的卖家创造机遇，帮助他们与遍布全球的买家建立联系。以往由于全球销售中种种实际存在的挑战，许多卖家都将其用户群局限于本国。为推动亚马逊电商市场的全球化并为卖家创造更多机遇，我们开发出各种销售工具，去年帮助了172个国家的创业者与189个国家的用户建立起联系。现在，这些跨境销售已经占到了亚马逊第三方销售总额的25%。为实现全球化目标，我们对几千亿商品信息页进行了翻译，并提供了44种货币的汇率换算。现在，即便是很小的卖家，也能轻松触达全球用户和供应链网络。由此产生的最终效果，与卖家逐一自行处理跨境物流有着天壤之别。电脑外接插件公司Plugable的首席执行官伯尼·汤普森表示："当你能够在一天或两天内将大批货物运往欧洲或日本时，这种转变可谓天翻地覆。"

说到我们如何凭借对用户的痴迷和创造的激情将亚马逊电商市场这样的服务推往全球,印度便是另一个例子。去年,我们启动了一个叫作"亚马逊茶车"的活动,利用三轮小车在城市商业区走街串巷,为小型商户供应茶、水和柠檬汁,并针对在线销售提供指导。在4个月的时间里,团队的足迹覆盖了31座城市,走完了15280公里的路程,供应了37200杯茶水,与超过1万名卖家进行了交流。通过这个项目及其他与卖家进行的对话,我们发现人们对于在线销售的兴趣很浓厚,却被在线销售过程费时费力、烦冗复杂的偏见束缚住了手脚。因此,我们便推出了"亚马逊即刻售"项目,让小商户在不到60分钟的时间里便可将业务搬到网上。亚马逊即刻售是一款特殊设计的车载式工作室,提供了包括注册登记、图像生成、分类服务及卖家基础培训机制等一整套开业服务。自2月17日推出以来,我们已经触及遍布25个城市的卖家。

另外,我们也在推进亚马逊物流中心的全球化进程,使这项服务的内容更加适应本地用户的需求。在印度,我们推出了一项名为"卖家灵活物流"的快递服务,着眼本地社区,将商家的仓库也纳入了亚马逊的物流网络。卖家腾出库房的一部分空间用来储存商品,而我们把这些地点也加入网络,更加方便规划物流。我们的团队会就库房布局、信息技术及运营基础设施提供指导,并对卖家提供现场标准操作程序的培训。现在,我们已在10个城市中推出了25个卖家灵活物流操作站点。

亚马逊云服务

10多年前，以一款简单存储服务为主要业务的亚马逊云服务在美国启动。而今，亚马逊云所提供的服务已超过了70项，涵盖计算、存储、数据库、分析、移动网络、物联网，以及企业应用。另外，我们还在全球提供了12个云区域和33个可用区，而加拿大、中国、印度、美国和英国的5个云区域及11个可用区将在明年启用。最初的亚马逊云服务由主要开发人员和初创公司使用，而今，用户数量已经超过了100万，他们来自几乎各行各业、规模大小不一的各类组织机构——如缤趣、爱彼迎、通用电气、意大利国家电力公司、美国第一资本金融公司、财捷集团、强生、飞利浦、美国赫斯公司、Adobe软件公司、麦当劳，以及时代公司。

与10岁的亚马逊相比，10岁的亚马逊云服务规模更大、增长速度更快，且创新的脚步仍在加速——在我看来，这一点的意义最为重大。2015年，我们推出了772个重要的新功能和服务，比2014年增长了40%。

我们刚刚起步时，许多人都认为亚马逊云是一场大胆且不同寻常的赌博。"这和卖书有什么关系？"我们本可以固守于自己的老本行，但我很庆幸我们没有这样做。话说回来，难道我们真的没有离开本行？或许，我们的本行和开拓的新业务都对公司的方针起到了同样深远的影响。亚马逊云服务同样痴迷于用户，创造力丰富且勇于探索，并将卓越运营视为重中之重。

经过10年历程和多次迭代，这一方针使得亚马逊云迅速成长为世界上最全面且普及度最高的云服务。如同我们的零售业务一样，亚马逊云服务也由众多"单线程主人翁"[1]组成的小型团队构成，从而使迅速创新成了可能。这些团队几乎每天都会在这70项服务中推出新的功能，这些新的功能则会"自动出现"在用户的眼前——无须用户进行升级。

许多公司都自诩专注用户，但很少能够做到言行一致。绝大多数的大型科技公司专注的都是竞争对手。它们看到别人正在实行的举措，然后便着手快速跟进。与之相反，亚马逊云中90%到95%的功能都以用户反馈的需求为基础。我们新推出的亚马逊Aurora数据库引擎就是一个很好的例子。传统商业级数据库的封闭性、高成本及授权条款，让用户们怨声载道。虽然很多公司已经开始转向更加开源、轻量级的数据库引擎（比如MySQL和Postgres），但往往无法达到所需的性能。用户询问我们是否能够剔除这种因折中导致的不便，就这样，Aurora应运而生。这项服务拥有商业级的持久性和可用性，与MySQL完全兼容，性能比MySQL应用高出5倍之多，价格却只有传统商业级数据库引擎的1/10。用户们反响热烈，而亚马逊Aurora也成了亚马逊云有史以

---

[1] 在亚马逊，所谓"单线程主人翁"（single-threaded owner），指每个员工都是项目、计划、产品和服务的所有者或关键决策制定者，将想法付诸实践或继续当前创新进程的总体决策则由一个人来做。

来增速最快的服务。我们的托管数据仓库服务"亚马逊红移"的发展历程几乎如出一辙,这是亚马逊云历史上发展第二快的服务——各种规模的公司,都在将其数据仓库迁至亚马逊红移平台。

同样,我们的定价方式也受到用户中心文化的驱动——我们已经进行了51次价格下调,而这往往并非迫于任何竞争压力。除了降价,我们还不断推出低成本的新服务,如亚马逊Aurora、亚马逊红移、亚马逊快视(新推出的商业智能服务)、EC2容器管理服务(新推出的计算容器服务),以及Lambda(我们开创性的无服务器计算服务),同时也对现有服务进行拓展,以提供一系列高性价比的选择,使我们的服务能在各种应用和信息技术场景下使用。我们甚至推出了"亚马逊可靠顾问"服务并加以持续优化,该服务会在用户有机会节省支出时发出提醒,也因此为用户省下数亿美元的费用。我很肯定,我们是唯一一家提醒用户怎么薅羊毛的公司。

无论是一家昨天才成立的初创公司,还是一家已有140年历史的老牌企业,云服务都能为所有人带来难以置信的大好机遇,云服务可以供我们重塑自己的业务,增添新的用户体验,重置资本以推动增长、加强安全性,并以比以往快出许多的速度实现这一切。说到亚马逊云服务如何不断地颠覆用户体验,美国职棒大联盟高级媒体公司就是一个好例子。作为一项为棒球球迷新推出的功能,美国职棒大联盟的跟踪技术可在每场球赛中测量球员、跑垒员及棒球在球场上的运动位置,尽可能通过数据来回答大家总是想问的那个问题——"要是他能……就好了"。跟踪技术将棒球变成了一门精密的科学，利用导弹雷达系统，以每秒超过2000次的频率测量投出的每个球的运动，通过"亚马逊动态"（我们用来处理实时流媒体数据的服务）对数据进行实时传输与采集，将数据保存在亚马逊S3储存服务中，然后通过亚马逊EC2容器管理服务进行分析。这项服务在每场比赛中会生成近7TB的原始数据，每赛季生成的原始数据则高达17PB，为古老的棒球运动投上了量化的光芒。

大约7年前，网飞曾经宣布要将其所有应用迁至云端。之所以选择亚马逊云，是因为它为他们提供了最大的容量、涵盖最广的服务和功能。不久前，网飞完成了向云端的迁移，随着软件供应商Infor、财捷集团、时代公司等企业相继制订了将所有应用程序迁至亚马逊云的计划，类似网飞的案例也将变得越来越常见。

当今，亚马逊云服务的卓越性已经吸引了超过100万用户，而这项服务的完善之旅才刚刚启程。随着团队高速创新步伐的不断迈进，我们将会提供越来越多的功能，让开发人员无拘无束地尽情建构。数据的采集、存储和分析将会变得越来越容易，而我们将会继续添加更多的云区域，也会继续见证移动和"互联"设备应用的发展。随着时间的推移，绝大多数公司很可能会选择不再运营自己的数据中心，而是转向云平台。

创新机器

我们希望在成为一家大型公司的同时,也是一家创新工厂。我们希望能具备大型公司卓越的客户服务能力,以及初创公司常有的灵活性、敏捷性和勇于承担风险的精神。

我们能否做到?对此,我是乐观的。我们不仅旗开得胜,同时我也认为,公司的文化让我们置身于能够达成目标的有利局势之中。但是,我并不认为前路一帆风顺。我们或许会遇到一些真假难辨的陷阱,即便那些表现卓越的大型企业也会不知不觉陷入其中。作为一家企业,我们必须学会如何规避这些陷阱。大型企业的一个常见隐患——最挫伤速度和创造力的,就是"一刀切式"的决策制定。

有些决策的关系重大,后果不可或几乎不可挽回,就如单向门一般,这些决策的制定必须有条理、审慎且缓慢,要深思熟虑和集思广益。就算你走过这扇大门却发现门后的景象不如自己所想,也无法回到过去。我们可以将这种决策称为"一类"决策。但是,绝大多数的决策并非如此,而是可以改变和逆转的,这种决策就像是双向门。就算你的二类决策做得不尽如人意,也无须长时间承受不利的后果。你可以重新打开那扇门,然后穿过门走回去就行了。二类决策可以也应该由具有优秀判断力的个人或小型团队迅速制定。

随着组织机构的不断壮大，人们似乎会倾向于将重量级的一类决策制定方法运用在绝大多数决策上，许多"二类决策"也包括在内。此举造成的最终结果是行动速度缓慢、对风险不能合理规避、无法有效展开实验，以及由此带来的创新缩减。[1]关于如何抵御这种趋势，我们一定要想出对策才行。

你会发现，"一刀切式"的思维方式只是隐患之一。我们要努力消除这一隐患，也要努力规避我们能找出的其他一切大型企业的顽疾。

可持续发展及社会创新

亚马逊的发展进程很快。20年前，我还在用我的雪佛兰开拓者把箱子拉到邮局，梦想着在未来拥有一辆叉车。从绝对值（而不是百分比）来说，过去的几年意义尤为重大。2010年，我们的员工是3万人，而今这个数字已经增长到了23万多人。我们有点像是回过神来环顾四周才发现孩子们已然长大成人的父母——眨眼之间，白驹过隙。

我们目前的规模有一个令人欣喜的地方，那就是可以运用创新文化在可持续发展及社会问题上发挥影响力。

两年前，我们设定了一个长期目标，要在全球亚马逊云基础

---

[1] 与之相反的情形后果更加严峻，其中无疑也包含一些幸存者偏差的成分。任何一家习惯将轻量级的二类决策法套用在一类决策上的公司，都会在发展壮大之前消亡。——作者注

设施中使用100%的可再生能源。从那以后，我们已经官宣了4座大型风力和太阳能发电厂的信息，每年为亚马逊云数据中心供电的电网额外注入160万兆瓦时的可再生能源。亚马逊福勒岭风电场已经投入使用。去年，整个亚马逊云服务的能源使用有25%出自可持续能源，今年则有望达到40%，我们也在努力实现覆盖亚马逊全球所有设施的目标，包括我们的物流中心。

我们还将继续加大在其他领域的努力。以包装为例，创新文化就衍生出了这一领域的一大成果——轻松拆包装计划。7年前，我们针对19种产品推出了这一计划。今天，轻松拆包装计划在全球覆盖的产品已超过了40万种。2015年，该计划消除了数千万千克的多余包装材料。轻松拆的包装便于拆开，因此惠于用户；产生的废物较少，因此益于地球；由于包装更为紧凑，不必运输那么多的"空气"，从而节省了交通费用，因此利于股东。

另外，我们也继续为员工增加新的福利，比如"职业选择""产假共享"及"产后返工"。亚马逊职业选择计划为员工预先支付95%的学费，供他们在热门领域中学习相关课程，无论这些技能是否与亚马逊的工作相关。无论是护士证书、飞机机械师课程还是其他类似的费用，我们都会承担。我们正在亚马逊物流中心的场地上建造玻璃幕墙教室，以鼓励员工们参与到这个项目中，也让学习课程变得更加容易。如莎瑞·沃马克，便向我们彰显了这些福利带来的影响力。莎瑞是一位有8个孩子的单身母亲，在我们凤凰城的一家物流中心工作。在职业选择计划的资助下，莎瑞决心考取半挂式卡车的驾驶执照，她努力练习并通过了测试。现在的她，已经是施耐德物流公司的一位长途司机，而且在这份工作中如鱼得水。今年我们将启动另一个计划，向其他感兴趣的公司介绍职业选择计划的益处及如何将该计划变成现实。

产假共享和产后返工为新晋父母提供了灵活性，帮助他们适应刚添新丁的家庭。如果配偶或伴侣的雇主不提供带薪假期，那么产假共享便允许员工与对方共享亚马逊的带薪假。产后返工则为新生儿的母亲提供了空间，让她们更好地掌控重返工作岗位的节奏。就如我们的医疗保险一样，这些福利都是平等的——对于物流中心和客服团队的员工，以及我们最资深的高管，全部一视同仁。

可再生能源、轻松拆包装、职业选择、产假共享，以及产后返工，都是我们拥抱创新和长远思维的公司文化的例证。亚马逊的规模为我们带来了在这些领域发挥影响力的机会，想到这里，我倍感鼓舞。

我要告诉大家，每天能与如此头脑聪慧、充满想象力和激情的人共事，对于我来说，是一种莫大的快乐。

同往常一样，今天，仍是第一天。

2016 年

抵御"第二天"

"杰夫,'第二天'是什么样子?"

这是我在最近一次召开的全体员工大会上被问到的问题。在几十年的时间里,我一直在提醒大家,今天是"第一天"。我工作的亚马逊大楼就叫作"第一天",在改换办公地点时,这个名字也如影随形。在这个问题的思考上,我倾注了很多时间。

"第二天是停滞不动的。随之而来的便是故步自封。往后展开的,便是惨不忍睹、痛彻心扉的衰退。继续下去,便是死亡。正因如此,每一天都是第一天。"

诚然,这种衰退的发生是极其缓慢的。一家老牌公司或许能够在几十年的时间里享受"第二天"的成果,然而,最终的结局仍是不可避免的。

"如何抵御第二天?"我对这个问题很感兴趣。有什么技巧和战术呢?置身一家庞大的组织之中,如何保持"第一天"的生机呢?

这样的问题是不存在非黑即白的答案的。复杂的因素、多样的路径及诸多的陷阱,都必然存在。虽不清楚完整的答案,但我知道一些有效方法。在此,我要将捍卫"第一天"的新手必备工具包分享给大家：发自内心对用户痴迷、抵制流于形式、拥抱外部趋势，以及高速决策。

发自内心对用户痴迷

想要为一家企业找准中心，途径有很多。你可以以竞争者为中心，可以以产品为中心，可以以科技为中心，可以以商业模式为中心，诸如此类，不一而足。但在我看来，到目前为止，以痴迷用户为中心才是最能够捍卫"第一天"活力的方式。

为什么这样说呢？以用户为中心的方法有诸多优势，最重要的一点是：即便用户声称满意且业务顺风顺水，但永远处于不满足的状态。即便用户自己心中尚未意识到总想得到更好的，而满足用户的渴望，会驱使你以其利益为出发点进行创造。从来没有哪位用户要求亚马逊打造一款Prime会员服务，但毋庸置疑，这项服务正是他们想要的。类似的例子，我还可以举出很多。

想要保持"第一天"的状态，你就要耐心实验、接受失败、播下种子、呵护树苗，并在为用户带来喜悦的领域双倍下注。想要做到所有这些，最能够提供沃土的便是痴迷于用户的文化。

抵制流于形式

在公司变得越发庞大和复杂的过程中，流于形式的管理倾向也随之诞生。具体的模式形态各异、贻害无穷、难以捉摸，深深打着"第二天"的烙印。

一个常见的例子，便是拿流程作为形式。好的流程会为你带来便利，从而推动你更好地服务用户。然而，如果不加警惕，那么流程便有可能喧宾夺主。这种状况在大型企业中非常容易出现。流程成为达到结果的手段，你不再关注结果，而只是确保遵循流程。唉，这真太可怕了。"嗯……我们只是在遵守流程罢了。"一位经验不足的领导拿诸如此类的话作为糟糕后果的借口，这样的情况并不罕见。较为资深的领导者则会将此视为一个机遇，对流程进行调查和完善。流程并不是问题的本质。到底是我们左右了流程，还是流程左右了我们？这是一个无论何时都值得思考的问题。在一家具有"第二天"心态的公司中，你或许会发现，答案是后者。

再举一个例子：市场调研和用户调查也可能成为用户们走的形式——在发明和设计产品时，这个问题的隐患尤为巨大。"在参与Beta测试[1]时，55%的人都表示对这一功能感到满意，比第一次测试的47%有所上涨。"这样的结果不仅难以解读，还可能在无意中造成误导。

优秀的发明家和设计师对用户有深刻的了解。他们付出巨大的精力研究和消化大批案例，而不只看用户调查得出的平均数。他们会深切体悟自己的设计。

---

1 指在产品发布之前进行的软件验收测试活动。

我并不反对Beta测试或用户调查。但是，作为产品或服务所有者的你，必须理解用户、抱持一定的愿景并热爱所推向世界的产品或服务。如此一来，Beta测试和研究才能帮你找到盲点。卓越的用户体验始于内心、直觉、好奇、乐趣、本能和品位。所有这些都是调研中找不到的。

拥抱外部趋势

如果你不愿或无法迅速适应趋势，那么外部世界就能将你推入"第二天"的心态之中。如果对抗趋势，你或许是在对抗未来。而选择拥抱趋势，你便有如搭上了顺风车。

这些宏观的趋势虽然不难发现（相关的讨论和文章不在少数），但奇怪的是，对于大型企业而言，想要拥抱这些趋势举步维艰。现在我们就置身于一个显而易见的趋势之中：机器学习和人工智能。

在过去的几十年里，计算机已经在很大程度上实现了任务自动化，程序员能用清晰的规则和算法来描述任务。如今，在更难用精确的规则描述任务的情况中，现代机器学习技术一样能达到同样的效果。

多年以来，我们一直在亚马逊致力于机器学习的实际应用。其中的一些成果非常显著，比如：亚马逊Prime航空的送货无人机，利用机器视觉让排队结账一去不返的亚马逊无人超市，还有我们的人工智能助手Alexa[1]。（尽管尽了最大的努力，我们还是难以保持Echo音箱存货充足。这虽然让人愉悦，但毕竟是个问题。我们正在全力寻找解决方案。）

我们在机器学习方面的大部分实践都发生在表层之下。机器学习对需求预测、产品搜索排名、商品和优惠推荐、周边产品植入、欺诈检测、翻译等各方面的算法都起到了推动作用。虽然并不那么一目了然，但机器学习的影响大多如此——即便对核心业务的完善悄无声息，意义却不可埋没。

在亚马逊云服务里，我们很乐意降低机器学习和人工智能的成本和壁垒，以便这些先进的技术为各种规模的企业机构所用。

使用我们预先打包好的、具有深度学习的框架在P2实例（该功能可以优化计算机负载）上运行，用户们已开发出各种功能强大的系统，涵盖领域从早期疾病监测到作物产量提高，应有尽有。另外，我们还以简便的形式推出了亚马逊的最高阶服务。有了Amazon Lex（即Alexa的内核）、文字转换语音的服务及图像分析功能，自然语言理解、语音生成及图像分析等领域的烦琐工作都被悉数承担起来。这些服务只要调用应用程序编程接口便可访问，而无须具备机器学习方面的专业知识。希望大家对这一领域多加关注，未来还会有更多精彩呈现。

---

1 你可以试着问问："Alexa，60的阶乘是多少？"纯属娱乐。——作者注

高速决策

"第二天"心态的公司也能做出高质量的决策，但决策的速度非常缓慢。想保持"第一天"的能量和活力，你就得想办法制定高质量且高速度的决策。这一点对于初创公司而言轻而易举，但对大型企业来说就很有挑战性了。亚马逊的高管团队决心将我们的决策制定保持在一个高速状态。在商业世界，速度至关重要，而且高速决策制定的环境也要有趣得多。我们虽然不是无所不知，但仍有一些想法与大家分享。

第一，绝不要使用"一刀切式"方法制定决策。许多决策都是可逆的"双向门"决策，可以用轻量级的方法来处理。在这些决策上，就算误判又何妨？关于这一点，我在去年的致股东信中有更详细的阐述。

第二，搜集了大约70%你想要得到的信息后，绝大多数决策就差不多可以做出了。如果等到搜集90%的信息再做决策，那么你的行动十有八九就太慢了。另外，不管怎样，你都需要善于快速识别并纠正错误的决策。如果你在方向修正上做得好，那么犯错的代价或许没你想象中那么高；而如果在修正上缓慢迟疑，那么代价一定不小。

第三，试着说"求同存异，服从决策"。这句话能节省大把的时间。如果你对某个方向坚信不疑，那么即使意见没有达成一致，你也可以这样说："你看，我知道我们对这个问题意见不统一，但你愿意跟着我赌一把吗？能不能求同存异，服从决策？"到了这个节骨眼儿上，没有人胸有定见，因此你应该很快就能获得大家的同意。

这句话并非只能平级使用。如果你是老板，这个方法也适用。我就经常求同存异，服从决策。最近，我们通过了一部亚马逊工作室原创剧的拍摄计划。我与团队分享了自己的观点：这部剧的趣味性有待商榷，制作难度很大，商业条款也没那么合理，况且其他的机会还有很多。但团队的态度与我截然相反，希望继续进行下去。我立即回信，在信中说："我决定求同存异，服从决策，希望这能成为我们创作的影视内容中最火的一部。"想想看，如果团队没有得到我这句痛快的承诺，而是要费心说服我，那么这个决策周期得拖慢多久。

请注意，这个例子并不是说我没有在心里暗想："唉，这些人的判断是失误的，他们没抓住重点，但我再努力挽回也是徒劳。"这是一次真实的意见分歧，是我对自己看法的一种坦率表达，是团队对我的看法加以权衡的一次机会，也是让团队按自己的想法继续走下去的一句干脆而真诚的承诺。鉴于这个团队已经捧回了11项艾美奖、6项金球奖及3项奥斯卡奖，他们能在屋里给我留下一席之地，我已经深感荣幸了！

第四，尽早认识到分歧所在，并立即上报。有的时候，团队中会存在目标的差异和观点上的根本分歧。这些目标和观点无法达成一致。无论多少讨论和会议，都无法解决这根深蒂固的分歧。如果没有升级处理，默认的冲突解决机制只会让双方都落得心力交瘁。结果，谁熬得过谁，谁就赢。

几年来，我已经在亚马逊看到了许多这种意见实在无法统一的例子。当我们决定引入第三方卖家的时候，就引起了轩然大波。许多聪明而满心好意的亚马逊人完全无法认同这个方向。一个重大的决策包含了成百上千个较小的决策，其中许多都必须上报至高管团队处理。

"就这样吧，你已经把我拖垮了"，这种决策方式是非常糟糕的。这样的进程不仅缓慢，而且会让人疲惫不堪。与其如此，不如立即上报，效果反而更好。

那么，你是否只在乎决策的质量，还是对决策的速度也很在意？世界的潮流能否让你顺风前行呢？你是否成了形式的牺牲品，还是让形式为你所用呢？最重要的是，你有没有为用户带来喜悦呢？大公司的格局和能力，小公司的活力与激情，这二者是可以兼具的。但是，我们必须有意去做出这个选择。

非常感谢每一位用户给予我们提供服务的机会；非常感谢我们的股东的支持；也非常感谢世界各地的亚马逊人，感谢你们的付出、智慧和热情。

今天，仍旧是第一天。

2017年

打造高标准公司文化

美国消费者满意度指数于近期公布了年度调查结果,根据消费者们的评选,亚马逊8年蝉联冠军宝座。英国也有一个类似的指数,即由英国客服协会设立的英国消费者满意度指数。在此调查中,亚马逊英国连续5次跻身榜首位置。另外,在领英的2018年"顶尖公司排行榜"上,亚马逊跻身榜首,同时被评为最受美国职场人士欢迎的公司。就在几周之前,哈里斯民意调查也公布了年度"企业声誉商数"排行榜,此榜单针对工作环境、社会责任和产品服务等方面对2.5万余名消费者进行调查,亚马逊连续3年位列榜首。

我要对目前已超过56万的亚马逊人表示祝贺和感谢,你们怀揣着对用户的痴迷、聪明才智及对卓越运营的执着来面对工作,多年如一日地坚持着。同时,我也要代表世界各地的亚马逊人,向我们的用户传达无尽的感激。看到大家在这些调查中的反馈,我们倍感振奋。

用户有一个让我钟爱的特质,那就是他们永不满足。他们的期望永不停滞,而且节节攀升。这就是人之本性。之所以能从狩猎、采集的阶段进化至今，靠的当然不是安于现状。人们对于更好的渴望没有餍足，而昨日的"卓尔不群"很快便会成为今日的"稀松平常"。我看到，改善的周期正在以前所未有的高速向前推进着。这或许是因为用户获取信息的途径比以往任何时候都更加便捷——只需在手机上轻点几下，用户便能在短短几秒钟内阅读评论、比较多个零售商的价格、查看商品是否有库存、了解发货速度或多久可以提货等信息。这些例子来自零售业，但我感觉，这些技术为消费者赋能的现象在亚马逊其他业务乃至整个产业都变得越来越普遍。你不能躺在功劳簿上，用户是绝不会答应的。

如何才能走在日益高涨的用户期望前面呢？没有单一的方法能让你一劳永逸——这是多种因素结合的结果。但是，（广泛应用且涉及各层细节的）高标准绝对是其中的一个重要组成部分。过去几年中，我们在满足用户高期望的探索过程中取得了一些成果，但也在途中因失败而付出了价值数十亿美元的代价。以这些经历为背景，我想与大家分享我们（到目前为止）所学到的在企业机构内部设立高标准的要点。

与生俱来还是后天传授

首先要提出的，是一个关乎本质的问题：高标准到底是与生俱来的还是后天传授的？如果把我招入你的篮球队，你可以教我学会很多东西，但教不会我长高。难道我们的第一要务就是选择

"高标准"的人吗？如果这样，这封信的绝大部分内容就得围绕着人才招聘展开了，但我并不这么认为。我相信，高标准是可以靠后天传授的。实际上，只需通过潜移默化的影响，人们就很容易掌握高标准的诀窍。高标准是有传染性的。被领入高标准的团队的新人，很快就能融入其中，反之亦然。如果低标准盛行，那么这种趋势也会迅速蔓延。虽然潜移默化的影响可以传播高标准，但我相信，对高标准的几条核心原则加以阐释，也能加快学习速度，这些内容也是我想在这封信中与大家分享的。

广泛通用还是针对领域

另一个重要的问题在于，高标准到底是广泛通用还是针对领域而言的？换言之，如果你对某个领域的标准很高，这是否意味着你一样也会自然而然地在其他所有领域中设立高标准呢？我认为，高标准是针对某些领域的，且每一个特定领域的高标准都是要单独学习的。初创亚马逊时，我在创造发明、用户关怀和人才招聘（谢天谢地）领域都设立了高标准。但是，在如何保持已经解决的问题不重复出现、从根源上解决缺陷及检查流程等操作流程的问题上，我并没有这么做。我是在学习经验和吸取教训之后，才在这些领域中设立高标准的（我的同事就是我的导师）。

理解这一点至关重要，因为这能让你保持一个虚心的状态。你可以把自己看成一个整体秉持高标准的人，但仍然存在恼人的盲点。就有的能力范围而言，你不但标准很低或者根本没有什么标准可言，而且还毫不自知，离一流就差得更远了。用开放的心态接受这种可能性是至关重要的。

辨识与愿景

在某个特定领域中，你需要实现哪些高标准呢？首先，你必须有能力辨识出何谓这个领域中的优秀。其次，你对于实现高标准的困难（也就是需要付出的努力）要有一个符合实际的预期——这就是愿景。

我给大家举两个例子。其中一个算是一种"玩具演示"，但能把问题阐释得很明白，另一个则是亚马逊时时上演的真实案例。

完美的倒立

最近，我的一位密友下定决心要学会完美的双手倒立——完全不倚墙，也不只是坚持几秒钟，而是达到足以在社交媒体上大秀的程度。她决定在学习瑜伽的工作室报名课程，以此开启自己的倒立之路。报名后，她练习了一段时间，但没有获得理想的效果。因此，她又雇用了一位教倒立的私教。好吧，我知道你们在想什么，但很显然，这种职业确实是存在的。在第一堂课上，教练给了她一些很中肯的建议。他说："绝大多数人都认为，只要努力练习，差不多两周时间就能学会倒立。但实际的情况是，即使每天练习，也需要差不多6个月才能学会。如果你觉得自己两周就能做到的话，那肯定会半途而废。"我们对于难度不切实际的看法——人们往往把这些看法深藏心中而缄口不语——会扼杀高标准。无论是为自己还是为团队实现高标准，你都要对过程有多艰难抱有切合实际的认识，并积极与他人交流——这位私教对此理解得很透彻。

6页备忘录

在亚马逊，我们不用幻灯片（或任何其他类似的形式）做文稿演示，而是用叙事的形式写一份6页备忘录。每次会议开始时，我们都会在"自修室"一样的会议室里默读一篇备忘录。不难想象，这些备忘录的质量参差不齐。有的报告读起来如天使的歌声一般清朗、透彻，内容精彩，思维缜密，为会议高质量的讨论定下了基调。而有的备忘录的质量，则与前者有着天壤之别。

对于倒立的例子，高标准是一目了然的。将一个干净利落的倒立的要求详细列出来并不困难，在此之后，是否达成便一清二楚。而备忘录的例子就截然不同了，一份清晰流畅的备忘录和一份无甚亮点的备忘录之间的差别要模糊得多。想要将优秀备忘录涉及的详细要求一一写下，难度非常大。即便如此，我发现读者们对于优秀备忘录的反应往往是一致的，一眼就能看出来。即便不易表述，但标准就摆在那里，是真实存在的。

以下是我们得出的认识。通常，如果备忘录写得马马虎虎，问题并不在于作者认识不到高标准，而是作者对难度的期望有误：他们错误地认为，一份高标准的6页备忘录用一两天甚至几小时就能写完，但实际上，这件事或许要花上一周或更长的时间！这无异于尝试用短短两周就把倒立掌握得无懈可击，而我们提供的指导也不到位。优秀的备忘录需要反复改写，与工作需要改进的同事分享，搁置几天，然后换个头脑重新修订。只用一两天的时间，是无论如何也写不出来的。我要说的关键点是，只需教人们认清难度，就有更好的收效——一篇优秀的备忘录，应该至少花一周的时间去完成。

技巧

除了认清标准和对难度抱有符合实际的期望之外，技巧重要吗？想要写出一篇世界一流的备忘录，你就必须得是一位笔法高超的作家，不是吗？这是不是另一个必备的因素呢？在我看来并非完全如此，至少对于身处团队中的个人而言。橄榄球教练不必亲自上场投球，电影导演也不必具备表演功底，但他们必须认识到这些领域中的高标准，并教会他人对难度抱以切合实际的期望。即便是写6页备忘录，也需要团队合作。团队中必须有人具备这种写作技能，但这个人未必一定是你（顺便提一句，按照亚马逊的传统，作者的名字从不会出现在备忘录上——备忘录是整个团队共同努力的结晶）。

高标准的益处

高标准的文化是非常值得努力营造的，带来的益处也有许多。最理所当然和显而易见的一点是，你能为用户提供更优质的产品和服务——单凭这个理由就足够了！相对不那么明显的一点是：人们会被高标准所吸引，即高标准有利于人才招募与保留。更加隐秘的一点是：对于每家公司内进行的一切虽然"隐形"但不可或缺的工作，高标准文化是能够起到保护作用的。我说的是那些没人能看得见的工作，那些在无人监督的情况下仍有人去做的工作。在高标准的文化中，将这些工作做好，本身就是一种奖励——专业人士的一部分意义，就在于此。

最后一点，一旦知道高标准的益处，就没有回头路可走了。

因此，在我们看来，高标准的四大因素就是可后天传授、针对特定领域、必须懂得辨识，以及明确指导大家对难度抱有切合实际的期望。对我们而言，这四大因素对于任何层面的细节问题都适用。小到写备忘录，大到从零开始的全新商业规划，全都包括在内。希望这些因素也能为你带来启发。

坚持最高标准

> 领导者们拥有严苛的高标准——在许多人眼里，这些标准或许高得不可理喻。
>
> ——摘自《亚马逊领导力准则》

近期的里程碑

亚马逊的领导者努力追求的高标准，已经让我们受益良多。虽然我本人完全不会倒立，但仍要非常自豪地与大家分享一些我们去年的里程碑，其中每一座都代表了大家多年协力的成果。任何一项成绩，我们都不会等闲视之。

亚马逊Prime服务：在推出13年后的今天，我们的全球付费会员已经超过了1亿人。2017年，亚马逊通过Prime服务寄出了逾50亿件商品，且无论是在全球还是美国，加入Prime服务的新成员都要比以往任何一年多。目前，美国的会员可以在购买1亿余种不同商品时享受免费两日到货服务。我们将Prime服务扩展到了墨西哥、新加坡、荷兰和卢森堡，还在美国和德国推出了亚马逊商家Prime邮寄。另外，我们还在不断努力提升Prime邮寄的速度，现在，Prime免费当日和一日到货服务已经在8000多个城镇推出。全球范围内，已有9个国家的50多个城市支持Prime及时送快递服务。2017年的Prime促销日成为我们有史以来规模最大的全球销售活动（直到后来被"网络星期一"[1]赶超），当天加入Prime的新会员，要比亚马逊历史上任何一天都多。

亚马逊云服务：作为一项年营收运转率达到200亿美元的业务，亚马逊云服务保持着稳健的增长。看到增长进一步加速，也着实令人兴奋。另外，亚马逊云服务的创新步伐也越迈越快——尤其在机器学习、人工智能、物联网，以及无服务器计算等新兴领域。2017年，亚马逊云服务发布了超过1400项重大服务及功能，其中包括机器学习模型软件SageMaker。它扭转了普通开发人员构建复杂机器学习模型过程中的可访问性和易用性。同时，数以万计的用户也在广泛使用亚马逊云服务的各种机器学习服务，由于SageMaker的普及，去年活跃用户的数量增幅超过了250%。11月，我们的第六届"关于创造"大会拉开帷幕，共有4万多人到场参加，6万多人在线进行了观看。

亚马逊电商市场：2017年，在亚马逊的全球总销量中，来自包括中小型企业的第三方卖家的销量超过了一半，这也是亚马逊历史上的第一次。2017年，30多万家来自美国的中小型企业开始在亚马逊平台销售产品，亚马逊物流中心帮助他们向全球运送了数以十亿计的产品。在2017年"Prime Day"促销日期间，消费者们从来自全球的中小型企业订购了4000多万件商品，销量比2016年同期增长了60多个百分点。我们的"全球销售计划"（能帮助

---

1 指美国感恩节后第一个星期一的电商促销日，是一年中网购的高峰。

中小商家进行跨境销售）在2017年增长超过了50%，中小商家跨境电商业务在第三方总销售额中所占的份额也已超过了25%。

Alexa：消费者们对Alexa的热情持续不减，内置Alexa功能的设备销量也在整个亚马逊平台上名列前茅。我们看到，想利用Alexa打造专属体验的其他公司和开发人员，正在努力对Alexa进行极致的开发。现在，Alexa已经拥有3万多种由外部开发人员打造的技能，用户也可以利用Alexa对1200家特色品牌的4000多种智能家居进行操控。Alexa的基础算法也变得日渐聪明。我们开发并启用了一种设备自带的声纹技术，可防止用户的设备在听到电视上播放的Alexa广告时被自动唤醒。（有了这项技术，我们在"超级碗"期间播放的Alexa广告才没把数百万台设备激活。）去年，（已经非常优秀的）远场语音识别性能得到了15%的提高；在过去的12个月里，由于Alexa机器学习组件的增强和半监督学习技术的应用，我们将美、英、德三国的Alexa口语理解能力提高了25%。（在这些半监督学习技术的帮助下，实现同样精确度改善所需的标记数据是原先的1/40！）最后，通过对机器翻译和迁移学习技术的利用，教会Alexa新语言所需的时间大幅减少，我们能为更多国家（如印度和日本）的用户提供服务。

亚马逊硬件设备：2017年是我们迄今为止硬件销售表现最佳的一年。用户们购买了数以千计的Echo设备，与Alexa搭配使用的Echo Dot扬声器和Fire电视棒，则是亚马逊全品类和全部制造商中最为热销的产品。用户们在今年冬季节假日购买的Fire电视棒和儿童版Fire平板电脑，是去年同期的两倍之多。2017年，我们还推出了音质更佳且售价更低的全新Echo音箱、内置智能家居中心的智能扬声器，以及带有圆形显示屏的精巧美观的智能闹钟Echo Spot。我们推出了搭载4K超高清及高动态光照渲染（HDR）显示屏的最新一代Fire TV，还有配备1080p全高清线视频的Fire HD10平板电脑。另外，为庆祝Kindle10周岁生日，我们还推出了一款全新的Kindle绿洲，这也是我们迄今推出的最先进的阅读器。这款阅读器具有防水性——可以带着它泡澡，配备升级为7英寸、每英寸300像素的高分辨率显示屏，内置扬声器可供用户收听亚马逊有声阅读的内容。

亚马逊Prime视频：亚马逊Prime视频继续推动Prime会员的新增与原有会员的留存。去年，我们为用户对Prime视频进行了进一步的完善，在内容中增加了频获殊荣的全新金牌原创影视内容，如斩获两项评论家选择奖和两座金球奖的剧集《了不起的麦瑟尔夫人》、荣获奥斯卡提名的影片《大病》。我们也将节目内容拓展至全球，推出了美剧《欺诈担保人》、英剧《壮游》、德剧《网络寻凶》的新季内容，同时还新添了来自日本的真人秀《战斗车》，以及来自印度的剧集《喘息》和广获好评的《边缘内幕》。同样在今年，我们也为Prime视频频道新添了内容，不仅加入了美国哥伦比亚广播公司的原创剧集，还推出了来自英、德两国的频道。我们在Prime视频进行了《美国职业橄榄球大联盟周四橄榄球夜》的首映，11场比赛共吸引了1800多万观众收看。2017年，亚马逊

Prime视频的自助发行服务获得了3000多部长篇电影的影视认购权，并为独立电影人和其他版权方支付了1800多万美元的版权费。展望前路，我们也对即将上映的金牌原创剧满怀期待，其中包括汤姆·克兰西创作、约翰·卡拉辛斯基领衔主演的《杰克·莱恩》，安东尼·霍普金斯和艾玛·汤普森主演的《李尔王》，马特·韦纳监制的《罗曼诺夫后裔》，奥兰多·布鲁姆和卡拉·迪瓦伊主演的《狂欢命案》，乔恩·哈姆领衔主演的《好兆头》，以及山姆·艾斯梅尔监制、朱丽娅·罗伯茨主演的首部剧集《归乡》。我们购入了多季电视剧《指环王》和《科尔特斯》的全球电视播放权，后者是根据埃尔南·科尔特斯传奇经历改编的迷你剧集，由史蒂芬·斯皮尔伯格担任监制，哈维尔·巴登领衔主演，我们非常期待在今年开启这些剧集的制作。

亚马逊音乐：亚马逊音乐保持了快速的发展势头，现已拥有数千万付费用户。2017年，按需点播且去除广告的亚马逊音乐无限服务扩张到了30多个新国家，其会员数量在过去6个月中实现了超过1倍的增长。

时装：亚马逊已经成为数千万消费者购买时装的目的地。2017年，我们推出了亚马逊第一项时尚类Prime服务福利——Prime衣橱。这项新服务等同于能将试衣间直接搬到Prime会员的家中，让他们在购买最新款潮流服饰之前先进行试穿。我们在亚马逊网站上推出了耐克和UGG品牌及其与德鲁·巴里摩尔和德怀恩·韦德等名人的联名款，同时推出的还有Goodthreads和Core10

等几十种全新个人品牌。除此之外，我们还继续为成千上万的设计师和艺术家打造平台，供他们通过亚马逊个性衣饰来按需销售独家设计和艺术作品。我们与CK携手推出了互动式购物体验，包括快闪商店、现场产品个性化服务、配备Alexa控制的灯光和音乐的试衣间等诸多亮点，为2017年完美收官。

全食超市：去年完成对全食超市的收购时，我们宣布了致力于为所有人提供高品质天然有机食物的决心，并立即对精选热销的大众食品进行了降价，包括鳄梨、有机红壳鸡蛋和环保养殖的鲑鱼。在此之后，我们又在去年11月展开了第二轮降价，Prime会员专享的优惠活动则打破了全食超市有史以来在感恩节期间的火鸡销售纪录。到了2月份，我们在部分城市为订单超过35美元的Prime会员提供了免费的两小时内到货服务，在随后的3月和4月新增了活动城市，并计划在今年将此福利继续推广至全美。另外，我们也对亚马逊Prime回馈信用卡的福利进行了拓展，为在全食超市购物的Prime会员退返5%的金额。除此之外，用户们可以在亚马逊网站上购买"365天天超值"等全食自有品牌的产品，在100多家全食超市购买Echo音箱，还可以从数百家全食超市门店里的亚马逊储物柜提取或退换亚马逊包裹。另外，我们也开始在销售点着手识别Prime会员所需的技术工作，以期在完成这些工作后为全食超市的消费者们提供更多Prime服务福利。

亚马逊无人超市：亚马逊无人超市是无须在结账处进行支付的全新便利店，在1月于西雅图面向公众开放。自开放以来，我们便经常兴奋地听到用户用"神奇"一词来形容他们的购物体验。而这一"奇迹",便是计算机视觉、传感器融合以及深度学习技术的个性化组合结果,三者的结合使得无结账购物模式成为可能。用户可以通过比以往任何时候都更加便捷的方式,随心挑选自己最爱的早餐、午餐、晚餐、零食及生活必备品。我们推出的一些最为热销的产品并不出人意料——含咖啡因的饮料和饮用水都很受欢迎,但是除此之外,用户也对越式鸡肉三明治、巧克力曲奇、鲜切水果、小熊软糖和我们的亚马逊半成品套餐包情有独钟。

宝藏卡车:刚刚起步时,亚马逊宝藏卡车只在西雅图拥有一辆卡车,如今,这项服务已经发展为一支由35辆卡车组成的车队,覆盖了25个美国城市和12个英国城市。这种能吹泡泡、播音乐的卡车已经完成了数千订单的配送,从丁骨牛排到任天堂推出的最新款游戏机,应有尽有。在2017年,宝藏卡车还与本地社区达成合作,为患难中的人们加油鼓劲儿、提供帮助。比如,针对因受飓风哈维影响而被迫离家的人们、无家可归的民众,以及需要节日关怀的孩子等需要救助的社区成员,宝藏卡车已经捐赠和运送了数百张汽车儿童安全座椅、数千件玩具、数万双袜子等诸多生活必需品。

印度:根据互联网统计公司ComScore和SimilarWeb的数据,亚马逊印度已经成为印度发展最快的电商,也是PC端和移动端访问量最大的网站。同时，安亿致用[1]的数据显示，亚马逊印度的移动端购物应用也是2017年印度下载量最高的购物应用软件。在印度推出的首年，Prime服务在该国的新增会员数便超过了亚马逊历史上的任何国家。目前，Prime服务在印度涵盖了来自第三方卖家的超过4000万款当地产品。另外，Prime视频也正在印度进行大规模的原创影视内容投资，包括两部刚刚首映的影视剧，以及正在制作的十几部新剧集。

可持续发展：我们致力于通过优化运输网络、改进产品包装及提高运营中的能源效率，最大限度地减少碳排放。我们的长期目标，是100%利用可再生能源为我们全球的基础设施供能。亚马逊得州风力发电厂在近期启用，这是我们迄今最大的风电场，每年都会通过100多台涡轮机产生100多万兆瓦的清洁能源。我们计划到2020年将太阳能系统覆盖至50家物流中心，并已于全美各地启动了24个风能和太阳能可再生能源项目，未来还有29个项目等待启用。目前，亚马逊的所有可再生能源项目每年产生的清洁能源，已足以为33万多户家庭供能。2017年，我们庆贺了轻松拆包装的10周年纪念日，这是我们可持续发展系列包装中的第一款，已在过去10年间节省了24.4万吨的包装材料。除此之外，仅仅2017年一年，此计划就显著减少了包装材料费，节省了相当于3.05亿个包装箱的材料。在全世界范围内，亚马逊也正在与我们的服务提供商签署合同，启用我们的第一支低污染送货上门车队。

---

[1] App Annie，第三方市场调研公司。

目前，我们的部分欧洲运输车队已由低污染电动和天然气厢式货车和小汽车组成，还有40多辆电动滑板车和电动载货自行车在本地市区进行配送。

为小企业赋能：现在，数百万来自全球各地的中小型企业都在通过亚马逊销售产品，从而与全球各地的新用户建立联系。这些在亚马逊上销售产品的中小企业不仅来自美国各州，也来自全球130多个国家。2017年，在亚马逊的销售额超过10万美元的中小型企业有14万家之多，还有1000多名独立作家通过Kindle自助出版服务收获了超过10万美元的版税。

投资与就业创造：自2011年以来，我们已在全球范围内投资超过1500亿美元，用于物流网络、运输能力和技术基础架构（包括亚马逊云服务数据中心）。亚马逊在世界各地直接和间接创造了超过170万个工作岗位。仅2017年，我们就直接在亚马逊创造了超过13万份工作，其中不包括通过收购而来的岗位。现在，我们的全球员工数量已经超过了56万。这些新的工作岗位广泛覆盖多个领域，从人工智能科学家、包装专业人士到物流中心的伙伴们，全都包括在内。除了这些直接雇用岗位之外，据我们估算，亚马逊电商市场已在全球创造了90万个工作岗位，且亚马逊的投资在建筑、物流和其他专业服务领域也创造了26万个工作岗位。

亚马逊职业选择：这是我们非常引以为傲的员工协助计划。对于在亚马逊工作时间超过一年的时薪伙伴，我们会预先支付95%的学费、杂费及教科书费用（高达1.2万美元），供他们在飞机机械、计算机辅助设计、机床技术、医学实验室技术和护理等高需求领域考取证书。无论这些技能与亚马逊的职业是否相关，我们都会对这些高需求领域的教育提供资助。自2012年推出以来，全球已有1.6万伙伴（其中有1.2万人来自美国）加入了职业选择计划。亚马逊职业选择计划已在10个国家启动，并会在今年晚些时候拓展至南非、哥斯达黎加、斯洛伐克。商用卡车驾驶、医疗服务和信息技术是该计划中人气最高的研究领域。到目前为止，我们已经建造了39个职业选择培训教室，这些教室被安置在物流中心人流密集区域的玻璃幕墙后，让其他伙伴因看到同事们在努力学习新技能而受到启发和鼓舞。

这些里程碑的功劳与荣誉，应由千千万万人共同分享。铸就亚马逊的是56万名员工、200万名卖家、数十万名作者、数百万名亚马逊云服务开发人员，以及全球数以亿计永不餍足的可爱的消费者，是他们推动我们与日俱进。

展望前路

今年，标志着我们第一封股东信发表的第20个年头，而我们的核心价值及方针从未改变。我们一如既往地立志成为世界上最以用户为中心的公司，也明白这绝不是个微不足道或轻而易举的挑战。我们知道能够改进的地方尚有很多，也因前路上的万千挑战与机遇而倍感振奋。

非常感谢每一位用户给予我们提供服务的机会；非常感谢我们的股东的支持；也非常感谢世界各地的亚马逊人，感谢你们的智慧、热情及设定的高标准。

今天，仍是第一天。

2018 年

直觉、好奇心以及畅想的力量

过去的 20 年间,出现了一个令人称奇的趋势。来看看这些数据:

1999 年:3%

2000 年:3%

2001 年:6%

2002 年:17%

2003 年:22%

2004 年:25%

2005 年:28%

2006 年:28%

2007 年:29%

2008 年:30%

2009 年:31%

2010 年:34%

2011 年:38%

2012年：42%

2013年：46%

2014年：49%

2015年：51%

2016年：54%

2017年：56%

2018年：58%

在亚马逊，第三方卖家主要由中小型商家构成。这些百分比代表的是第三方卖家完成的销售额在亚马逊实体产品成交总额中所占的比例，与其相对的，便是亚马逊零售的自营总销售额。第三方卖家的销售额，从总额的3%攀升到了58%，直截了当地说：第三方卖家不仅让我们的自营业务吃了败仗，还把我们打得满地找牙。

话说回来，打败亚马逊自营业务并非易事，因为我们的业务在此期间的涨势也很惊人：从1999年的16亿美元跃至去年的1170亿美元。在此期间，我们的自营业务的复合年增长率达到了25%。但与此同时，第三方卖家的销售额却从1000万美元增长到了1600亿美元——年复合增长率达到了52%。我们来参照一个外部对照标准：易趣网[1]的商品成交总额从28亿美元增至950亿美元，同期增长率为20%。

---

1 英文为eBay，电商网站。

为何独立卖家在亚马逊上的销售要比易趣网红火得多？独立卖家的增长又为何能比亚马逊组织严密的自营销售机构快如此之多？答案有很多，但我们对其中至关重要的一点深信不疑：通过对我们能够想象和打造的最佳销售工具进行投资并提供给独立卖家，我们其实是在协助他们与亚马逊的自营业务一争高下。这样的工具不胜枚举，包括帮助卖家们管理库存、处理付款、跟踪发货、创建报告和进行跨境销售，除此之外，我们每年都在研发更多的工具。然而，其中意义重大的两个项目，便是亚马逊物流中心和Prime会员。二者的结合，有力地改善了通过独立卖家进行购买的用户体验。鉴于这两个项目现已取得的傲人成绩，今天的大多数人很难完全理解它们在推出之始有多么冒险。我们对二者进行投资时不仅顶着巨大的财务风险，且经历了大量的内部辩论。随着时间的推移，由于对不同想法和迭代的尝试，我们不得不继续往里注入巨额资金。我们无法准确预见这些项目最终成形的样子，而能否成功就更无从推测了，但是，我们仍然凭借着直觉和热情将二者向前推动，并以乐观主义加以灌溉。

直觉、好奇心以及畅想的力量

亚马逊成立伊始，我们就知道自己致力于打造一种创造者的文化。所谓创造者，就是那些充满好奇的探索者。他们热爱创造发明，就算已是专家，也仍抱持着纯粹的初心。在他们的眼中，现在用于处理事物的方式只是当下的一时之策。创造者的心态帮助我们在面对难以攻破的重大机遇时心怀谦卑的信念,坚信成功必能通过迭代实现:发明—启动—再发明—再启动,然后再来一遍,周而复始,层层深入。他们知道,通往成功的道路绝非一帆风顺。

在商业中,有的时候(其实是很多时候),你对前进的方向是很清楚的,这时你的效率就可能很高。只需制订计划,然后执行便可。与之相反,在商业中,畅想则是低效之举,但与此同时,这种做法也并非毫无益处。畅想受到预感、直观、直觉、好奇心的引导,也受到一种深刻信念的驱动,即坚信此举会为用户带来巨大的收益,就算摸索的过程中偶尔迷惘和离题,也是值得的。畅想是对抗高效的一个必不可缺的制衡。二者缺一不可。许多重量级、"非直观"的发现,都需要一番畅想才能得出。

亚马逊云服务的数百万用户,涵盖了初创公司、大型企业、政府机构和非营利组织,每一家都希望为自己的终端用户带来更好的解决方案。我们倾注了大量的时间,用来思考这些机构组织希望得到什么,及其内部的开发人员、开发经理、运营经理、首席信息官、首席数字官、首席信息安全官等想要什么。

我们在亚马逊云计算构建的大部分内容,都建立在聆听用户的基础上。询问用户想要什么,细心聆听他们的回答,制订出周密而迅速(在商业中,速度举足轻重!)满足这些需求的计划,是至关重要的。少了这种对用户的痴迷,任何公司都无法实现卓越的发展。但是，仅有这些是不够的。最能产生影响力的，恰恰是用户们尚未提出的要求。我们必须从他们的利益出发进行发明创造。想要探索可能性，我们就必须发挥自己的想象力。

从整体来说，亚马逊云服务就是一个范例。没有人提出过对于这项服务的需求，从来没有。但事实证明，这个世界其实已经做好准备，也渴望迎接这项服务，只是他们自己还没有意识到。我们对此有所预感，于是承担了必要的财务风险，然后动手创造，并在过程中进行了无数次的修改、实验及迭代。

在亚马逊云服务中，同样的模式也反复出现了多次。举例来说，亚马逊云数据库是我们的发明之一，这个具有高扩展、低延时的键值数据库，现已被数千亚马逊云服务用户使用。在聆听用户心声时，我们得到的明确信息是：几十年来，许多公司觉得在商业数据库选项上被束缚住了手脚，一直对自己的数据库提供商心怀不满——他们提供的服务价格昂贵、封闭，还附带高度套牢和苛刻的授权条款。我们花了几年的时间，组建起自己的亚马逊Aurora数据库引擎。这项兼容MySQL和PostgreSQL的完全托管式服务，具有与商业级引擎持平或更优的持久性和可用性，成本却只有其1/10。这个数据库引擎的成功，并不在我们的意料之外。

对于针对专门工作负载的专业数据库，我们也同样看好。在过去的20到30年间，许多公司都使用关系数据库来运行大部分的工作负载。开发人员对于关系数据库的广泛熟知，使得这一技术成了必选，即便在技术存在缺陷的情况下也只能这样选择。缺陷虽然存在,但数据集通常足够小,且可接受的查询延迟时间足够长,仍能够勉强使用。现在,许多应用程序都需要大量数据(TB和PB量级)实时存取。另外,应用程序的需求也出现了变化。当代的应用程序正驱动着对于低延迟、实时处理和每秒处理数百万请求能力的需求。这些需求不仅包括了亚马逊云数据库DynamoDB这样的键值存储,还包括诸如亚马逊云缓存的内存数据库、亚马逊时间序列数据库,以及亚马逊量子分类账数据库这样的分类账解决方案——将适当的工具运用在适当的业务上,不但能够节省资金,还能将产品更快地推向市场。

另外,我们也在协助各家公司对机器学习的优势加以利用。我们已经在此领域进行了长时间的耕耘,并且和其他重大进程一样,最初试图将亚马逊早期内部机器学习工具推向外部的尝试遭遇了失败。经历了数年的畅想,即试验、迭代、改进及通过用户获取宝贵洞见,我们才最终找到了18个月前刚刚推出的SageMaker软件。这款软件将机器学习过程每一步中的繁重工作、复杂因素和猜测环节悉数剔除,从而将人工智能推向大众。今天,已有数以千计的用户利用SageMaker在亚马逊云服务平台上构建机器学习模型。我们继续致力于这款软件的改善,包括给它引入全新的强化学习技术。强化学习是机器学习的一种方法,它有一条陡峭的学习曲线并需要许多不停变化的组件提供支持,这导致只有为数不多的大公司才能完全理解并应用起来,但这一切都已成为历史。如果没有充满好奇心的文化和从用户利益出发尝试新事物的意愿，上述成就便无从实现。用户也对我们以用户为中心的畅想和聆听做出了反应——现在，亚马逊云计算已经成了一项年营收运转率达300亿美元的业务，且仍在高速发展之中。

想象不可能

当今，亚马逊仍是全球零售业中的一位小玩家。我们在零售市场中占的百分比只是一个较小的个位数，在亚马逊业务所及的每一个国家，都有比我们庞大许多的零售商。这在很大程度上是因为近90%的零售仍是在线下的实体门店进行的。多年以来，我们都在思考如何服务实体店的消费者，但还是认为需要先发明出能在这种环境下为消费者真正带来惊喜的东西才行。对于亚马逊无人超市，我们有一个清晰的愿景。我们要把实体零售中最糟糕的环节剔除掉——排队付款。没有人喜欢站在队里等候。于是，我们便想象出了一种用户可以走进来挑选想要的东西，然后直接离开的商店。

走到这一步的过程举步维艰，涉及的技术非常复杂，需要来自全球各地数百名机智而敬业的计算机科学家和工程师的汗水共同铸就。我们不仅要设计、建造自己的专用相机和货架，还要发明全新的计算机视觉算法，包括将数百台联动相机的图像拼接在一起的功能。另外，我们的做法必须天衣无缝，使科技融于背景之中，让人无从察觉。来自用户的反馈便是对我们的奖励，他们用"神奇"一词来描述那里的购物体验。现在，我们已在芝加哥、旧金山和西雅图开设了10家门店，对未来更是满怀激情。

失败也需要扩展

随着公司的发展，一切都需要扩展，你那些失败的实验也涵盖在内。如果失败的规模没有扩大，你的创造发明也不可能具有实质性的影响力。如果我们偶尔遇到数十亿美元的失败，那就证明实验的规模与亚马逊公司的规模是相匹配的。毋庸赘言，对于这样的实验，我们不会鲁莽尝试。我们会尽力确保这种赌注值得一试，但是，并非所有值得下的赌注最终都能带来回报。承担这种大规模的风险，是作为一家大型公司的亚马逊能为用户和社会提供的服务的一部分。对于股东而言，好消息是一次大规模的成功下注不仅足以弥补多次失败带来的损失，而且还有盈余。

Fire Phone智能手机和Echo智能音箱的开发大约同时起步。虽然Fire Phone遭遇了滑铁卢，但我们得以汲取教训（并集结开发人员），加快了Echo和Alexa的构建工作。对于Echo和Alexa的构思，来源于《星际迷航》中的计算机。这个创意也源于我们多年来一直在搭建和畅想的两个领域：机器学习和云服务。从亚马逊创立之初，机器学习就一直是我们产品推荐中不可或缺的一部分，而亚马逊云服务则让我们近距离见证了云的威力。经过多年开发，Echo于2014年问世，并由驻于亚马逊云服务中的Alexa提供支持。

没有用户提出过对Echo的需求，这款产品完全是我们畅想的产物。市场调研也没有什么用处。如果你在2013年找到一位用户，说："有一个永不关机的黑色圆筒设备，大小和品客薯片罐差不多，可以帮你开灯和播放音乐，你也可以与之交谈或向它提问，你想不想放在厨房里？"我敢保证，对方会疑惑地看着你，回答"不想"。

自第一代Echo问世以来，用户们已经购买了超过1亿台受Alexa支持的设备。去年，我们将Alexa理解请求和回答问题的能力提高了20多个百分点，同时也添加了数十亿条事实信息，使Alexa比以往更加博学多才。开发人员将Alexa的技能翻了1倍，达到了8万多项，而与2017年相比，用户们在2018年与Alexa的交谈增加了数百亿次。2018年，内置Alexa的设备数量也增加了1倍之多。目前，内置Alexa的各种设备已经超过150款，从耳机、个人电脑、汽车到智能家用设备，应有尽有，后续还将有更多的设备精彩亮相。

在结束这封信之前，我还要提一件事。就如我在20多年前的第一封致股东信中所说的，我们的重点，是招聘和留住那些有主人翁意识、多才多艺、天赋异禀的员工。想要实现这一目标，我们则应对员工进行投资，就如对待亚马逊的许多其他事物一样，在摸索前进的道路时，我们靠的不仅是理性分析，还有直觉和热情。

去年，我们将全美范围内所有全职、兼职、临时和季节性员工的最低工资提高至每小时15美元。此次提薪不仅惠及超过25万名亚马逊员工，也使得去年冬季节假日在美国各地的亚马逊网点工作的逾10万名季节性员工受益。我们坚信，为员工投资的举措对我们的业务是有利的。但是，这个决策背后的驱动力并不在此。一直以来，我们提供的薪资都很有竞争力。但是我们认为做出表率的时刻到了，也就是说，是时候在有竞争力的薪资基础上更进一步了。之所以这样做，是因为这是遵从本心的举措。

今天，我要向我们最大的零售商竞争对手们发出挑战（对，说的就是你！），希望你们追平我们的员工福利和15美元的最低时薪。勇敢去做吧！干脆涨到16美元，反过来给我们下战书才好呢！这是一种能使所有人从中受益的竞争。

我们为员工推出的许多其他计划，也是头脑与心灵共同筹划的产物。我曾经为大家介绍过亚马逊的职业选择计划，该计划为我们的员工支付高达95%的学费、杂费，供他们在相关领域考取证书或文凭，从而在高需求领域获得一份新工作，即便这会让他们从亚马逊离开。目前，已有1.6万名员工从这项计划中受益，且人数仍在不断增长之中。与此类似，我们的职业技能计划则为我们领取时薪的伙伴传授简历写作、有效沟通及计算机基础知识等重要工作技能。去年10月，为对这些承诺进行进一步延伸，我们签署了总统的《对美国工人承诺书》（*Pledge to America's Workers*），并宣布将通过一系列创新培训计划提升5万名美国员工的技能。

我们的投资并不限于现有员工，甚至不只着眼于当下。为了培养未来的劳动力，我们已经承诺，将通过5000万美元的经费及最近官宣的亚马逊未来工程师计划，来支持全美中小学和大学的科学、技术、工程、数学（STEM）及计算机（CS）教育事业，并重点吸引更多女性和少数族裔进入这些专业领域。另外，我们也将继续发掘美国退伍军人的宝贵才能。我们正坚定不移地朝着在2021年前雇用2.5万名退伍军人及军人配偶的承诺迈进。通过亚马逊技术退伍军人学徒计划，我们正在云计算等领域为退伍军人提供在职培训。

非常感谢我们的用户，感谢给予我们为你们提供服务的机会，也感谢你们一如既往的鞭策，使我们做得更好；非常感谢我们的股东，感谢你们始终如一的支持；也非常感谢世界各地的亚马逊人，感谢你们的辛勤工作和开拓精神。亚马逊上上下下的团队都在聆听用户心声，并从他们的利益出发，任想象驰骋。

今天，仍是第一天。

2019 年

"善"用规模

致我们的股东：

这次新冠疫情让我们认识到的一点，便是亚马逊在用户心中的地位已变得多么重要。我们向大家保证，我们对这一责任非常重视，也为团队帮助用户度过这段艰难时期所付出的努力感到自豪。

为了将必需的物资直接送达需求者的家门口，亚马逊人正在通宵达旦地辛勤工作。据我们观察，人们对必需品的需求正处于居高不下的状态。但是，不同于可预见的节假日消费急升，这次激增来得几乎毫无预警，也给我们的供应商和交付网络带来了巨大的挑战。很快，我们便将家庭日常必需品、医疗用品，以及其他关键物品的备货和配送摆在了首位。

我们的全食超市门店继续保持开放，为用户们提供新鲜食品和其他必不可少的商品。我们正在采取措施，将全食超市每天开门营业的第一个小时专门留给老年人，为最易受病毒侵害的用户提供便利。我们暂时关闭了亚马逊实体书店、亚马逊四星商店和亚马逊快闪店，因为这些门店出售的不是必需品。对于这些已关闭门店的伙伴，我们提供了在亚马逊其他领域继续工作的机会。

在提供这些基本服务的同时，我们也专注于亚马逊全球各地的员工及承包商的安全，这一点至关重要——我们对他们不畏艰难的付出深怀感恩，也致力于保护他们的身心健康。通过密切征求医疗专家和卫生部门的意见，我们已对运营网络和全食超市实施了150多项重大流程改革，以帮助团队人员保持身体健康，对于实施的改革措施，我们也会进行日常检查。我们已在全球各地的亚马逊网点发放了口罩并实施体温检测，以保护员工并为合作商家提供支持。我们对门把手、楼梯扶手、储物柜、电梯按钮和触摸屏进行定期消毒，在亚马逊的所有网点中，消毒湿巾和洗手液已经成为标配。

另外，我们还广泛引入保持社交距离的措施，更加悉心地保护我们的伙伴。我们取消了轮班期间的短会，转用公告牌进行信息共享，并错开休息时间，将休息室的椅子分散摆放。新的社交距离要求虽然增加了新员工的培训难度，但我们仍确保每位新员工都能接受6小时的安全培训。我们对培训条款做出改动，避免员工们在同一地点聚集。另外，我们也顾及社交距离，对招聘方式进行了调整。

保护员工的下一步措施，或许是对所有的亚马逊人进行定期检测，包括那些没有表现出感染症状的员工。在全球各行业进行定期检测，不仅有助于保障人们的安全，也有助于恢复经济的运行。想要实现这一点，整个社会必须具备远超当前的检测能力。

如果人人都能定期接受检测，便会对我们抵御这种病毒的方式产生重大影响：那些检测呈阳性的病人能够接受隔离和治疗，而所有检测呈阴性的人则可以坦然地重新回到经济体系之中。

我们已经着手相关工作，对测试能力进行渐进提升。一个由亚马逊人组成的团队（包括科学研究员、项目经理、采购专家和软件工程师）已经离开自己的日常岗位，转而为这一方案贡献力量。我们已经开始建造第一座实验室所需的仪器，希望很快就能为服务一线的少数员工提供测试。我们不确定能在与此相对的时间范围内取得多少成果，但仍认为这值得一试，我们也做好了准备，随时将学到的知识与大家悉数分享。

在探索长期解决方案的同时，我们也同样致力于当下为员工提供支持和帮助。截至4月底，我们将亚马逊美国的最低时薪提高了2美元，将亚马逊加拿大的最低时薪提高了2加元，将亚马逊英国的最低时薪提高了2英镑，也在许多欧洲国家将最低时薪提高了2欧元。我们还为伙伴们提供了正常工资2倍的加班费，即每小时最低34美元，而之前的加班费则是正常工资的1.5倍。仅在4月底前，这些提薪举措就使公司的成本增加了5亿多美元，随着时间的推移，这个数字很可能还会攀升。我们虽然认识到这笔花费不菲，但也认为这是当前情况下正确的选择。另外，我们还设立了"亚马逊救助基金"——启动资金为2500万美元，以支持我们的独立配送服务合作伙伴及其司机、"亚马逊兼职灵活配送"的参与者及经济困难的临时员工。

3月份，我们在亚马逊物流中心和配送网络开设了10万个新的工作岗位。本周早些时候，我们又宣布即将创造7.5万个工作岗位，以响应用户的需求。这些新岗位为那些依靠我们满足迫切需求的用户提供了帮助。我们知道，世界各地有很多人都因失业或停职遭受了经济损失。在一切恢复正常之前，我们很乐意让他们加入我们的团队，未来，前雇主或许会让他们重回岗位，抑或会有新的工作机会出现在他们面前。乔·达菲就是加入我们团队的人才之一，他原是纽瓦克机场的机械师，失业后从担任亚马逊运营分析师的朋友那里得知了亚马逊的职位空缺信息。来自达拉斯的幼教达比·格里芬所在的幼儿园于3月9日停课，在那之后，她加入了亚马逊，并协助新库存的管理工作。在达比重返讲台之前，我们很愿意让她成为团队的一员。

为保护我们的用户免受在这场危机中趁火打劫者之害，亚马逊正在采取积极的行动。由于新冠疫情相关商品的物价哄抬，我们已经从亚马逊商店中移除了50万次出价，也对全球6000个违反我们公平定价政策的卖家账号实施了停用。我们将疑似涉及疫情相关商品哄抬物价的卖家信息提供给了42个州检察长办公室。为了加快对哄抬物价事件的反应速度，我们为州检察长开通了一个特殊沟通渠道，以便迅速将用户投诉传递。

亚马逊云服务也在这场危机中扮演着重要角色。在这种情况下，无论是用于不可或缺的卫生保健工作、帮助学生继续学习，还是确保人数空前的在家员工在线且保持高效工作，各组织机构获取可扩展、稳定可靠且高安全性的计算能力的途径都是至关重要的。医疗网络、制药公司和研究实验室都在使用亚马逊云服务，以治疗病患、探索治疗方案并通过各种途径缓解新冠的影响。全球各地的学术机构正在从线下教室向虚拟教室过渡，并通过亚马逊云服务不间断地学习。各国政府也正在利用这一安全稳定的平台，为终止这场疫情的工作增添新的技能。

我们正在与世界卫生组织合作，提供先进的云技术和专业技术来跟踪病毒、了解疫情暴发并更好地遏制病毒的传播。世界卫生组织正在利用我们的云技术构建大规模的数据池，汇总各国流行病学数据，将医疗培训视频快速译为不同语言，并协助全球医护人员为患者提供更好的治疗。我们正在单独设立一个公开的亚马逊云服务新冠疫情数据池，作为存储与病毒及其相关疾病传播和特征最新信息的集中数据库，以供专家对抗争病毒过程中所获得的最新数据做出分析。

另外，我们也启动了亚马逊云服务诊断开发计划，该计划旨在支持那些致力于为市场提供更准确的新冠诊断解决方案的用户。更加准确的诊断，有助于加速这种流行病的治疗和抑制。为了加速这项工作，以及帮助我们的用户利用云服务应对这次挑战，我们已经投入了2000万美元。虽然该计划的设立旨在应对新冠病毒，但我们同时也会放眼未来，对可能遏制未来传染病暴发的诊断研究项目进行资助。

利用云服务，世界各地的用户对服务进行了扩展，并设立了对于新冠病毒的响应机制。我们加入了纽约市"新冠病毒快速反应联盟"，共同为处于高危环境及年龄较长的纽约人开发一种聊天机器人，让他们能准确、及时地收到有关医疗和其他重要需求的信息。为响应洛杉矶联合学区提出的将70万名学生过渡至远程学习平台的需求，亚马逊云服务协助建立了一个呼叫中心，解答信息技术问题、提供远程支持并安排员工接听电话。我们正在为美国疾病控制中心提供云服务，帮助数以千计的公共卫生从业者和临床医生搜集新冠相关数据，并为响应工作提供信息。在英国，亚马逊云服务为一个项目提供了云计算基础架构，该项目旨在对医院入住率和病人等待时间进行分析，以协助国家医疗服务体系确定最佳资源分配途径。在加拿大，作为世界上最大的虚拟医疗网络之一的安大略远程医疗网络，正在对由亚马逊云支持的视频服务进行扩展，以满足4000%激增的需求，在疫情继续蔓延的情况下为公民提供支持。在巴西，亚马逊云计算将会为圣保罗州政府提供云计算基础架构，以确保全州公立学校的100万名学生参与在线课程。

为响应美国疾控中心的指导，我们的Alexa医疗团队打造了一种全新体验，让美国用户在家检测自己的新冠风险等级。用户可以问"Alexa，如果我觉得自己得了新冠，该怎么办？"或"Alexa，如果我觉得自己携带新冠病毒，该怎么办？"然后，Alexa会就这位用户的症状和接触病毒的可能性提出一系列问题。

根据对方的回应，Alexa便可提供来自疾控中心的指导信息。根据日本厚生劳动省的指导信息，我们也在日本打造了一项类似的服务。

另外，用户利用亚马逊官网或Alexa能直接为处于新冠疫情一线的慈善机构捐款，其中包括美国消灭饥饿组织、美国红十字会及救助儿童会。Echo用户可以选择发出"Alexa，给消灭饥饿组织的新冠响应基金捐款"的指令。在西雅图，我们与一家餐饮服务企业合作，在疫情暴发期间为西雅图市和金县的2700名老人、医学弱势群体分发了7.3万份快餐。另外，我们还捐赠了8200台笔记本电脑，供西雅图公立学校的学生们在网课中使用。

疫情之外

虽然我们正在经历一段艰苦卓绝的历程，但这也是一次意义重大的提醒：我们的行动可以对人们的生活产生巨大的影响。用户依靠我们提供支持，而我们也乐于贡献力量。凭借自身规模和快速创新的能力，亚马逊能够发挥积极的影响，成为推动进步的领头力量。

去年，我们与《联合国气候变化框架公约》的前执行秘书、全球乐观主义集团创始人克里斯蒂娜·菲格雷斯联合发起了签署《气候宣言》的倡议。亚马逊成为该倡议的第一个签署者，并承诺将提前10年实现《巴黎协定》的目标，在2040年前实现净零碳排放。为实现这一目标，亚马逊面临着巨大的挑战，因为我们并不仅仅是信息的传递者，而是每年全球交付100亿件商品的庞大实体基础设施的拥有者。我们相信，如果亚马逊能够提前实现净零碳排放，那么任何公司都可以做到——我们希望与所有公司携手，共同实现这一目标。

为此，我们正在动员其他公司共同签署《气候宣言》。签署方同意定期测量和报告温室气体的排放情况，根据《巴黎协定》实施脱碳战略，并在2040年前实现年度净零碳排放。（我们很快就会公布新的签署方信息。）

履行承诺的措施之一是，我们计划从密歇根电动车企业里维安购买10万辆厢式电动送货车。亚马逊计划最早于2022年让1万辆里维安新款电动送货车上路，并在2030年之前确保10万辆送货车全部上路。此举不仅有利于环境，而且前景不可估量。这种投资向市场发出了信号，启发大家创造和开发大型跨国企业向低碳经济转型所需的新技术。

另外，我们还致力于在2024年前使可再生能源使用率达到80%，并于2030年前将该使用率提升至100%。（实际上，我们的团队正在快马加鞭地争取在2025年前实现100%的目标，并为成功达成制订了一个富有挑战但又切实可靠的计划。）从全球来看，亚马逊拥有86个太阳能和风能项目，拥有超过2300兆瓦的发电能力，每年提供超过630万兆瓦时的能源，足以为58万户美国家庭供电。

在减少包装垃圾方面，我们也取得了重大的进展。10多年前，我们提出了轻松拆包装计划，以鼓励生产商在包装产品时使用便于拆开的100%可回收材料，不必附加装运箱便可直接邮寄给用户。自2008年以来，该计划已经节省了81万吨的包装材料，并减少了14亿个装运箱的使用。

从本质上来说，在线购物已经比到店购物更具碳效率，尽管如此，我们仍在继续进行这些重大投资，以推动我们的碳足迹下降至零。亚马逊的可持续发展专家已经花费了三年多的时间，为测量我们的碳足迹开发模型、工具和衡量指标。根据他们的详细分析，网上购物所产生的碳排放一向低于用户开车去商店，因为平均来说，货车送一次货，便能抵消大约100次用户自驾往返车程。我们的科学家开发了一个模型，对比了在线订购全食超市杂货与开车到最近的全食超市门店采购的碳强度。研究发现，从购物篮件数[1]平均值来看，与到店购物相比，在线杂货配送每件商品所产生的碳排放量平均要低43%。在购物篮件数较小的情况下，在线购物节省的碳排放甚至更多。

与传统的机构内数据中心相比，亚马逊云服务从本质而言更加高效。这主要有两个原因——一是利用率更高，二是我们的服务器和设施要比大多数公司自营的数据中心更加高效。一般的单一公司数据中心服务器的利用率约为18%，需要多余的容量来应对激增的使用量。亚马逊云服务受益于多租户使用模式，运行时的服务器利用率也要高出很多。除此之外，亚马逊云服务在提升

---

[1] 购物篮系数是指单次采购中销售的商品数。

其设备和配置的能效上也非常成功,比如在某些数据中心使用更高效的蒸发冷却技术,而不使用传统的空调制冷。纽约科技产业研究机构451 Research发现,与接受调查的美国企业数据中心的中值相比,亚马逊云服务基础架构的能源效率要高出3.6倍。加之我们对可再生能源的使用,这些因素使得亚马逊云服务以比传统数据中心低88%的碳足迹完成了同样的任务。不要认为我们对剩下的12%不以为意——通过对更多可再生能源项目进行投资,我们一定会让亚马逊云服务实现100%的零碳排放。

利用规模行善

在过去10年中,没有一家公司像亚马逊一样创造出如此多的工作岗位。亚马逊在全球直接雇用的员工为84万人,其中美国员工为59万,欧洲员工为11.5万,亚洲员工为9.5万。总体来看,亚马逊在美国通过直接或间接途径维持着200万份工作,包括在建筑、物流和专业服务领域所投资创造的逾68万份工作,以及在亚马逊平台上进行销售的中小企业所创造的83万份工作。从全球来看,我们提供了近400万份工作。这些工作中包括许多入门级岗位,为人们提供了大量的机会,对此,我们倍感自豪。

另外,亚马逊的工作还提供了领先业界的15美元最低时薪及综合福利。有4000多万美国人的收入都要低于薪酬最低的亚马逊伙伴,而前者之中,很多人的薪资只维持在7.25美元的美联邦最低时薪标准。当我们在2018年将最低入职时薪提至15美元时，该举措对亚马逊物流中心工作的数十万人员产生了立竿见影的效果且意义重大。我们希望其他大型工作单位也能提高最低时薪，加入我们的行列。另外，我们也仍在一如既往地坚持游说，争取将联邦最低时薪提至15美元。

我们也希望通过超越薪资之外的途径改善员工们的生活。亚马逊为每位全职员工提供健康保险、401（k）退休福利计划、20周带薪产假，以及其他福利。这些福利与亚马逊资深高管享受的福利毫无差别。鉴于美国经济瞬息万变，我们比以往任何时候都更清楚地看到，员工们需要不断提升自己的技能，以跟上科技的发展。之所以花费7亿美元为10多万亚马逊人提供培训项目，原因就在于此。这些培训项目就在他们的工作地开展，涉及医疗保健、云计算和机器学习等高需求领域。自2012年以来，我们便一直在为希望进入高需求领域的伙伴提供"职业选择"这一学费预支项目。亚马逊会支付高达95%的学费、杂费，供伙伴们在相关领域考取证书或文凭，从而提高他们在高需求领域的就业机会。自推出以来，已经有2.5万亚马逊人在高需求职业领域中接受了培训。

为了确保我们的后代具备在科技驱动的经济中茁壮成长所需的技能，我们去年启动了一个名为"亚马逊未来工程师"的项目，旨在为低收入和弱势年轻人提供教育和培训，帮助他们在计算机科学领域就业。我们的目标很宏伟：每年为数十万学生在计算机科学和编程领域的学习上给予帮助。目前，亚马逊未来工程师项目已覆盖全美欠发达社区的2000多所学校,为计算机科学入门和美国大学预科课程提供资助。每年,该计划还会发放100份为期4年的4万美元大学奖学金,对象为来自低收入家庭的计算机科学学生。上完大学一年级后,这些奖学金获得者还能得到亚马逊的带薪实习机会。该计划在英国资助了120个工程学学徒学位[1],并协助处于弱势的学生在科技领域找到就业机会。

目前,我个人的时间和头脑完全被新冠疫情和亚马逊如何最大限度地发挥作用的问题所占据。我对亚马逊的同人们表示万分感谢,感谢他们在我们所经历的这道难关中表现出的坚韧不拔的精神和聪明才智。请相信,任何亚马逊人都不会将目光局限于眼前的危机,而是要发掘真知、总结教训,并探索在前路上将这二者付诸实践的方法。

请细细品咂这句来自西奥多·苏斯·盖泽尔[2]的箴言:"坏事发生时,你有三种选择。你可以被定义,可以被摧毁,你也可以越挫越勇。"

对于我们的社会会作何选择,我的态度非常乐观。

即便身处逆境,今天,也依旧是第一天。

---

1 该制度由英国政府于1993年推行并由企业作为主要推动力,学生小部分时间在学校学习,大部分时间都在企业积攒实际工作经验。
2 美国著名作家和漫画家,以笔名"苏斯博士"为人熟知。

第二部分
生活与工作

01

一生的赠礼

每个人在人生中都会得到不同的赠礼,而我人生中最宝贵的一份赠礼,就是我的母亲和父亲。

和我一样,我们都认识一些这样的人:他们拥有糟糕的父母,却带着值得钦佩的勇气打破怪圈,找到出路,依然取得了成功。对于这种人,我抱有最崇高的敬意。这样的境遇,我并没有经历过。我一直是在爱中长大的。我的父母给予了我无条件的爱,顺带说一句,他俩的生活都很艰辛。母亲虽然不怎么谈起这件事,但她生下我的时候只有17岁。那时的她还是新墨西哥州阿尔伯克基的一名高中生。你们可以去找她验证,但我敢肯定,在1964年新墨西哥州的阿尔伯克基,当一位在高中就怀孕的母亲可不是什么光彩的事。实际上,因为母亲的高中想要把她劝退,我人生中另一位至关重要的人物——外公——便挺身而出,替她打抱不平。那里的高中是不允许学生怀孕的,我的外公却说:"你们无权开除她。这是一所公立学校,她有上学的权利。"双方协商了一段时间,最后校长终于说:"好吧,她可以留下来完成高中学业,但不能参加任何课外活动,也不能用储物柜。"于是,我那非常明智、通达的外公回答说:"我们接受条件。"就这样,母亲完成了高中学业。

母亲把我诞下，然后嫁给了我的父亲。我的父亲虽然不是我的生父，却是我真正的父亲。他的名字叫迈克，是一名来自古巴的移民。他来到美国后一度被好心人收留，然后拿到了阿尔伯克基一所大学的奖学金，在那里遇到了我的母亲。所以说，我的故事还带点传奇色彩。或许是因为我的父母还都很年轻，我的外公每年暑假都会带我到他风景如画的牧场去。从4岁到16岁，我几乎每年夏天都会和他一起在牧场里干农活。他是一个极足智多谋的人。他一手包揽了牧场里所有的兽医工作，甚至会自己制作缝针：用喷灯把电线加热、压平、磨尖，在上面钻个小孔，然后做成一根用来给家畜缝合伤口的针。有些家畜还真活了下来。他是一个非常了不起的人，也在我们所有人的生命中写下了浓墨重彩的一笔。

02

普林斯顿的关键一刻

我出生在阿尔伯克基,但三四岁时就搬到了得克萨斯,最后在佛罗里达的迈阿密上了中学。1982年,我从迈阿密棕榈高中这所大型公立中学毕业(美洲豹橄榄球队,加油!)。那一届的毕业班里共有750个孩子。我很热爱高中生活,那段岁月实在太开心了。因为在图书馆里笑得太大声,我不能去图书馆看书了。我这一辈子都是这样笑的。有几年的时间,我的弟弟和妹妹都不愿意跟我一起看电影,因为他们觉得实在太丢人了。我不知道自己笑起来为什么是这个样子,但我就是很容易大笑出声。如果问我母亲或任何熟悉我的人,他们都会说:"如果杰夫不开心,那就等5分钟,因为他不可能闷闷不乐太长时间的。"可能是我的血清素水平比较高吧。

我想要成为一名理论物理学家,因此选择就读普林斯顿。我是个很优秀的学生,几乎每科都拿 A^+。我上的是荣誉物理学士的课程,刚开始的时候还有100名学生,学到量子力学的时候,就只剩下差不多30人了。就这样,我上到了量子力学课,那大约是在大三吧,除此之外,我也一直在上计算机科学和电气工程的课程,而且对这两门课也乐在其中。一次,我遇到了一个棘手的偏微分方程,怎么也解不出来。我和我的室友乔一起钻研,他也是数学高手。我们两个人在这道家庭作业习题上花了整整三个小时，还是一无所获。最后，我们同时从桌上抬起头来彼此对视，异口同声地说"尤桑塔"——这是普林斯顿最聪明的学生。我们一起去尤桑塔的宿舍找他。他是斯里兰卡人，名字在校内"脸书"[1]里面。那时的脸书，还是实体的纸质登记簿，他的名字足足有三行长。我猜在斯里兰卡，如果你为国王效忠，国王就会往你的名字里额外添加字词吧。话说回来，虽然他的姓特别长，但他是那种极其谦虚、人品极佳的人。我们把问题拿给他，他盯着看了一会儿，说："余弦。"我问："什么意思？"尤桑塔说："这就是答案啊。"我又问："这就是答案？""没错，我写出来给你看。"他让我们坐下来，写出了三页长的代数式详解。所有的项被抵消划掉之后，答案还真是余弦。我问："喂，尤桑塔，这都是你刚刚心算的吗？"他回答说："不是，这怎么可能？三年前，我曾经解过一个非常类似的问题，所以我就把这个问题套在那上面，然后余弦这个答案就立即显现出来了。"对我来说，这一刻意义重大，因为我意识到自己永远也不会成为一位伟大的理论物理学家了，因此，我开始了一番灵魂拷问。在绝大多数职业中，如果你处于第90个百分位数或在此之上，就能有所贡献的话，那么在理论物理中，你必须得跻身全世界前50名，否则就别想有什么实质性的建树。一切都了然于胸。我看了看墙上的运算草稿，然后很快就把专业改成了电气工程和计算机科学。

---

[1] 附有照片的在校生姓名信息登记簿，是学校已批准公开发布当前注册学生信息的列表。

03

"我选我人生"：普林斯顿大学2010届毕业班演讲

　　孩提时，我的暑假是在外公外婆的牧场度过的。我帮忙修理风车，给家畜接种疫苗，也会做其他农活。每天下午，我们还会收看肥皂剧，尤其是《我们的日子》。我的外公外婆是一家房车俱乐部的成员，这家俱乐部由一群清风牌房车的车主构成，他们结伴驾车在美国和加拿大游览。每隔几个夏天，我们都会加入房车之旅。我们把清风房车钩在外公的汽车后面，然后便加入300辆房车冒险家的队伍之中。我热爱和崇敬我的外公外婆，也从心底期待这些旅行。大约10岁时的一次旅行中，我在汽车宽大的后座上滚来滚去，外公负责开车，外婆则坐在副驾驶座上。在这种房车旅途中，她会抽一路的烟，而我又很讨厌烟味。

　　那个年纪的我，会想方设法做些简单的算术，比如说，我会计算油耗，或是推出杂货支出这种无甚意义的数据。我听过一则与吸烟有关的广告宣传，细节已经记不清了，但大意是说每抽一口香烟，都会让人的寿命减少几分钟——记得好像是每吸一口短命两分钟。不管怎样，我决定帮外婆算算这笔账。我估算出她每天吸的香烟数,以及每支香烟能吸几口,等等。算出一个合理数字之后,我便心满意足地把头伸到前座,拍拍外婆的肩膀,然后骄傲地宣布:"按每吸一口烟就短寿两分钟来算,你的寿命已经减少9年了!"

接下来发生的事情完全出乎我的意料,我至今历历在目。我本以为自己的聪明和算术技巧能引来鼓掌和赞誉,比如:"杰夫,你可真聪明。你肯定做了些复杂的估算,计算出每年有多少分钟,还运用了除法技巧吧。"但是事与愿违。没承想,我的外婆猛地放声大哭起来。我坐在后座,不知该如何是好。外婆坐在那里哭泣的时候,一直默默开车的外公将车开到高速公路的路肩,然后停了下来。他走下车,绕过来打开我的车门,等着我跟他下车。我惹什么麻烦了吗?我的外公是一个非常理智而沉默寡言的人。他从来没有对我疾言厉色,但或许这次,我要第一次挨他的训了。还是说,他要让我重新回到车里,跟外婆道歉呢?我和外公外婆还从未有过类似这样的体验,也无从预测后果会是什么。我们站在房车旁边。外公看着我,沉默片刻后,他温和而平静地说:"杰夫,终有一天你会明白,善良要比聪明更难。"

今天我想和大家分享的,就是天赋和选择的不同。聪明是一种天赋,而善良是一种选择。天赋唾手可得,因为与生俱来。但选择可能就有难度了,如果不小心,你可能会拿天赋遮蔽自己的双眼。一旦如此,损害到的或许就是你的选择。

在座的各位拥有各种各样的天赋。我肯定,精明能干就是你们的天赋之一。我之所以对此坚信不疑，是因为这所学校的入学有如龙争虎斗，如果没有什么迹象能彰显你的机智，招生主任也不会把你招进来。

在这片充满奇迹的土地上，你们的聪明才智终会派上用场。我们人类在前进中虽然步履维艰，但总能创造出让自己都感到震惊的成果。我们将会发明出大量制造清洁能源的方法，也可以用一个个原子组装成对细胞壁进行修复的微型机器。就在这个月，我们听到了一则不可思议但也不可避免的消息，那就是我们已经合成了生命。在未来的几年中，我们不仅要合成生命，还要对基因结构进行个性化的设计。我相信，你们甚至能亲眼见证人类理解自身大脑的那天。儒勒·凡尔纳、马克·吐温、伽利略、牛顿，历代所有好奇心旺盛之人，都渴望能够活在这个时代。在文明社会，我们将会拥有不可胜数的天赋，就如坐在我眼前的每位各自拥有不胜枚举的才能一样。

你该如何利用这些天赋？你会因自己的天赋而感到骄傲，还是会为自己的选择感到自豪？

创建亚马逊的想法，始于16年前。我偶然发现，互联网的年使用量正在以2300%的速度增长。增长如此飞速的东西，是我见所未见和闻所未闻的。在网上创建一家现实世界根本不可能存在的、涵盖数百万种图书的书店，这想法让我心潮澎湃。当时的我刚满30岁，结婚才一年。我告诉妻子麦肯齐，我想辞职投身到这项很可能没有结果的疯狂事业之中，因为绝大多数的初创公司都是以失败告终的，而且之后会发生什么，我也没什么头绪。麦肯齐——她也是普林斯顿的校友，现在就坐在第二排——告诉我，我应该放手一搏。还是孩子的时候，我就成了一位车库发明家。我发明了一种用填满水泥的轮胎制成的自动关门装置、一架用雨伞和锡箔组成的不大好用的太阳能炊具，还有用来吓唬弟弟妹妹的烤盘警报器。我一直梦想成为一名发明家，而妻子也希望我能追随自己内心的热情。

当时的我正在纽约一家金融公司与一群非常聪明的人共事，我的老板才华横溢，我也很敬佩他。我找到老板，告诉他我想创立一家在网上销售图书的公司。他带着我在中央公园漫步良久，认真听我叙述，最后开口说："这是个很好的主意。我觉得你发现了一个很棒的点子，但这点子可能更适于那些还没有找到一份体面工作的人。"这逻辑听起来有些道理，他说服我先考虑48小时，然后再做最终决定。从这个角度来看，这真是一个艰难的抉择，但最终我还是决定做一次尝试。我不觉得自己会因尝试和失败而后悔。但如果从未尝试，我担心这悔恨将会让自己终身耿耿于怀。深思熟虑之后，我选择了追随热情这条不那么安稳的道路，对于这个选择，我深感自豪。

明天，你们的人生，这段靠你们自己从零开始谱写的人生，就要切切实实地开启。

你会如何利用自己的天赋，又会做出怎样的选择？

你会循着惯性随波逐流，还是追随自己内心的激情？

你要墨守成规,还是勇于创新?

你会选择安逸度日,还是在奉献与探索中度过一生?

你会因指摘而畏缩不前,还是会坚守自己的信念?

你会在犯错时蒙混过关,还是坦诚致歉?

你会因害怕拒绝而藏匿真心,还是在坠入爱河时勇往直前?

你会选择谨小慎微,还是敢于绽放光彩?

在逆境之中,你会甩手放弃,还是坚持不懈?

你要对别人的创造冷嘲热讽,还是自己动手创造?

你要损人利己地展示聪明,还是会选择善良?

我要试着做个大胆的预测。当你们年届八旬,在某个岑寂的时刻抚躬自问,以最为私密的视角重述着只讲给自己的人生故事,其中最为充实而富有深意的讲述,将会是你们所做的一系列选择。因为归根结底,塑造我们的就是自身的选择。为自己创造一段精彩纷呈的故事吧!感谢大家,祝大家好运!

04
足智多谋

我和我弟弟有一个非常幸运的童年。我们的许多时光都是跟外公外婆一起度过的。从他们身上，你能学到从父母那儿学不到的东西，这种关系很特殊。从4岁到16岁的每一年暑假，我都是在外公的牧场里度过的。他是个自力更生的人。在人烟罕至的偏僻农村，如果有什么东西坏了，人们不会拿起电话求助，而是自己去修。小的时候，我就亲眼看过他是如何靠一己之力解决各种问题的。

一次，外公花了5000美元买了一台二手的卡特彼勒D6推土机，这可真是捡了大便宜。这台机器的价格本该比这高出很多，之所以这么便宜，是因为它已经彻底报废了。变速器被卸了下来，液压系统也无法运转。因此，我们差不多花了整整一个夏天来修理机器。从卡特彼勒订购的超大配件陆续邮寄过来，我们连搬都搬不动。外公做的第一件事，就是建了一台起重机来搬配件。这可真是自力更生和足智多谋的典范。

他是那种细心、保守、缄默而内向的人，很少会大惊小怪。一天，他独自开车来到牧场门口，却忘了拉手刹。走到门前的时候，他发现车子正朝着大门缓缓下滑。他心说："太棒了。这时间正好够我拉开门闩、推开大门，让车子不偏不倚地自己滑进门去，真是天衣无缝。"可还没等他把门闩打开,车子就撞上了大门,把他一只手的拇指卡在了门和栅栏之间,拇指皮开肉绽,骨头也断了。

他恼羞成怒,拽下那块皮肉,把拇指直接甩进了灌木丛。然后,他回到车上,驱车来到26公里之外的得克萨斯州迪利市的医院急诊室。到了急诊室,工作人员说:"没问题,我们可以把拇指重新接上。它在哪儿呢?"他回答道:"哦,我给扔到灌木丛里了。"于是,他又跟着护士一行人开车回原地。几个人花了几个小时找那截拇指,可就是没找到那块皮肉——可能已经被什么东西吃掉了。他们把我外公带回急诊室,告诉他:"事已至此,你得去做植皮了。我们可以把拇指缝到你的肚子上,让它在那儿待6个星期。这是最好的方法。或者我们也可以直接从你屁股上取皮缝合在伤口上,这种效果绝没有第一种好,但优点是你的大拇指就不用在肚子上缝6个星期了。"他回答说:"我选第二种,就从我屁股上取皮吧。"于是他们就这么照做了。手术很成功,他的拇指也没什么大碍。但这个故事最好玩的地方是,他给我——我们所有人——留下了无比鲜活的印象,而且,他的晨间作息也完全程式化了。他早晨醒来,吃吃早餐,读读报纸,然后就花很长时间用一把电动剃须刀剃须,大约要15分钟。用剃须刀刮完脸之后,他会在拇指上快速刮两下,因为那上面会长出毛来。顺便说一句,他全然不把这事儿放在心上。

你会碰到问题、失败和行不通的方案,这就是推动事情向前发展的意义所在。你要后退一步，再试一次。每次遇到挫折，都要重新站起来，越挫越勇。你得有智谋，还要自力更生，努力开辟一条脱离因循守旧的道路。在亚马逊，像这样不得不冲出重围的例子不计其数。我们已经经历了千千万万的失败——我觉得，亚马逊是个锻炼人的好地方。我们已经习惯接受失败，因为我们久经沙场。

给大家举一个案例：许多年前，我们想要成立一项第三方销售业务，因为我们知道这可以丰富亚马逊网店的商品品种。于是，我们便推出了亚马逊拍卖，结果却无人问津。我们又推出了一款叫作zShops的服务，这基本上就是亚马逊拍卖的固定价格版本，结果还是无人问津。这两次失败都持续了大约一年或一年半的时间。最终，我们想出了一个办法，将第三方卖家商品和亚马逊自有零售库存商品放在同一个商品详情页面上。我们为此业务取名为亚马逊电商平台，而效果很快就显现了出来。在尝试新事物和解决"客户真正想要什么"等问题上多思考，会带来方方面面的回报。即使是你的日常生活，也会因此受益。比如：如何为自己的孩子提供帮助？怎样的选择才是正确的？

孩子4岁的时候，我们就已经允许他们使用锋利的刀具了，到了七八岁的时候，我们便允许他们使用某些电动工具。值得称赞的是，我的妻子有这么一句金句："宁愿我的孩子缺一根手指，也不愿他们脑子里缺主意。"对人生抱有这种态度，挺棒的。

05

我为何放弃对冲基金去卖书

从普林斯顿大学毕业后，我来到纽约市，最后在大卫·肖尔经营的量化基金公司——德韶基金——找到了一份工作。刚入职时，公司只有30人，等到我离职的时候，人数已经达到了差不多300人。大卫是我见过的最才华横溢的人之一。我从他的身上学到了很多东西，亚马逊成立之初，在人力资源、人员招聘及该雇用什么样的人才等问题上，我借鉴了他的很多理念和原则。

1994年，听说过互联网的人少之又少。当时，互联网的用户大多都是科学家和物理学家。在德韶基金，我们也偶尔会在一些领域用到互联网，但机会并不多。我偶然发现，互联网（也就是万维网）正以差不多每年2300%的速度发展着。即便当时的基础用量微不足道，任何增速如此之快的事物都终将发展至可观的规模。我得出了一个结论：应该提出一个基于互联网的商业理念，让互联网围绕这个理念发展成长，并不断努力加以完善。就这样，我列出了一份可以在网上销售的商品的清单，并开始对商品进行排名。之所以选择图书，是因为图书有一个与众不同的特点：这一品类中涵盖的商品，要比其他任何品类都多。在任何时候，全球都有约300万种的可售出版书籍。而当时最大的书店，也只有

15万种书籍在售。因此，亚马逊的创始理念，就是打造出一个可售出版书籍的综合总汇。我也是这样做的，我先雇用了一个小团队，一起打造出软件。之所以迁到西雅图，原因之一是当时世界最大的图书仓库就在附近的俄勒冈州一座名叫罗斯堡的城镇；另外一个原因，就是微软提供的人才库。

当我把想做的事情告诉老板大卫·肖尔时，他带着我到中央公园漫步了许久，听完我的详细讲述之后，他终于发话了，说："你知道吗？杰夫，这是个很好的主意。我觉得你发现了一个很棒的点子，但这点子可能更适于那些还没有找到一份体面工作的人。"他的话在我听来很在理，他也说服我先考虑两天，然后再最终做判断。这个决定是我用心而不是用脑做出的，因为我不愿白白错失这样一个难得的机会。80岁的时候，我希望已尽己所能地将一生中的遗憾降到最低，而我们人生中绝大多数的遗憾都由不作为所致，比如那些没有试过的事、没有走过的路。我们无法释怀的就是这些遗憾。

刚开始的时候，我需要自己跑到邮局去寄书。虽然现在不用亲自送货了，但这件事我做了好几年。最初的一个月，我得跪在坚硬的水泥地板上打包。我对跪在我身旁的人说："知道吗？我们得戴上护膝，我的膝盖简直疼得要命。"他却说："我们需要的是包装台。"这是我听过的最绝妙的主意。第二天，我就买来了包装台，生产效率由此翻了1倍。

"亚马逊"这个名字来自世界上水量最大的河流，暗喻"世界上最丰富的商品选择"。第一个想出的名字是"卡达布拉"。开车去西雅图途中，我想做到全速起跑。我要把公司注册好，把银行账户也设立好。我给一位朋友打了电话，他把自己的律师推荐给我，没想到对方居然是他的离婚律师。但他还是帮我注册了公司、设好了账户，然后说："我得知道你想在注册文件上填什么公司名。"我对着电话说"卡达布拉"——魔术咒语"阿巴卡达布拉"中的后半部分。而对方的反应却是："卡达布（死尸）？"我回话说："好吧，看来这名字行不通，先填卡达布拉吧，我以后再改。"就这样，大约三个月之后，我把公司的名字改成了亚马逊。

在图书之后，我们又相继开始销售音乐和影视内容。后来我灵机一动，给1000名随机挑选的客户发送了电子邮件，询问他们在已售的商品之外还希望我们卖什么。他们给出的答案，就是他们当时正在寻找的商品。记得其中一个答案是"我希望你们能销售汽车雨刮片，因为我真的很需要它"。我暗想："任何商品都可以这样销售。"就这样，久而久之，我们便逐渐推出了电子产品、玩具和其他各种品类。

在互联网泡沫的极盛时期，我们的股价达到了约113美元一股的峰值，泡沫破裂后，不到一年的时间，我们的股价就下跌到了6美元。2000年的致股东信（见本书第一部分），就是用"哎哟"两个字开头的。

这整个时期都非常有趣，因为股票不等于公司，而公司也不等于股票。因此，眼看着股价从113美元滑落到6美元时，我也在密切关注着我们所有的内部业务指标，比如客户数量、单位利润和缺陷漏洞。业务的方方面面都在飞速好转。因此，虽然股票在一路下滑，但公司内部的一切都在朝好的方向发展，而我们也没有重回资本市场的必要。我们已经有了所需的资金，因此只需专注继续发展即可。

在那期间，我参加了汤姆·布考罗主持的一档电视节目。他召集了那个时代的6位互联网企业家，对我们所有人进行采访。现在的汤姆已经成了我的一位好友，但在那时，他却向我诘问道："贝佐斯先生，'利润'这个词，您确定会拼吗？"我回答说："当然会，P-R-O-P-H-E-T（先知）。"他放声大笑起来。人们总在指责我们把面值1美元的钞票用90美分贱卖出去，对此我的回应是："没错，任何人都可以通过这种做法增加营收。"但这并不是我们的做法。我们的毛利一直处于正数。这是一项成本固定的业务，因此在我看来，从内部指标衡量，当销售量达到一定程度时，我们便能抵补固定成本，而公司便会转为赢利状态。

06

挖掘问题的根源

　　我是亚马逊的一位客户，偶尔会在订单上遇到些问题。与客户反映的问题无异，在我的眼中，这些问题也是一次改善的机会。我的邮箱地址"jeff@amazon.com"已经众所周知。我一直在使用这个邮箱，也会阅读邮件，但由于收信太多，我现在已经不是每封必读了。虽然如此，我还是会读不少邮件，而且会凭借好奇心来做挑选。比如说，我可能会从某位客户那里收到一封关于某个漏洞的邮件。我们在某处出了错。客户们给我们写信通常就是出于这个原因——虽然并不总是如此，但通常来说，他们给我们写信，就是因为我们把订单弄错了。就这样，在阅读邮件的期间，我会发现有什么地方好像不太对劲。于是我就会让亚马逊团队进行一项案例研究，把问题的单个或多个根源找出来，然后切实地从根源上进行处理。这样一来，在处理的时候，我们并不只是在为一位客户排忧解难，而是在为每一位客户排忧解难。而这个过程，就是我们工作的一个极其重要的组成部分。因此，如果订单出了错或是客户有不愉快的体验，我便会这样加以处理。

07

创造财富

对于"世界首富"这个头衔,人们自然而然会心生好奇,但我从来没有刻意追求。在全球富豪榜上排名第二时[1],我也安之若素。我更愿意被公认为发明家杰夫·贝佐斯,或是企业家杰夫·贝佐斯,抑或父亲杰夫·贝佐斯。这些东西于我而言要有意义得多,我重视的是输出的产量。从亚马逊的财务成功和股票来看,我拥有亚马逊的16%。亚马逊价值大约为1万亿美元[2]。这意味着20年来,我们已经为他人创造了8400亿美元的财富,从财务角度来看,这就是我们实际的成果。我们已经为他人创造了8400亿美元的财富,这很让人振奋,这样的成果也合情合理。你知道,我非常笃信企业家资本主义和自由市场有能力解决世界上的许多问题,并不是说一切问题都能迎刃而解,但很多问题都能解决。

---

1 2017年,贝佐斯曾以815亿美元的资产排名全球富豪榜第二名。
2 这是2018年9月13日的数据。截至本文撰写之时(2020年7月6日),亚马逊的价值已经达到了1.44万亿美元,我拥有其中的11%。——作者注

08

Prime 服务的理念

我们在亚马逊进行的绝大多数创新发明都是这样完成的：有人提出了一个理念，有些人对理念加以改善，有些人提出反对意见，说这个理念为何绝不会奏效，然后我们便针对这些反对意见加以处理。这是一个非常有趣的过程。我们一直在考虑亚马逊该采用什么样的客户忠诚计划。后来，一位初级工程师提出了一个想法，建议我们为客户提供一种不限次数且快捷免费的邮寄服务。

财务团队为这个想法建模时，结果简直令人毛骨悚然。免费邮寄成本不菲，客户们却钟爱有加。

你必须将心灵和直觉并用。冒险是必经的。直觉也是必需的。所有好的决策都必然如此制定。决策要与团队一起去做，要带着极大的谦卑去做，因为说实话，即使搞砸了也没那么糟糕。这是我要说的另一点。我们犯过错误，比如智能手机 Fire Phone 和千千万万行不通的产品的惨败。我在此不把我们所有失败的实验一一列举，但是，一款大获全胜的产品便会为千万个失败的尝试买单。

就这样，我们决定尝试 Prime 服务，刚开始的时候非常费钱。原因就在于，如果你开了一家随心吃到饱的自助餐餐厅，那么会有哪些人先来？是那些特别能吃的人。这挺吓人的，感觉就像"老天啊，我真的让你敞开肚子吃那么多大虾了吗？"但实际情况就是这样，即便如此，趋势线也凸显了出来。我们看到，各种各样的客户陆续加入进来，对这项服务欣赏有加，而这也造就了Prime服务的成功。

09

放眼三年后

　　我喜欢在早晨悠闲地放空。我早晨起得很早,晚上睡得也早。我喜欢读读报纸,喜欢喝点咖啡,喜欢在孩子们上学前和他们一起吃早餐。因此,悠闲的时间对我而言非常重要。正因如此,我才把第一场会议的时间定在10点。我喜欢把需要潜精研思的会议放在午餐前进行。任何考验脑力的问题都要放在10点的会议中探讨,因为到了下午5点我就会说:"今天我实在没法再继续想这个问题了,明天早上10点再探讨吧。"接下来,就要为8小时的睡眠做准备了。除跨时区出差旅行之外,我都把睡眠摆在优先位置。有的时候,8小时的睡眠很难保证,但我还是非常注重,也确实需要这么长时间的睡眠。这能让我的头脑更为清醒,身体更有活力,情绪也更加愉悦。想想看:作为一名高级主管,你真正的职责到底是什么?你的工作是对少数重大问题做出决策,而不是每天对成百上千件的小事做决定。让我打个比方,假如我一天的睡眠时间是6个小时,或者干脆夸张地说我一天只睡4个小时,如果这样,我就置换出了4个小时所谓高效的时间。如果说之前在任何清醒的时间里,我都有12小时的高效时间,而现在我却突然拥有了12加4个小时,也就是说,我的高效时间为16小时。这样说来，我用来做决策的时间多出了33%。若说我之前本打算做100个决策，而现在便能多做33个。假使这些决策的质量因为体力不支、牢骚满腹或是别的什么原因而有所下降，那么减少睡眠真的值得吗？当然，如果公司尚处于初创阶段，那情况就不一样了。当亚马逊还是一家100人的公司时，当然不能同日而语，但亚马逊毕竟不是一家初创公司，我们所有高管的工作方法都与我一样。他们扎根于为未来而工作，也扎根于为未来而生活。跟我直接汇报工作的任何人，都不应该专注于当下季度。如果我和华尔街的季度电话会议进行得很顺利，人们就会打断我说："祝贺你这季度表现优秀。"我会回答"谢谢你"，却在心里暗想：这个季度三年前就开始"进炉烧制"了。现在，我正在为一个到2023年的某时才能展露成效的项目努力，你也必须这样做才行。你必须提前两三年做打算，如果做到这一点，今天为什么还非要做100个决策呢？如果今天能做出三个好的决策，那就足够了，而在这三个决策的质量上，我则要尽心尽力地做到最好。沃伦·巴菲特说过，如果一年能做出三个好决策，那他就没有后顾之忧了。对这句话，我真心信服。

10
亚马逊云服务的理念从何而来

在幕后默默耕耘许久之后，我们终于将亚马逊云服务推上市面。通过彻底颠覆公司购买计算能力的方式，亚马逊云服务已经成了一项庞大的业务。就传统而言，如果是一家需要计算机计算的公司，那就搭建一个数据中心，在数据中心填满服务器，然后还需要对这些服务器的操作系统进行升级并保证一切顺利运行，等等。这其中任何一件事都没有为公司的业务增加任何价值。这是一种无差异化的苦力，是入场必须交的门票钱。

亚马逊也曾经走过这条老路：自己搭建数据中心。我们认为，这极大地糜费了我们应用开发工程师和负责数据中心运营的网络工程师的精力，因为他们需要为所有这些非增值任务召开各种会议。我们最后决定："好吧，我们可以开发一组强化的应用程序接口，也就是APIs，让应用程序工程师和网络工程师这两个团队开会商讨线路框架，而不是讨论这些细枝末节的问题。"我们希望在一个偏重服务的框架中进行构建，把我们的所有服务都输入强化的应用程序接口中，经过清楚详尽的记录，任何人都能够调用。

一旦为自己搭设好这个计划，一切都变得一目了然：世界上的每一家公司都想这样做。让我们大为惊喜的是，虽然亚马逊几乎没有做什么推广或大肆宣传，还是有成千上万的开发人员朝着这些应用程序接口蜂拥而至。然后，又发生了一件商界中的咄咄怪事——在我看来，这是商业史上最好的彩头。整整7年，我们都没有遇到与我们理念相同的竞争者。这简直让人匪夷所思。我于1995年推出了亚马逊官网，两年后的1997年，巴诺书店也推出了官网，并进入了电商市场。对于新发明而言，推后两年是很典型的。我们推出了Kindle，巴诺书店便在两年后推出了Nook阅读器。我们推出了Echo智能音箱，谷歌也在两年后推出了Google Home智能音箱。如果幸运的话，先驱会有两年时间的领先优势。没有人能抢占7年的先机，因此我们的好运才难以置信。我觉得，大型的老牌企业软件公司并没有把亚马逊当作一家可信的企业软件公司，因此，我们便有了这条长跑道来打造这款不可思议而功能丰富的产品，打磨这项引领潮流的服务，以及组建这个勇往直前的团队。这个由安迪·贾西领导的团队在产品的创新方面速度惊人，还把一切都打理得井井有条。我对他们倍感自豪。

11
Alexa，人工智能，机器学习

Alexa 是云端的智能助手，通过互联网运行。Echo 音箱配有多个麦克风，因此具备远场语音识别功能。从 2012 年立项开始，我们的长期愿景就是让 Alexa 成为《星际迷航》中的电脑。你可以提出任何请求，比如要求它为你做事情或是找东西，与它的沟通非常自然和流畅。

从技术层面来看，Alexa 和 Echo 的研发工作非常具有挑战性。工作人员达到数千人，团队分布于包括马萨诸塞的剑桥、柏林和西雅图等多地。

对于 Echo，我们有几个不同的问题需要解决。最开始播下 Echo 的种子时，我们的一个关键设计理念就是 Echo 是一台永远处于开机状态的设备，可插入墙壁电源插座中，因此无须充电。Echo 可以摆放在你的卧室、厨房或客厅里，为你播放音乐、回答问题，甚至最终进化为一种灯光及温度等部分居家系统的控制器，你只需说一句"Alexa，请把温度调低两度"或是"Alexa，把灯全关了"。这就是这种环境下非常自然的互动方式。在 Echo 和 Alexa 之前，人们与家庭自动化系统交流的主要方式存在很大问题：靠的只有手机上的一个应用程序。想要控制灯光时，你还得找到手机、拿起手机，打开一个特定的应用程序，再找出相应界面，通过应用控制灯光，这种费时费力的操作是不言自明的。

我们的设备团队刚刚完成了一项了不起的工作，而未来的路还有很长。我们对Echo和Alexa制订了一份精彩的规划图。我们现在拥有一个由其他公司组成的大规模第三方生态系统，为Alexa打造我们所称的"内置功能"，因此，这等于对Alexa的能力进行了拓展。

我们距离创造出像《星际迷航》中的电脑那样魔幻而神奇的东西，还有很长一段时间。这是我们长久以来的梦想，类似于科幻小说中的情节。当今，我们已经在用机器学习解决令人惊叹的问题，也确实到达了一个发展进程不断加速的临界点。我认为，我们正在进入一个机器学习和人工智能的黄金时代。但是，距离让机器像人类一样做事，还有很长的路要走。

即便是对于尖端的人工智能研究人员而言，类似人类的智能仍然充满了奥秘。想想人类的学习方法，你就会发现我们在数据处理方面的效率非常惊人。因此，当我们训练Alexa这样的人工智能去识别自然语言时，我们会用到数百万个数据点。另外，所谓"基准数据库"的搜集也是必要的。搜集这个最终成为Alexa学习训练数据集的基准数据库，不仅要付出巨大的努力，也要注入庞大的资本。

当今，如果你正在为一辆无人驾驶汽车设计和构建一套机器学习系统，那就需要数百万公里的数据才能教会这辆汽车如何驾驶。而人类的学习效率却高得惊人。无须数百万公里的驾驶经验，人类就能学会开车。用专业术语来说，我们所做的事情，或许就是机器学习领域中的"迁移学习"。

人类已经学习了诸多不同的技能，并能通过非常高效的方式将其映射到新技能上。最近刚刚打败世界围棋冠军的阿尔法围棋机器人程序，已经积攒了数百万局围棋的经验。人类围棋冠军只下了数千盘围棋，远未达到数百万盘。即便如此，人类围棋冠军和计算机程序却几乎处于同一水平。除此之外，人类所用的方法与计算机有着本质上的不同——之所以确定这一点，是因为我们在节能方面非常高效。

我不太记得确切的数字，但阿尔法围棋机器人是一个耗电量为百万瓦的例子，估计等于超过1000台服务器同时运行。而人类围棋冠军李世石的耗能却只有大约50瓦[1]。不知何故，我们竟能以超乎想象的高效率进行这些难以置信的复杂运算——不仅能高效地进行数据处理，还能高效节能。因此，在机器学习领域，我们还有很多东西要了解。

机器学习之所以是一个激动人心的领域，原因也就在此。我们正在解决极其错综复杂的问题，不仅涉及自然语言和机器视觉之间的一个领域，有时甚至会触及二者融合的部分。

在收到关于设备或服务的隐私侵权索赔后，隐私保护机构便会试着对声明中的情节进行重演。对于这些机构而言，这种做法

---

[1] 阿尔法围棋机器人的耗电量约为人类的5万倍。

其实非常容易，而机构也已驾轻就熟。机构会对设备进行逆向排查，以判断相关隐私索赔是否属实。这种做法很值得赞誉，我也很感激所有采取这种做法的隐私机构。这些机构揭露了公司所犯的无心之过，因为有的时候，公司的确不够细致、谨慎。

如果听不到唤醒词"Alexa"，我们的设备便不会将任何信息传输至云端。一听到唤醒词"Alexa"，设备顶部的光圈便会亮起。这时，设备就会将你所说的内容发送到云端。如果想让Alexa完成查看天气等一整套任务，我们就需要访问到云端的所有数据，因此这一步骤是不可或缺的。

黑客入侵是我们所处时代的一个重大问题，我们必须在全球范围内找出问题的解决方法，而其中一些解决方法将会成为法律。一部分黑客入侵是因为某些机构违背民众意愿，该如何管控这些行为，现在尚不明晰。

有了我们今天的绝大多数设备与技术，通过将激光束打在你家窗户的玻璃上，或是在你的手机上安装可开启所有麦克风的恶意软件，别有居心者便可轻松地对任何对话进行监听。当今常用的高端手机上配备有四个麦克风。因此我们必须明白，社会管控美国联邦调查局这样的特定机构或许更加容易，因为我们可以团结在一起来制定规则和法律，以及影响法院该如何执行。但是在我看来，隐形的网络黑客入侵等问题是尚且无解的。我还不知道我们该如何应对。

一个由互联网连接的社会是否能够实现真正的安全，对此我还没有答案。我们已经与这些技术共同生活了如此长的时间。人们走到哪里，都想随身带上手机，我认为，这种"手机现象"的存续已是大势所趋。我们的手机完全由软件控制。手机上配备多个麦克风，这些麦克风也由软件控制。而手机中的收音机，则可将数据传送到世界的任何一个角落。

因此，将任何一部手机偷换成监听设备的技术能力业已具备。对于Alexa，我们的团队做出了一个非常有趣且在我看来意义重大的决策。这个决策就是在Echo上配备一个关闭麦克风的静音键，我希望其他公司也能加以效仿。按下静音键，设备和光圈都会变成红色，而这种红光是通过模拟电路与麦克风连接的。也就是说，当红光亮起的时候，麦克风就不可能打开。对于这一点，黑客通过远程入侵是无法操控的，但手机就不同了。

12
实体商店与全食超市

多年以来，我们一直对实体商店饶有兴趣，但我总是说，我们只关心拥有差异化且不跟风的产品与服务，因为实体商店领域已达到了过高的饱和状态。我敢肯定，如果我们的产品或服务与其他相比无甚出彩，一定不会成功。我们的文化在开拓和发明上占有显著优势，因此，我们也必须做与众不同的事。亚马逊无人超市就是这样一个例子，独具一格。亚马逊网上书店也是如此，绝对自成一统。我们计划将 Prime 服务与全食超市融合在一起，把在全食超市的购物打造成一种独一无二的体验。

亚马逊收购了大量的公司。这些公司通常都要比全食超市小许多，但我们每年都会收购大批公司。与公司的创始人会面时，我总会先试着把一件事弄明白：这个人到底是传教士还是雇佣兵？雇佣兵图的是炒高股价，而传教士热爱他们的产品或服务，热爱他们的客户，图的是创造出优质的服务。顺便提一句，这其中最大的悖论是，赚到更多钱的人，通常是那些传教士。只需与对方交谈，你就很快能分辨清楚。全食超市是一家传教士式的公司，而创始人约翰·麦基也是名不折不扣的传教士。因此，我们要做的就是利用部分资源和一些科技方面的专业技术，来践行全食超市的使命。他们拥有非常伟大的使命，就是为所有人提供有机且营养丰富的食物，除了资源之外，在卓越运营及科技专业的技术领域，我们都能提供诸多协助与贡献。

13

收购《华盛顿邮报》

我并没有刻意寻找哪份报纸，也无意收购。我从没有过这种想法，这也不是我童年的梦想。但没想到，相识20载的老友唐纳德·格雷厄姆却通过一位中间人找到了我，想看我是否有兴趣收购《华盛顿邮报》。我回信说没有兴趣，因为我对报纸实在是一无所知。

然而，通过一系列的谈话，唐纳德却说服了我，并使我相信是否了解报纸并不重要，因为《华盛顿邮报》内部已经拥有大批了解报纸行业的人才。他们真正需要的是一个深谙互联网的人，这就是第一个因素。整件事差不多就是这样开始的。而我的决策方法背后的驱动因素绝对是直觉，而非分析。当时，也就是2013年，《华盛顿邮报》的财务状况简直是一团糟。这是一项成本固定的业务，在过去的五六年间减少了大量的营收，原因不是员工或领导团队出了任何过错。这家报纸的管理一向可圈可点。问题是长期性而非周期性的，因为互联网正在对地方性报纸所占据的市场大肆蚕食。这是全美乃至全球各地的报纸都面临的一个重大问题。就这样，我对灵魂进行了一番拷问，问自己是不是想要参与其中。如果要参与，我就要投入一定的精力并做出努力，我下定决心，只有在确定这家机构意义重大时，我才会如此投入。我告诉自己："如果这是一家财务状况不佳的咸口零食公司，那么我就要拒绝。"我开始将《华盛顿邮报》视为一家举足轻重的机构，一家位于世界上最重要国家的首都的报纸。在这个民主国家中，《华盛顿邮报》扮演着至关重要的角色。对此，我的心中没有一丝疑虑。

就这样，一旦跨过这扇大门，只需再经过一扇门，我就能给唐纳德肯定的答案了。我想要敞开心扉地面对自己，想要不加粉饰地考量这家公司的前途，确定自己真的对公司的出路抱有乐观的态度。如果前途无望，我是不愿卷入其中的。审视了《华盛顿邮报》的现况后，我的心中充满了斗志，但是，这家报纸必须得转型为全国性和国际性的出版物。互联网几乎摧毁了一切，但带来了一个福音，那就是免费的全球发行。在纸质报纸的旧时代，人们需要在各处设立印刷厂。想要拥有一份真正具有全国性甚至国际性的报纸，就意味着物流运营需要巨额资本。正因如此，真正具备全国或国际性的报纸才如凤毛麟角。但现在，在互联网的帮助下，免费发行这一优势便能为我们所用。因此，我们必须抓住这个优势，这就是基本策略。我们必须将读者数量相对较少但可从每人身上获取可观盈利的商业模式，转变为读者数量众多但从每个人身上只能获取薄利的商业模式，而这就是我们进行的转变。我很高兴地告诉大家，如今，《华盛顿邮报》已经转亏为盈，报社编辑部也在发展壮大。执行主编马丁·巴伦的表现简直太惊艳了。我觉得他是整个报业最棒的编辑。我们的指定出版商弗雷德·莱恩和评论部负责人弗雷德·海亚特的表现让人叹服。我们的技术总监沙利什·普拉卡什也是个特别厉害的能手。所以说,《华盛顿邮报》已经步入了正轨。我对这个团队倍感骄傲,我敢说,当我年届八旬之时,或者让我们假设——我总是预测自己80岁的情形,但随着年龄的增长,我也开始畅想90岁的情形了——到我年届九旬的时候,这将是我最引以为豪的事情之一,我参与了《华盛顿邮报》,帮助它挺过了一个举步维艰的过渡时期。

假设你是美国的总统或是某个州的州长,接受这个职位时,你不可能以为自己不会受到严格的审查。审查是一定的,也是合理的。总统应该说:"这是正确的,是有益的。能接受审查,我很高兴。"这样的做法不仅表达了你的坦然,也是高度自信的象征。然而,将媒体妖魔化、诋毁媒体是卑鄙小人、将媒体称为人们公敌的举动都很危险。在我们生活的社会中,保护我们的不仅是国家的最高法律——我们的确拥有言论自由权,这是写在《美国宪法》里的——同时保护我们的,还有社会规范。社会之所以能够运转,是因为我们相信那张纸上的言论,而每次把《美国宪法》作为抨击对象时,你都是在逐渐对它进行侵蚀和削弱。这个国家的人民信心坚定、斗志旺盛。我们的媒体会挺过来的,我们也会挺过来的。顺便提一句,在与编辑部同人开会时,马丁·巴伦提出一个非常重要的观点:"政府或许要将我们视为冤家,但我们不要把政府视为仇敌。安心工作,把工作做好就行。"这话我听他说过很多次。和《华盛顿邮报》的记者会面时,我自己也会这样说。

14

信任

想要赢得信任，想要构筑起良好的声誉，就要坚持不懈地尝试困难的事情。举例来说，美国联邦军队之所以在所有民意调查中拥有如此高的声誉，就是因为一次又一次漂亮地完成了诸多艰难的任务。

事情真的就是这么简单，但也真的很复杂。想要把困难的事情做好并不容易，但这就是赢得信任的途径。当然，"信任"是一个被过度使用的词，其中包含多重意思。这个词代表诚信，也代表能力。信任意味着言必信，且行必果。因此，我们每年都能交付10亿个包裹；我们承诺要这样做，也真的做到了言而有信。信任也意味着对于争议敢于坚持自己的立场。如果你坦言"不，我们不能这么做。我知道你想让我们这样做，但恕我们不能采纳"，这样的态度能够让人对你刮目相看。即便对方不赞同，仍可能会回答："虽然如此，我们还是挺尊重这种态度的。他们起码能坚持自己的立场。"

清醒的认知也有助于赢得信任。如果我们明晰要做什么和不做什么，那么他人就可以相应地选择参与或退出。他们可以说："好吧，如果亚马逊、蓝色起源或亚马逊云服务对这件事是这种立场，那我就不想掺和进去。"这当然无可非议。我们生活在一个百花齐放的庞大民主国家之中，而我也希望生活在这样的世界里。我想要身处于人们可以持不同意见，但求同存异和共同协作的环境中。我不想失去这种包容。人们有坚持自己意见的权利，而予以否认的任务，应由高层领导团队负责。

科技公司内正在发生这样一件事，比如说，有一群员工认为科技公司不应该与国防部合作。在我看来，如果大型科技公司对国防部置之不理，那么这个国家就有麻烦了。这种情况是绝对不可想象的。因此，高层领导团队必须告诉员工："听着，我理解这些是牵扯私人感情的问题。这无可非议，我们也不必事事都意见一致，但公司的决心已定。我们要支持国防部。这是一个举足轻重的国家，以前是，现在也是。"

我也的确知道，人们在这个问题上情绪敏感、各执己见，但是，这个世界仍有真理在。我们做的是正确的事。我真的这样坚信。我明白，事情并非非黑即白。但关键问题在于：你是想要强大的国防力量，还是不想要？我觉得答案是肯定的。因此，我们必须助一臂之力。

我们都想站在文明的一边。这一点，不仅限于美国。你想要什么样的文明呢？你渴望自由吗？渴望民主吗？这些都是比其他问题更有意义的宏观原则，因此，你应该回归到这些原则之上。

15
工作与生活的协调

在亚马逊，我会为公司最高层的管理人员教授领导课程。除此之外，我也会与实习生谈谈心。公司上下，总会问到我关于工作与生活平衡的问题。"工作与生活的平衡"，我甚至连这种叫法都不喜欢，觉得会给人带来误导。我喜欢"工作与生活的协调"这种说法。我知道，如果我在工作中精力充沛、心情愉悦，觉得自己是在增加价值，是团队中的一员，或是为了别的什么而欢欣鼓舞，我在家中的状态也会更好。这能让我成为一位更称职的丈夫和父亲。同理，如果在家心情舒畅，那么我也会因此成为一个更优秀的员工或老板。遇到特殊时期，人们或许会将每周的工作时长摆在重中之重。但问题的关键不是工作时长，而通常在于你是否有足够的精力。你的工作是在剥夺你的精力，还是在为你创造精力呢？

每个人的生命中，都会有位于两极的人。大家正在开会，这个人走进了会议室。有一种人参与进来，能为会议增添活力；而另一种人一进门，却让整个会议变得死气沉沉，这种人是在消耗会议的活力。在这两种人中，你必须决定进入哪个阵营。在家里，你同样也要做这个选择。

这是一个飞轮、一个圆圈，而不是一种平衡。正因如此，这个比喻才如此危险，因为这暗指其中包含一种严格的取舍关系。你或许正处于失业状态，有的是时间陪伴家人，却因而黯然神伤、萎靡不振。你的家人唯恐靠近你，巴不得你远离他们一段时间。因此，问题不在于时间的长短，关键点并不在这儿。我觉得，如果你真的夸张到一周工作100个小时的话，或许真的会让自己透支，但我从来都能泰然处之。我觉得，个中原因，可能是生命中的这两个领域都是为我补充精力的。这也是我给实习生和高管们的建议。

16

人才招聘：你想要雇佣兵还是传教士

亚马逊支付的薪酬很有竞争力，但我们并没有打造乡间俱乐部式的文化，让员工尽享免费按摩和当今流行的那些工作福利。我对那种福利一直持一定的怀疑态度，因为我总会担心，有的人会因贪图享受而留在公司里。你的公司不应有雇佣兵，而应部署传教士。

传教士关心的是使命。这其实没什么不好理解的。免费的按摩或许会混淆人们的视听。比如说："哦，我虽然不太认同这里的使命，但这儿的免费按摩实在太舒服了。"

你该如何雇用卓越的人才，又该如何避免人才流失呢？首先要做的，就是赋予他们一个伟大的使命——一个有切实宗旨和真正意义的使命。人们希望在生命中注入意义。而这也是美国联邦军队的一个巨大的优势，因为军队的成员们肩负着真正的使命。这一点至关重要。所以说，这是招聘中一个巨大的亮点。

然而，优秀的人才也是会被逼走的，龟速的决策流程就是原因之一。如果做不了实事，优秀的人才凭什么还要囿于企业之中呢？一段时间之后，他们环顾四周，坦率地说："听着，我热爱这里的使命，但做不了任何实事，因为决策的速度实在是太慢了。"因此，这一点是亚马逊这样的大型企业需要多加注意的。

17

决策

提高决策的速度是非常重要的，也有一定的方法。如果真要斗胆为其他高管提些建议，我会提醒大家留心一件事，那就是避免初级管理者在决策制定上效仿资深高管——这是我在亚马逊亲眼看到的现象。这虽然无可厚非，但问题在于人们总是会仰望高层并加以效法。而且很多时候，这些模仿都是无心的。但这种效法的问题就在于当事人或许并未考虑到决策是分为不同类型的。

决策的类型有两种。有些决策不可逆转且事关重大，我们称这种决策为单向门或一类决策。这些决策需要耐心而谨慎地制定。在亚马逊，我经常会遇到扮演"首席减速官"的情况："喂，在这个决策上，我希望你们用不同的方式再做17次分析，因为这事关重大且没有回头路可走。"问题在于绝大多数决策都不属于这一类。绝大多数的决策都是一扇双向门。

制定好这类决策后，你从这扇门穿到另一边。如果事实证明你的决策有误，你仍能够退回原处。但是，大型企业——不是初创公司，而是大型企业——的情况却是到了最后，所有决策都被套上了本应只用于不可逆转而事关重大的决策的重量级方法。这无异于一场灾难。遇到需要制定的决策时，你必须得问清："这是一扇单向门还是双向门？"如果是双向门决策，那就由一个小团队或是某个决策能力很强的个人来完成。但如果是一扇单向门，那就用5种不同的方式进行分析。多加留心，因为对于这种决策而言，慢则稳，稳则快。[1]

单向门式决策的制定不应一蹴而就。你应该寻求共识，或至少鼓励深思熟虑、集思广益。

除了弄清某个决策涉及的到底是单向门还是双向门之外，另一个能够有效加速决策制定的方法，就是传授"求同存异，服从决策"的理念。你召集了一群满腔热忱的传教士，这些都是公司所需的人才。每个人都心系公司福祉，如果不加小心，整个决策过程就可能变为一场消耗战。耐力更强的一方最终胜出；到了最后，持相反意见的另一方干脆举手投降："就这样吧，我已经精疲力竭了，就按你的方法来吧。"

这是世界上最糟糕的决策方法，不仅会让所有人士气低落，也会给你得出一个基本上是随机产生的结果。让较为高层管理者将问题上报给更资深的高管，这种方法要明智得多。存在分歧的决策需要立即上报。你不能任凭两个初级管理者争论一整年，把自己耗得精疲力竭。你需要给这些初级人员指出方向。

你的团队实在争执不下时，那就上报——立即上报。然后，作为资深高管的你在听完各方不同意见之后，可以这样说："听着，

---

[1] 这句话传说最早出自军队，后广泛流传，被美国海豹突击队奉为格言。

没有人能确定这个问题的正确决策是什么,但我希望你们跟着我赌一把。我们就按这条路走。但我希望,你们能真正做到求同存异,服从决策。"

值得一提的是,有的时候,这种分歧是发生在较为资深的高管和下属之间的。下属认定了一种方法,但高管非常希望用另一种方式来处理。在这种情况下,求同存异和服从决策的通常应该是级别较高的那一方。我就经常是求同存异、服从决策的一方。在某个问题上争论了一小时、一天或一周之后,我会说:"知道吗?我真的没法同意这个观点,但是你掌握的基础信息比我更多,就按你的方式去做。而且我也向你保证,我绝不会放马后炮。"

这种方法非常有助于心平气和地解决问题,因为这表明了较为资深的一方拥有明辨是非的判断力。这种判断力非常宝贵,因此有的时候,虽然下属掌握了较翔实的基础信息,你也仍然应该予以驳回。但如何判断,具体还是看你。有的时候你可能会这样想:"我很了解这个人,或是我已经跟这个人共事多年了。这个人的判断力很强,既然如此反对我的观点,掌握的基础信息又比我的更有说服力,那我就干脆求同存异、服从决策吧。"

18

竞争

零和博弈是极其罕见的。体育竞赛就是零和博弈。两支队伍进入竞技场，一支队伍将会获胜，而另一支队伍则注定失败。竞选是零和博弈。一名候选人将会获胜，另一名候选人则注定失败。然而在商界，几位竞争对手同时大获成功的情况却非常常见。想要在竞争中取得好成绩，关键的一点就是做到既健壮又灵活。我觉得，无论在商界还是面对军事上的敌手，都是如此。规模是很重要的。所以，凭借体形壮硕而进入美国联邦军队是件好事。体能好是个巨大的优势，因为这能赋予你健壮的体魄。即便吃一拳，也没有大碍。但是，如果能把这拳躲开，这也是优势。所谓灵活，就是指这一点。随着体能的提高，你也会变得更加健壮。

灵活性最为关键的因素，就是决策的速度；第二关键的因素，便是敢于尝试的意愿。你必须对风险甘之如饴。你必须心甘情愿地失败，而一般人是不喜欢失败的。

我总是说，失败有两种：一种是实验性的失败，也就是你应当甘之如饴的失败；另一种是操作性的失败。多年以来，我们已经建立了近200家物流中心，对方法已经驾轻就熟。如果我们的某家物流中心建得很糟糕，这只是执行力不足所致。这种失败是不应该的。但如果我们在开发某种新的产品、服务或进行某种实验时最终未果，这就没有什么大碍。这种失败是有价值的。你需要区分这两种类型的失败，把目标切实放在谋求发明与创新上。

想要维持这种做法，你就需要合适的人选，也就是说你需要创新的人才。如果创新人才无法在企业中做决策和冒险，便会选择一走了之。你或许能把他们招募进来，但他们不会长时间待在这里。创造者热爱创造。其实，个中道理很多都非常简单，只是难以实践而已。关于竞争的另一个重点是，在公平环境中进行竞争并非上策。正因如此，你才需要有所创新，尤其是在太空和计算机网络领域。

公平竞争的赛场适合周一橄榄球之夜这样的比赛。几十年来，在太空和科技等领域，我们一直处在不对等的竞争环境中。我很担心这种局势正在迅速产生变化。想要继续保持领先和维持这种不对等的竞争环境，唯一的方法便是创新，而这也绝对是你应该选择的策略。

在太空领域，我们面对的是在创新上蓄势待发的对手。因此，这才是根本问题所在。如果你面对的对手不善于创新，那你也不必在创新上做得那么好。

在竞争中，只是成为领军者之一是不够的。难道你真的想要为一个充满势均力敌的对手的未来做打算吗？我反正不想。

19
政府审查与大型企业

所有种类的大型机构都会并应该经受检查、审查与调查。政府也理应接受审视。政府机构、大型教育机构、大型非营利组织、大型企业，这些组织机构都将会受到审查。这不是私人恩怨，而是我们这个社会希望发生的事情。我也会提醒公司内部的人员，不要认为亚马逊经历的审查是针对公司的，这种想法会浪费大量的精力。审查是正常流程，而且是合理且有益的。身处于一个人们心系大型机构动向的社会，这挺好的。

我觉得我们的脑筋特别灵活，无论颁布了什么法规，也无论这些法规如何规定，都无法阻碍我们为客户提供服务。在我能想象到的各种监管框架之下，客户们想要的仍然是低廉的价格、快捷的运输和丰富的选择。这些都是触及根本的问题，也是我们的专长。我还要指出，政治家等各界人士能够理解大型企业所带来的价值，而不是对大型企业为首的各类企业进行妖魔化或诋毁，这是非常重要的。原因很简单，有些事情只有大型企业才能做成。这一点是我在亚马逊的整个历程中所见证的。我知道10个人的亚马逊能做什么，知道1000人的亚马逊能做什么，知道1万人的亚马逊能做什么，也知道今天超过50万人的亚马逊能做什么。

我给大家举一个鲜活的例子。我对车库创业家情有独钟，也在许多家这样的公司做过投资。我认识很多车库创业家，但没有人能在车库里建造出一架全碳纤维的低能耗波音787来。这是不可能做到的。这个任务必须由波音公司亲自出马才行。你喜欢的智能手机，只有苹果或三星这种公司才能打造。这些都是完善的企业型资本非常擅长做的事情。遇到无人整治的市场失灵情况时，你便要依靠慈善机构和政府来处理。所以说，你需要通过不同的模式来应对不同的问题。但有一点是肯定的，如果没有波音、苹果或三星这样的企业，这个世界必定会变得更糟。

20
气候宣言

2019年9月，亚马逊公布了《气候宣言》，并成为第一个签署方，该宣言旨在将《巴黎协定》的目标提前10年实现。以下言论摘自《气候宣言》新闻发布会。其中包括来自亚马逊可持续发展科学团队负责人达拉·奥鲁尔克的评述。

《气候宣言》的签署方同意：第一，定期测算和报告排放物情况；第二，根据《巴黎协定》的内容实施脱碳战略。这等于是说，各签署方要在企业中将这些战略落到实处，在实际业务活动中为消除碳排放进行切实的改变。

接下来的第三点是，对于在做出切实改变后仍无法消除的碳排放，签署方同意采取可靠的碳补偿措施。我们所说的"可靠的碳补偿措施"，到底是什么意思？我们指的是基于自然的解决方案。

实际上，气候承诺需要其他大型企业的协作才能实现，因为我们都是彼此供应链中的一部分。因此，我们需要共同努力来实现这些目标。除此之外，别无他法。亚马逊承诺利用自身的规模和覆盖范围来引领前路并以身作则。但是，由于亚马逊拥有纵深且庞大的实体基础设施，因此对于我们而言，这是一个艰巨的挑战。我们搬运的不仅是信息，也在四处搬运实体包裹。我们每年都要交付超过100亿件商品，而这种规模的实体基础设施不得不说是相当厉害的。因此，我们可以提出这样一个议题，也计划斗志昂扬地投入其中：如果我们能够做到这一点，那么任何公司都能做到。前路必定步履维艰，但我们坚信能够做到，也明白必须做到。

只有在亚马逊的一举一动都由真正的科研操守支撑时，这个目标才能实现。达拉·奥鲁尔克对亚马逊的方针进行了这样的阐述：

> 自2016年以来，亚马逊的所有团队一直致力于对公司的总体环境影响进行规划和测算。他们一直在为科学模型和数据系统奠定基础，并用非常具有亚马逊特色的方式构建可持续性，也就是将科学、技术与对客户的痴迷联系在一起，来应对人人都在面临的可持续发展难题。
>
> 在过去的几年中，这项工作的核心在于搜集数据、构建模型和创造工具。其目的不仅是让各团队跟踪其污染物排放情况，即碳排放，也是要让团队有条件在整个公司和整条供应链中实现碳排放的大幅减少。
>
> 亚马逊是一家规模庞大且结构复杂的公司，这也迫使我们构建出世界上最为精密的碳汇计量系统之一。我们构建的

系统必须能够深入精细的数据，但也应符合亚马逊公司的规模，以便给团队提供创新的选择空间，并将公司的整体视角纳入考虑范围。系统的操作性要求我们对数据进行这种更为清晰的解析。我们的系统不但可覆盖整个公司，也能够深入系统级的优化。

我们可以一路细化到直接触及单个产品、流程和服务。拿Echo音箱来具体举例，从制造步骤开始，上推至为Alexa提供动力的数据中心，再拓展至将这台Echo音箱运到客户家门口的飞机、卡车，以及包裹所产生的影响，我们都要悉数了解。

截至目前，我们已根据一种称为"环保生命周期评估"的学术技术构建了5个模型。其中4个是涉及运输、包装、亚马逊物流和数据中心的供电，以及设备的流程模型。我们将由物理和财务数据融合成的内部运营数据与外部科学数据结合在一起，拼接纳入我们的碳足迹中。

另外，我们也正将这些数据运用在自己的气候风险分析中。我们正在与亚马逊云服务携手合作，对55个基础天气、气候和可持续发展数据集进行托管。这利用的是亚马逊云服务的基础架构，其中所包含的尖端机器学习工具，已经被世界各地的非政府组织、学者和政府用于实际气候问题的解决。

我们将具体业务活动数据搜集起来，与排放模型连接，再通过一个编排层将数据全部拼接融入决策支持工具，即各种数据仪表盘、度量指标和方法机制，我们的团队可以将这些工具运用于公司各部，以消除碳排放。其中每个模型都有一套详细的逻辑和精细数据作为基础。运输模型侧重于碳排放的关键驱动因素，对于我们的案例而言，就是指车辆类型、燃料类型和运输路线。这种模型让我们得以对现有的网络和物流做出分析，同时加深对新兴技术、新兴车辆、替代燃料的了解。现在，我们已经能够对即将问世的电动车辆、无人机及必定到来的下一波运输改革进行建模。从根本上来说，运输模型为我们提供了条件，让我们将可持续发展植入未来的产品分类、科学技术、客户创新之中。

这些指标和数据为亚马逊的所有团队提供了在其他情况下无法获取的洞见，其中一些内容是与我们的直观感受有出入的。实际上，碳排放量最低的邮寄选项，竟然是当天到货。这是因为从可持续发展的角度而言，将库存搬到客户的所在地是几乎不会有错的。

无论是模型还是指标，目前，这些我们所构建的系统正在为亚马逊的所有团队提供有助于减少碳排放的详细图景。我们正在从着眼总量转向有针对性的碳排放，并以亚马逊客户和地球的利益为出发点进行发明创造。

我们希望成为领导者，也想要树立榜样。大家知道，在环境问题上，我们也曾处于大多数的行列，但我们想要移动到队伍的前端。我们想要成为领导者。我们想要告诉其他公司，如果一家拥有亚马逊的复杂结构、规模、广度及实体基础设施的公司都能做到，那你们也能。

目前，亚马逊使用能源中的可再生能源已经达到40%。为了实现这个数字，我们已搭建了15座公用级别规模的太阳能和风力发电厂[1]。我们也在世界各地的物流中心和分拣中心安装了太阳能光伏装置。

我们未来的方向在哪里？在可再生能源方面，我们已经做出承诺，要在2024年之前实现80%的利用率。2030年前，我们将致力于将使用率提升到100%。我们的团队正在争取于2025年之前实现100%的目标，并为达成目标制订出了切实可靠的计划。

另外，我们还拥有许多厢式送货车，当今，这些车辆使用的都是化石燃料。2019年9月，我们从一家叫作里维安的公司订购了他们制造的10万辆厢式电动送货车。一份像《气候宣言》这样的承诺，将会推动整个经济着手打造大型企业履行诺言所必需的产品和服务。之所以为里维安投入4.4亿美元的资金，也是出于这一考虑。

我们正在与大自然保护协会合作，为一个叫作"当下气候基金"的项目注资。我们正在为重新造林投入1亿美元的资金。而旨在将碳从地球大气中去除的重新造林，则是基于自然的解决方案的绝佳范例。

---

1 按照常规，公用级别规模的可再生能源项目的发电能力至少为10兆瓦。

随着当今经济的发展，人们也在对实际的商务活动进行切实改革，从而努力实现零碳排放，这将成为一种不容忽视的信号，推动市场着手创造和开发全球企业履行这一承诺所必备的全新科技。因此，这也是我们需要携手共进的另一个原因。想要真正有力加强这一市场信号，我们就需要吸引众多公司参与到这一宣言中来。亚马逊是一家规模庞大的公司，如果我们能够召集多家大型企业勠力同心，便能向市场发出更强烈的信号，在供应链如此互联互通的当下则更为如此。想要实现目标，唯有依靠协作互助。

21

贝佐斯第一天基金

贝佐斯第一天基金于2018年推出，承诺投入20亿美元，希望在两个领域产生有益而持久的影响：为救助无家可归之人的非营利组织提供资金，以及在低收入社区打造一个顶级非营利学龄前教育网络。

"第一天家园基金"每年都会颁发领导力大奖，接受奖项的组织和民间团体通过提供住所、食物补给等充满慈善关怀而意义重大的工作，解决了孩子们的燃眉之急。基金的愿景宣言来自西雅图慈善收容所"玛丽之家"：不让孩子露宿街头。

"第一天学园基金"正在创建一家组织，在欠发达社区开办和运营高品质的全奖制蒙氏教育风格学前班网络。我们不仅有机会进行学习、发明和改善，也会努力将亚马逊一往直前的原则付诸实践。其中最重要的一条，就是对客户抱有发自内心的强烈痴迷。这个传教士团队所服务的客户群的构成很简单：全美各地欠发达社区的儿童。

以下内容，是贝佐斯于2018年9月13日在华盛顿经济俱乐部与俱乐部主席大卫·鲁宾斯坦的谈话。

创建第一天基金的方法对我的帮助很大。我征求了大家的意见，过程和众包无异，差不多整整收到了4.7万条回复，实际数量或许比这还要稍多一点。有的回复是发到我个人邮箱中的，而绝大多数都是通过社交媒体发送的，我读了成千上万条。我的办公室人员把这些回复一一分类，分别放在不同的文件夹里，几个主题便自动浮现出来。众包的一个有趣之处，就在于其长尾分布的特征非常明显。人们乐意尝试用各种不同的方式来帮助这个世界变得更好——涉及的全都是我们熟悉的领域。有的人对艺术和歌剧很感兴趣，觉得这些领域的资金不足。有很多人关注的是医学和特定的疾病，认为这些领域需要更多的科研经费。大家都有道理。许多人非常关心无家可归的问题，我也包括在内。还有很多人心系各种教育，除了大学奖学金之外，还有学徒培训。

我对儿童早教非常感兴趣，在这一点上，可以说是"有其母必有其子"。我的母亲目前正在负责贝佐斯家园基金的管理，也俨然成了一位早教专家。我就是蒙氏教育学校的产物。2岁的时候，我就开始接受蒙氏教育了，老师跟母亲抱怨，我会聚精会神地关注某一个活动，她没法让我切换到下一个活动中，只能搬起我的椅子，把我放到别处。顺便说一句，如果你问跟我一起共事的人，你会发现，我到现在可能还是老样子。

我们将会建成免除学费的蒙氏教育学前班。我们要做成一家自营的非营利组织。执行团队已经搭建完毕。领导团队也已架设完备。我们要负责这些学前班的经营，把学前班带进低收入社区。

我们很明确一点，对于落后于人的孩子而言，想要追赶是举步维艰的，如果你在孩子2岁到4岁的时候助一臂之力，那么到了上幼儿园或小学一年级时，他们落于人后的概率就会小很多。落后虽然仍有可能，但你已经大幅提高了他们的成功概率。绝大多数人非常注意让自己的孩子接受高质量的学前教育，以便在启蒙阶段先人一步。这种先发优势拥有惊人的自动累积效果。如果你能让孩子在2岁到4岁时拥有一个好的开始，便能实现强而有力的复合效应。也就是说，这是一种高杠杆化的效应。归根结底，意义就在于此。投资在此领域中的资金，会在几十年的时间里带来巨额的红利。

另外，我们也会进行更多传统形式的慈善捐助。我会雇用一个全职的团队，负责寻找收容中心并提供资助。

今天仍是第一天。我所做的每一件事都是从小处累积起来的。亚马逊刚开始时只有很少的员工。蓝色起源开始时只有5名成员和寥寥无几的预算。而今，蓝色起源每年的预算已经超过了10亿美元。亚马逊起步时只有寥寥10人，如今员工规模却已超过了75万人。这一点别人或许容易忘却，对于我来说却记忆犹新。当时，我自己开车把包裹送到邮局，只愿有一天能买得起一辆叉车。所以说，我目睹了事情由小变大的过程，而这也是我们所说的"第一天"心态的一部分。我喜欢把事情"看小"。虽然亚马逊是一家大公司，但我希望它能拥有一家小公司的热情与活力。第一天基金也将如此。偶尔，我们仍会畅想一番。我们对于想做的事情有着清晰的愿景，但即便如此，我仍对畅想的力量坚信不疑。我在商业和生活中所做的所有决定，都发自本心、直觉和直观，而不是靠分析做出的。能够靠分析做决定的时候，你就应该这样做，但事实证明，生活中最重要的决定全都是凭靠本能、直觉、品位和内心所做的。对于这只第一天基金，我们也要如此。这也正是"第一天"心态的一部分。在建立这套非营利学校网络的过程中，我们将会积累新的认识，也会摸索出使之更加完善的方法。

孩子就是我们的客户。这一点至关重要，因为这就是亚马逊成功的秘诀所在。亚马逊的基础是由几条原则构成的，但迄今为止，为我们带来成功的首要原则，便是对客户心无旁骛、"走火入魔"般的关注，而不是紧盯着竞争对手。我经常会与其他首席执行官、创始人和企业家交谈，我发现，即便他们聊的是客户，实际关注的也是竞争对手。对于任何公司而言，如果你将关注点放在客户而不是竞争对手身上，便能抢占巨大的优势。你必须明确客户的身份。举例来说，对于《华盛顿邮报》而言，客户是那些从我们这里购买广告位的人吗？答案是否定的。读者才是客户，这毋庸置疑。而广告商又希望出现在什么环境中呢？他们应该在有读者的地方，因此，问题真的没有那么复杂。学校的客户是谁呢？是家长吗？是老师吗？不，是孩子们。我们要对孩子们给予心无旁骛、"走火入魔"般的关注；在有条件时，我们要尽可能地做到细致严谨，但在必要时，我们会凭借本心和直觉做出判断。

我计划将自己的财产捐赠出去。具体捐赠多少，我还不知道——另外，我还打算将其中的很大一部分投入蓝色起源。

我是怀揣着一个使命踏上旅程的，如果你拥有使命，那么达成的途径有三种：你可以与政府合作，可以通过非营利组织，也可以借助一家营利性组织。若能找出通过营利性组织达成使命的方法，那么这种做法的好处有很多，原因是多重的。这种组织可以做到自力更生。拿苹果手机举例。我们最不需要的就是一家制造手机的非营利公司了。事实证明，我们拥有一个生机勃勃的竞争生态系统，乐于打造这样的产品。这其中不存在市场失灵。如果像盖茨基金会一样，你也把目光转向室温疫苗，那么遗憾的是室温疫苗没有市场。任何一个买得起疫苗的人，也能买得起一台冰箱，因此，你需要着手去解决那些在市场上找不到解决方案的问题。至于法院系统和军队等其他领域，构建非营利组织模式就更无从谈起了。

那么，这些钱去向如何？这个问题真正的答案是，我要通过如第一天基金这样的非营利模式将大量资金捐赠出去。但是，我也会将其中的很大一部分资金投资在某项事业上，比如蓝色起源。任何理性的投资者都会认为这是一项非常糟糕的投资，但我觉得这样的投资意义非凡。我希望蓝色起源能够成为一家茁壮成长、自给自足的公司。

22

探索太空的意义

以下内容，是贝佐斯于2019年5月9日在华盛顿特区举行的蓝色起源"蓝月亮"登月器揭幕仪式上发表的讲话。

蓝色起源是我正在进行的最重要的工作。之所以对这项工作坚信不疑，是缘于一个显而易见的议题：地球是最适合我们的星球。

有这么一个宏大的问题，需要我们深思熟虑：我们为什么必须到太空去？我的答案不同于常见的"备选方案"观点：地球遭到毁灭，我们因此想要远走高飞。这个看法无法调动人们的积极性，燃不起我的激情。高中时，我曾经写过，"地球是有限的，如果地球的经济和人口继续发展扩大，那么太空就是我们的唯一出路"。对于这一点，我仍然笃信。

"太阳系中最适合我们的行星是哪一颗？"这个问题的答案很简单，因为我们已经将探测器送上了太阳系的所有行星。其中一些虽然只是飞越探测，但我们已经对所有行星都进行了考察。地球是最适合我们的行星——让其他几颗望尘莫及。这里简直是一块宝地。那些想搬到火星上居住的朋友，怎么办？我要说："拜托，请先到珠穆朗玛峰峰顶生活一年，看看你适不适应，因为与火星相比，那儿简直就是阆苑仙境。"金星的环境，就更不用我挑毛病了。

看看地球吧，太不可思议了。吉姆·洛威尔是我心中真正的英雄之一，在执行阿波罗8号环绕月球任务的过程中，他做了一件让人惊叹的事情。他伸出大拇指，发现只要伸直手臂，就能将整个地球遮住。他所知晓的一切，都可以用一根大拇指遮住，他还说了一句发人深省的话。大家都知道一句老话："但愿我死后能入天堂。"而他却说："在那一刻我却悟出，我们出生时，就已经进了天堂。"地球就是天堂。

天文学家卡尔·萨根是如此富有诗意："在那蓝色的点上……有你所认识的每一个人，你曾经听说过的每一个人，曾经存在于世的每一个人，都在上面度过了自己的一生……地球，只是浩瀚宇宙竞技场中的一方小小舞台。"在整个人类历史中，地球给我们的感觉都是宏大的，实际上，从完全切合实际的角度来看，地球也确实宏大。过去，人类一直很渺小，但如今已不再如此。地球已经不再宏大，而人类成了宏大的那一方。地球在我们看来似乎很大，却是有限的。我们必须得意识到，我们面临着一些紧迫的问题，一些我们必须处理也正在处理的问题。这些问题刻不容缓。我指的是贫困、饥饿、无家可归、污染、海洋中的过度捕捞等。迫在眉睫的问题有长长的一串，而我们则要立即采取行动，此时此刻就予以应对。但是，长远的问题也同样存在：我们也需要来面对这些问题,且这些问题的解决需要花费很长的时间。我们不能等到长远的问题变得迫在眉睫才采取行动。双管齐下是可能的。我们既可以应对当时当下的问题,也可以着手长远问题的解决。

之所以想要进入太空,是为了保护这个星球。之所以将这家公司命名为"蓝色起源",原因也就在此,为了这个蓝色的星球,我们的家园。但是,我们不愿面对一个停滞不前的文明,如果我们只是止步于这个星球,真正需要面对的问题就在于此——而这,便是长远问题所在。

一个非常根本的长远问题就是地球上的能源有一天终将枯竭。这是个简单的算术问题,也是一定会发生的。人类的能耗是97瓦——我们作为动物的新陈代谢率,但作为发达世界成员的我们,却会消耗1万瓦的能量。我们生活在一个生机勃勃、飞速发展的时代——这给我们带来了很多好处。你的生活质量要比你的祖父母高,而你的祖父母的生活质量也要比他们的祖父母更高,其中很大一部分原因,就是我们得以收获并为己所用的丰富能源。使用能源,为我们带来了诸多便利。到医院看病时,你就会用到大量的能源。医疗设备、交通、我们享受的娱乐及使用的药物——所有这些,都需要用到大量的能源。停止使用能源对我们无益。然而,我们的使用水平却是无法长久维持的。

从历史上看,全球能源的复合使用率为3%。这听上去好像并不太多,但假以时日,这种复合的效果却是极大的。每年3%的复合率,相当于人类能源的使用量每25年翻一番。按照当今的能源使用水平,如果将太阳能电池覆盖整个内华达州,便能为全球供能。当然,这项任务听起来很艰巨,但也是能够实现的,再说了,内华达州反正也基本上全是沙漠。但在短短的几百年中,按照历史上3%的复合率计算,我们将需要在整个地球的表面都铺设上太阳能电池。当然,这是不可能发生的。这是一个非常不切实际的解决方案,我们可以确定这是行不通的。那么,我们能做些什么呢?

我们能做的一件事就是关注能效,这是个好主意。然而问题在于这个理念已经由来已久。几个世纪以来,随着我们的能源消耗以每年3%的速度增长,我们一直都将重点放在效率上。我给大家举几个例子。200年前,你需要工作84个小时,才能换来1小时的人工照明。而今,换取同样时间的人工照明,你只需工作1.5秒钟。从蜡烛、油灯、白炽灯进化到LED照明,我们在效率上取得了巨大的飞跃。另一个例子是航空运输。在商业航空的最近半个世纪中,我们已经见证了4倍的效率增长。半个世纪前,飞机带一名乘客横跨美国,需要使用约413升的燃料。而今,一架现代的波音787飞机只需91升燃料就能完成同样的任务。这是一个惊人的进步,令人叹为观止。

那么计算领域呢?计算的效率已经提高了1万亿倍。通用自动计算机(Univac)[1]能以每秒1千瓦的能耗完成15次计算。一台现代的计算处理器却能用同样的能耗完成17万亿次的计算。那么,

---

1 这是1951年由雷明顿兰德公司发售的全球第一台商用电子计算机。

当能效达到很高的水平时，又会产生什么影响呢？我们对于这些东西的使用也会随之增加。人工照明的价格大幅下降，因此变得比比皆是。航空运输的价格大幅下降，因此我们便成了空中飞人。计算的价格也大幅下降，因此连阅后即焚的SnapChat也得以问世。

我们对能源的需求与日俱增。即便效率不断增长，我们也仍会使用越来越多的能源。这3%的复合增长率，已经将未来能效大幅改善的假设考虑其中。当无限的需求与有限的资源相互冲击，结果会是什么呢？答案不言而喻：配给。这就是我们将会踏上的道路，而这条道路会首次导致你的孙辈和他们的孙辈的生活质量在你之下。这是一条糟糕的路。

好在，如果我们能够搬到地球之外的太阳系中，就等于拥有了无穷无尽的资源。因此，摆在我们面前的选择便是：我们是甘于停滞和配给，还是追求活力与发展？这个选择很简单。我们明白自己想要什么，只需要采取行动。我们可以在太阳系里繁衍1万亿的人口，这样我们就会有1000个爱因斯坦和1000个莫扎特了。这将是一个令人叹为观止的文明。

这样的未来是什么样的呢？这1万亿的人要居住在哪里呢？普林斯顿大学物理教授杰瑞德·欧尼尔对这个问题进行了非常缜密的研究，也提出了一个从来没有人问过的直捣核心的问题："固态行星的表面是人类朝太阳系扩张的最佳场地吗？"于是，他和他的学生们着手为这个问题寻找答案，并得出了一个对他们而言非常惊人和有违直觉的答案：不是。为什么不是呢？他们提出了

287

各种各样的问题。问题之一，就是其他固态行星的表面积没有那么大。太阳系中最大的固态行星面积也只有我们的2倍，这并不算多，且这些行星距离我们非常遥远。往返火星的时间要几年之久，而火星的着陆时机每隔26个月才会出现一次，这是一个不容忽视的物流问题。最后，由于离地球的距离太远，我们无法在这些行星上与地球进行实时通信。我们会受到光速延迟的限制。

最根本的问题在于，这些固态行星的表面不具备也无法具备地球正常重力。无论这些行星拥有怎样的重力场，你都只能照单全收。以火星为例，其重力是地球标准的1/3。因此，欧尼尔和他的学生提出了人造世界的概念，通过旋转利用离心力制造人工重力。这些建筑体规模庞大，延伸数十公里，每个建筑体上可以容纳100多万人。

太空殖民地与国际空间站大相径庭。在这些殖民地中，设有高速运输系统、农业区和城市。并非所有太空站都要保持一样的重力。你可以建造一个娱乐用的殖民地，在这里保持零重力，让人们用自己的翅膀四处翱翔。有的殖民地可能是国家公园，这些地方很适宜居住。在这些欧尼尔殖民地中，有一部分可模仿地球上的城市建造。人们或许会选择历史古都并通过某种方法进行重现，还会有全新种类的建筑出现。这些殖民地的气候也非常理想，一年365天都拥有毛伊岛上最宜人的天气——没有雨水，没有风暴，也没有地震。

首要目的不再是遮风避雨的建筑物又会是什么样子呢？请大家拭目以待。但这些太空殖民地必定风景如画，让人们渴望在那里居住。另外，这些殖民地也可以离地球很近，这一点很重要，因为人们一定会有重返地球的需求，而不是想要永远离开。在这些殖民地之间旅行也非常便捷。无论是拜访朋友家人还是参观休闲娱乐区，在这些欧尼尔殖民地之间快速往复，只需少之又少的能源就能完成。当日即可往返。

欧尼尔教授曾经与著名科幻作家艾萨克·阿西莫夫一起参加过一期电视节目。主持人向阿西莫夫提出了一个非常精辟的问题："科幻小说中是否出现过这种（欧尼尔殖民地）预测呢？如果没有，原因又是什么呢？"阿西莫夫的回答也很巧妙："说真的，还没有人做过这样的预测，因为我们都是'行星沙文主义者'。所有人都相信，人类应该居住在地球的表面或某个类似地球的世界上。在我的作品中，我曾将殖民地放上了月球。其他许多科幻作家也写过同样的内容。对于无重力空间中的人造世界，我写过的最接近的内容便是建议我们到小行星带去，把小行星挖空，以此来建造飞船。我从来没有想到过要将小行星上的物质带往环境更加宜人的地球，在地球周边打造更多的世界。"

行星沙文主义者，说得多好！这种愿景、这些欧尼尔殖民地的创建，会将我们引向何处呢？这对地球而言又意味着什么呢？地球将永远被规划为居住区和轻工业区，会成为一个美丽的居住地和迷人的风景区。这里会成为人们上大学和进行部分轻工业活动的宝地。而重工业和所有污染环境的制造业——所有那些破坏我们地球的活动，都将被移至地球之外完成。

这就是我们保护这个独一无二的宝贵星球的方法，这个星球是完全无可取代的，没有备选方案可言。我们需要拯救地球，但也不应让我们孙辈的孙辈与充满活力和潜力无限的未来绝缘。鱼与熊掌，是可以兼得的。

这项任务由谁来完成？答案不是我，这是一个宏大的愿景，需要很长时间才能够实现，这项任务要由当今在校的孩子们和他们的子孙来完成。他们将会用涵盖整个生态系统的成千上万家未来公司构建出完整的产业。各种各样的创业活动，将会激发创意人才提出利用空间的奇思妙想。但是，这些创业型公司当今是不可能存在的。之所以如此，是因为当今在太空做有趣的尝试的成本太过高昂，基础设施尚不存在。

我在1994年创办了亚马逊。那时，亚马逊赖以生存的所有大规模基础设施都已经到位。我们不需要修建运送包裹的运输系统，因为系统已经存在。如果需要自己修建，那就要投入数十亿美元的资产。但系统是现成的。它的名字就是美国邮政署、德国邮政集团（Deutsche Post）、英国皇家邮政（the Royal Mail）、美国联合包裹运送服务公司（UPS），以及联邦快递（FedEx）。就这样，我们得以立足于这样的基础架构之上。支付系统的情况也是如此。我们需不需要发明出一个支付系统，然后再推向市场呢？这需要数十亿美元的资金和数年的时间。但我们不必费心，因为支付系统也已经存在。它的名字就叫作信用卡。我们非得发明电脑吗？不，电脑已经几乎存在于家家户户了，用途虽然主要是玩游戏，但它确实存在。这一基础架构也已经架设完备。我们需要再投入数十亿美元用来铺设电信网络吗？不，没这个必要。这个用途主要是拨打长途电话的网络已经铺设完成，由美国电话电报公司（AT&T）及世界各地的同类公司共同构建。基础设施能够让企业家完成惊人的创举。

这些欧尼尔殖民地将会由今天的孩子和他们的子孙来建造。而铺设这些殖民地的创建所需的基础架构的工作，则要从我们这一代人开始。我们要建设一条通往太空的道路，然后，震撼人心的事情就会发生。这时，你便会目睹企业家的创造力；这时，太空企业家们便会在自己的宿舍里开创公司。但这些，在今天还不可能。

那么，我们到底该如何创建欧尼尔殖民地呢？没有人知道答案，我也不知道答案。答案的细节，将会由我们的后代们来发掘。但我们确定的是，有一些大门是必须跨过的，有一些先决条件是一定要满足的。如果我们不做到这些，就永远也实现不了目标。知道这些问题在哪里，是一件很好的事，因为我们可以着手处理，并坚信这些努力终归会派上用场。无论这个未来的愿景如何演变，有两件事都是至关重要的。首先，我们必须大幅降低发射成本。当今的发射成本实在是太高了。其次，我们必须利用太空资源。地球有一个非常强大的重力场，想把我们所有的资源从地球上移走，肯定是行不通的。我们需要将早已存在于太空中的资源利用起来。

以第一位进入太空的美国人——水星计划宇航员艾伦·谢泼德命名的"新谢泼德号"，是蓝色起源研发的可重复利用亚轨道火箭。它旨在将宇航员及研究所需的相关载荷运送到卡门线之外——国际公认的"太空"的边界。以宇航员约翰·格伦的名字命名的"新格伦号"，是一枚单一配置的重型运载火箭，能够定期将乘客和有效载荷送入地球轨道及更远的地方。

对于"新谢泼德号"，有一点让我非常跃跃欲试，那就是用这枚火箭好好练练手。使用最多的飞行器一年或许也只能飞几十次，将有效载荷送入轨道中。一件一年只做几十次的事情，是绝对达不到精通的。

假设你要接受一项手术，那就应该确保外科医生每周至少会做5次手术。实际数据表明，如果你的外科医生每周至少进行5次手术，那么手术的风险就会大大降低。因此，我们需要定期且频繁地进入太空。当今的航空飞行之所以如此安全，原因之一就是熟能生巧。

我们需要更多的航天任务。如果你的有效载荷的成本是数亿美元，那就要比发射本身的成本还高。这就对运载火箭施加了很大的压力，需要其保持原样、确保高度稳定，从而使得可靠性比成本重要多了。这其实会把人们推向一个错误的方向，即发射次数减少而卫星成本奇高，这种情况我们在很多实例中都有目睹。

在蓝色起源，我们致力于将练习变成一种习惯，想要做到这一点，我们就必须拥有一架安全可靠且可重复利用的飞行器。这里的关键点在于可靠性。之前，人们重复利用航天飞机的方法简直繁复得令人生畏。NASA采取的实际方式是将航天飞机带回地球，经过非常精细的检查，然后进行再次发射。与其这样，还不如使用一次性的运载火箭。你总不能把你的波音767开到目的地，然后将整个机身从头到尾检查一遍，全部拆解开，还妄想着将成本控制在可以接受的水平上。因此，让宇宙飞船的可重复利用性与飞机相媲美，才是重中之重。我们的目标就是通过可重复利用来降低成本，而我们的愿景则是想办法在太空中树立活力十足的创业精神。

对于蓝色起源团队在"新谢泼德号"的可重复利用运载火箭上取得的惊人进展，我深感自豪。我们已经连续完成了11次登陆，共使用了两台助推器。其中一台连续飞行了5次，另一台则连续飞行了6次。两次飞行之间几乎没有进行任何翻修。这就是降低发射成本的方式，必须靠可重复利用的运载火箭。一直以来，人们都是只对运载火箭进行一次使用，然后就扔弃淘汰。另外，重复利用也不能只做表面功夫，将运载火箭带回地球后再进行大举翻新，这种做法同样很费钱。很快，我们就要用"新谢泼德号"进行载人飞行了，这真让人心潮澎湃。

打造"新谢泼德号"这枚用于太空旅行的亚轨道火箭时，我们在技术方面做了一些别出心裁的决策。这枚火箭的燃料是液态氢，这种火箭燃料的性能最高，但使用难度也最大。亚轨道任务并不需要用到液态氢，之所以做此选择，因为我们知道这是下一个阶段一定会用到的燃料。我们想拿这种最难使用但性能最高的推进剂多练练手。在"新谢泼德号"的垂直着陆问题上，我们也做出了同样的决策，即便其他着陆方式同样也能行得通。垂直着陆的一大优势，就是其纵向扩展性非常优异。虽然听上去非常有违常理，但运载火箭越大，垂直着陆的难度反而越低。垂直降落就像是在你的指尖立一把扫帚，扫帚可以立稳，但铅笔就难了。因为铅笔的转动惯量实在太小了。从一开始，我们就想要搭建一个载人级系统，迫使自己对安全性、可靠性及逃生系统进行清晰的考量。我们知道，所有这些因素，都是打造下一代运载火箭所必须积累的经验。因此，目的就是熟能生巧。

"新格伦号"是"新谢泼德号"的大哥，大到足以将"新谢泼德号"的整个有效载荷舱装进去。这是一枚庞大的运载火箭，推力足有约177万千克。偶尔会有人向我提出一个非常有趣的问题："杰夫，未来10年会出现什么样的变化呢？"我很喜欢在这个问题上发散思维。这种话题放在晚餐时玩味是非常有趣的。但是，有一个更重要的问题，却几乎从没有人向我问起："在未来10年里，有什么不会改变？"这个问题意义重大，因为你可以以这个问题的答案作为制订计划的基础。我很确定，10年之后，亚马逊客户仍然渴望低价。这一点是不会改变的。客户们想要得到快捷的运输，也想拥有丰富的选择。因此，我们在这些领域中所倾注的所有能量都会继续产出回报。难以想象在10年之后会有哪个客户找到我，说"杰夫，我热爱亚马逊，但我只是希望你们的送货速度能够稍慢一点"，或是"真希望你们的价格能稍微调高一点"。这是不可能发生的。若能找出那些在几乎任何情况下都恒常不变的事物，你就可以放心将精力投入进去了。对于"新格伦号"，我们知道不变的因素是哪些——成本、可靠性，以及准时发射。在踏入真正进入太阳系的下一阶段之前，这些因素中的每一个都需要有所改进，而我也知道，这些因素是不会因时间的推移而改变的。10年后，不可能有哪个"新格伦号"的客户跑来找到我们说"杰夫，我可真希望这枚火箭能……怎么说呢，能多出几次故障"，抑或"真希望价格能再高一点，把我的发射日期错过"。顺便说一句，可用性和准时发射都是非常关键的问题，而不直接参与航天工业的人们大多没有给予这些问题足够的重视。延误真的能把事情搞得一团糟，给有效载荷的客户带来重大的损失。因此，这些因素是不会改变的。我们要将精力倾注其中。整枚运载火箭都是围绕这三大因素设计的。

毋庸置疑，可重复利用性是大幅降低发射成本的关键。有时，人们想知道的是燃料的价格有多高，以及燃料是否会构成问题。液化天然气的价格非常低廉。虽然"新格伦号"上有数百万千克的推进剂，但燃料和氧化剂的成本实际还不到100万美元，放在全局来看可谓微不足道。不得不扔弃硬件设备，才是当今发射入轨的成本如此高昂的原因。这就好比驾车到商场去，只开一趟就把车丢掉一样。如果这样做，驾车去商场的出行成本就太高了。

我们必须跨过的第二道大门，便是太空资源。我们必须对这些资源加以使用，而我们也拥有一份厚礼，那就是离地球不远的那个叫作月亮的天体。相比于阿波罗计划时期，甚至短短20年前，当今的我们对于月亮的认识已经深刻了许多。其中最重要的认识之一，就是水这种宝贵的资源以水冰的形式存在于月球上。这些水冰位于月球两极从未经受阳光照射的环形山中。我们可以将水电解为氢和氧，这样推进剂的原料就有了。月亮的另一大优势，就是与地球只有短短三天的距离。在发射上，我们不必受到与其他行星同等的限制，比如像火星那样，两次发射要间隔26个月。想要到月球去，几乎任何时候都可以出发。还有一个对于在太空中打造大规模建筑有着重大意义的因素，就是在月球上的重力是地球的1/6。从月球获取资源时，我们可以以极低的成本将资源送入无重力空间。将同等重量的物体抬离月球所需的能源，是地球上的1/24。这是一个巨大的杠杆。

然而，月球上也需要建设基础设施。建设的途径之一，就是运用"蓝月亮"这样的飞船。这台我们花费了数年心血的庞大登月器，能携带3.6吨的重物在月面进行软着陆。而扩充了燃料箱的版本，则可以携6.5吨的物品在月表进行软着陆。甲板被设计为一个非常简单的接口，以便将各种形式的有效载荷稳固放置在顶层甲板上。受到海军系统启发的吊艇柱系统，可将甲板上的载荷放置于月球表面，而这些吊艇柱也可以根据不同有效载荷进行个性化调整。

杰夫·贝佐斯为"蓝月亮"登月器揭幕，2019年5月9日
（版权归属：蓝色起源）

月球上有许多有趣的实验等待着我们去尝试，尤其是在两极区域，蓝色起源已经组建了一个科学咨询委员会，以确保科学得到准确无误的实施，而我们也能用最少的花费达成最好的效果。另外，"蓝月亮"的客户们也将在月球上开展科研任务。人们对于这种能将货物、探测车和科学实验精准软着陆至月表的功能翘首以待。当今，这种功能尚不存在。

（前）副总统迈克·彭斯说，在未来5年内将美国宇航员送回月球，是唐纳德·特朗普政府和美国的既定政策。[1]对此，我双手支持。这才是明智之举。对于那些正在家里做心算的人，我们说的时限是2024年。而我们可以努力在时限之内完成任务。是时候重回月球了，这一次，我们还要留下来。

我们必须为孙辈和他们的孙辈打造一个生机勃勃的未来。我们不能让他们成为停滞和配给的牺牲品，而我们这一代人的任务就是搭建那条通往太空的道路，好让后代们释放自己的创造力。当这一切成为现实，就像我在1994年开创亚马逊时一样，当供未来太空企业家们所用的基础架构铺设完成的那天，你们会看到，令人叹为观止的事情会如雨后春笋一般在眼前展现。这一点，我敢保证。一旦破除束缚，人们的创造力便是不可估量的。如果这一代人能够修建通往太空的道路，铺设好基础架构，那么，我们将会看到成千上万的未来企业家共同搭建起一个真正的太空产业，而我则希望给予他们鼓励与灵感。这个愿景听上去非常宏大，事实也确实如此。每一步都将困难重重，但我仍想为大家摇旗呐喊。因此，请细品此言：千里之行，始于足下。

---

[1] 迈克·彭斯在2019年3月26日与美国国家航天委员会的一次会议上宣布了这一消息。

23
对于美国，今天仍是第一天

西西里尼主席、森森布伦纳副主席及小组委员会的成员，感谢大家。我是杰夫·贝佐斯。26年前，我创立了亚马逊公司，并订立了将之打造成地球上最以客户为中心的公司的长期使命。

母亲杰基生下我的时候，她还是新墨西哥阿尔伯克基的一名17岁的高中生。在1964年的阿尔伯克基，高中生怀孕并不光彩。她遇到了很多麻烦。学校想把她踢出去，但我的外公却替她打抱不平。经过一番商议之后，校长终于同意："好吧，她可以留下来完成高中学业，但不能参加任何课外活动，也不能用储物柜。"我的外公接受了条件，就这样，尽管不能和其他同学一起上讲台领取毕业证书，母亲还是完成了高中学业。下定决心继续接受教育的她在夜校入学，选了几位允许她带着婴儿上课的教授的课程。去上课时，她会背着两个帆布包，一个装满了课本，另一个装满了尿布、瓶子，还有任何能吸引我的注意和让我安生几分钟的东西。

我的父亲名叫米格尔。他在我4岁时开始抚养我。卡斯特罗执政之后不久，16岁的他通过"佩德罗·潘行动"来到美国。他是只身一人来到这里的，因为他父母觉得在这里会更安全。他的母亲想象美国会很冷，所以给他做了一件完全用碎布缝制的夹克衫，那是他们当时手边仅有的材料。那件夹克衫我们至今还保留着，就挂在我父母家的餐厅里。我的父亲在佛罗里达的马特坎伯难民中心（Camp Matecumbe）中度过了两周的时间，然后就被转移到特拉华州威尔明顿的一个天主教神父那里。能够到这里已算幸运，但即便如此，他还是不会说英语，也没有一条轻松的出路。然而，他拥有巨大的勇气和决心。他拿到了在阿尔伯克基入读大学的奖学金，在那所大学里遇见了我的母亲。每个人的一生中会收到不同的赠礼，而我人生最宝贵的一份赠礼，就是我的母亲和父亲。他们是我和弟弟妹妹一生中伟大的榜样。

我们能从祖父母一辈身上学到从父母那儿学不到的东西，从4岁到16岁的暑假，我都是在外公外婆位于得克萨斯的牧场里度过的。我的外公是一名公务员和牧场主，曾于20世纪50年代至60年代在原子能委员会参与空间技术和导弹防御体系的工作，也是个自力更生、足智多谋的人。在人烟罕至的地方居住，如果有什么东西坏了，人们不会拿起电话求助，而是得自己去修。小的时候，我就亲眼看过他靠一己之力解决了许多看似无法解决的问题，无论是整修一台报废的卡特彼勒推土机，还是包揽牧场的兽医工作。他让我认识到，我们拥有应付难题的能力。遇到挫折时，就重新站起来，再试一次。通过发明创造，我们可以开辟一条道路，通向更加美好的地方。

十几岁的时候，我就将这些教诲铭记在心，成了一位车库发明家。我用填满水泥的轮胎制成了一种自动关门装置，用雨伞和锡箔组装了一个太阳能炊具，还用烤盘做成用来吓唬弟弟妹妹的报警器。

我在1994年产生了打造亚马逊的想法。创建一家现实世界根本不可能存在的涵盖数百万种图书的网上书店，这想法让我跃跃欲试。当时，我正在纽约市的一家投资公司工作。当我告诉老板我要离职的消息时，他带着我到中央公园漫步良久。听我侃侃而谈之后，他终于开口说："你知道吗？杰夫，这是个很好的主意。我觉得你发现了一个很棒的点子，但这点子可能更适于那些还没有找到一份体面工作的人。"他说服我先考虑两天的时间，然后再做最终决定。这是一个我用心而不是用脑做出的决定。80岁的时候，我希望已尽己所能地将一生中的遗憾降到最低，而我们人生中绝大多数的遗憾都由不作为所致，比如那些没有试过的事、没有走过的路。我们无法释怀的就是这些遗憾。如果连全力以赴地尝试一次都做不到，如果不试着参与到这个叫作互联网的、我相信一定会成大气候的领域之中，那我一定会追悔莫及。

亚马逊公司最初的启动资金主要来自我的父母，他们把毕生积蓄的一大部分都倾注到了一个自己并不了解的领域。他们赌的不是亚马逊或网上书店的概念，他们是在儿子身上下注。我告诉他们，我觉得有70%的概率会把所有投资都砸在里面，但他们还是义无反顾。我开了50多次会议，才从投资者那里募集到了100万美元。在所有这些会议中，人们最常问到的问题是："互联网是什么？"

与这个世界上众多的其他国家不同，我们所生活的这个伟大国家对于创业风险不但不侮蔑，反而鼓励、支持。我放弃了一份稳定的工作，钻进西雅图的车库里着手我的初创公司，也心知肚明这条路或许走不通。我自己开车把包裹运送到邮局，梦想着有一天能买得起一辆叉车，回想起来，这一切还都恍如昨日。

亚马逊的成功绝非命中注定。在早期投资亚马逊是非常冒险的。从公司成立到2001年年底，我们的累计亏损达到了近30亿美元，且一直到当年第四季度才实现第一次季度盈利。聪明的分析人士们预测，巴诺书店会将我们完全碾轧，还给我们贴上了"完事大吉"的标签。1999年在我们开始营业近5年后，《巴伦周刊》以"一蹶不振"为标题，报道了我们即将消亡。我的2000年致股东信的开头只有短短两个字，"哎哟"。在互联网泡沫的鼎盛期，我们的股价达到了116美元的峰值[1]，而在泡沫破裂之中，股价却跌到了6美元。专家和权威人士都以为我们必将破产。亚马逊之所以能够生存下来并最终取得胜利，靠的是诸多甘心与我一起冒险一搏、愿意坚持信念的明智之士。

风险并不只发生在最初的几年。除了命运的眷顾和优秀的人才之外，这家公司之所以能够成功，全凭我们敢于不断地承担巨大的风险。想要创造，你就得实验，如果你一早就知道事情必定成功，那么这就称不上实验。巨大的回报往往来自与常理相悖的

---

[1] 此处与前文提到的113美元有出入，疑为作者笔误。

押注，而常理却通常是正确的。刚开始创立亚马逊云服务时，许多评论家都认为这是在冒险分散精力。他们纳闷："出售计算能力和储存空间跟卖书有什么关系？"没有人提出过对于亚马逊云服务的需求。但事实证明，这个世界其实已经做好准备也渴望迎接云计算，只是他们自己还没有意识到罢了。我们对于亚马逊云服务的判断是正确的，但说实话，最终以落空收场的风险，我们承担了许多。实际上，亚马逊已经为失败买了数十亿美元的单。失败总不免与冒险相伴，正因如此，我们才会努力将亚马逊打造成这世界上最适合失败的地方。

自从亚马逊成立以来，这家公司就一直秉持着第一天的心态。所谓第一天的心态，指的是用第一天的活力和创业精神来面对我们所做的每一件事。亚马逊虽是一家庞大的公司，但我一直坚信，如果我们致力于将第一天的心态当作基因中不可或缺的一部分来秉持，就能兼备大公司的愿景和能力，以及小公司的活力与热情。

在我看来，迄今为止，对于客户坚持不懈的关注，是获取及维持有如第一天般活力的最佳途径。为什么这样说呢？因为即便客户口头表示满意，即便你的业务顺风顺水，客户也永远不会满足。虽然客户自己心中尚未意识到总想得到更好的东西，但不断满足客户的渴望，则会驱使你从客户的利益为出发点不断进行创造。这样一来，通过对客户心无旁骛的关注，我们便会受内力驱动，在万不得已之前就改善服务、丰富福利与功能、发明新的产品、降低价格并加快送货时间。从来没有哪位客户要求亚马逊打造一项金牌会员服务，但毋庸置疑，这项服务正是他们所想要的。这样的例子，我还可以举出很多。并非每家企业都能秉持这种以客户为本的方针，但是我们做到了，而这也是我们最大的优势。

客户的信任难于赢得，但易于失去。如果你的客户成就了你今天的事业，他们便会忠实于你，直到有人给他们提供更优质服务的那一秒为止。我们知道，客户是敏锐而明智的。我们坚信，如果努力做正确的事情，客户们便能感知得到，而如果我们周而复始地坚持下去，就能赢得信任。信任是随着时间的推移、凭借把困难的事情做好而慢慢积累的——按时交付；提供每日低价；许下承诺并信守诺言；做有原则的决策，即便这些决策不讨人喜欢；创造出更加便捷的购物、阅读及实现居家自动化的途径，以便让客户有更多的时间与家人共处。正如我从1997年的第一封致股东信就开始说的，我们的决策基础，是为满足客户需求进行的发明创造所产生的长期价值。因为这些决策受到批评时，我们便会洗耳恭听并反躬自省。如果认为这些批评家言之有理，我们便会有则改之。如果真的犯了错误，我们就会虚心道歉。但如果在一番自省和对批评做出评估之后仍觉得自己做得正确，那么，这个世界上便不该有任何力量可以让我们动摇。

幸运的是，我们的方针奏效了。权威独立调查结果显示，80%的美国人都对亚马逊抱有良好的整体印象。在"做正确的事"上，美国人对谁的信任能超过亚马逊？根据全球数据调查机构"晨间咨询"2020年1月的一项调查，能超过亚马逊的，只有受访者的家庭医生和军队。乔治城大学和纽约大学的研究人员在2018年发现，一项机构和品牌信任度调查显示，在所有调查对象中，排在亚马逊之前的只有军方。在共和党人之中，我们紧跟军方和地方警察之后；而在民主党人之中，我们则独占鳌头，位列政府各部门、大学及新闻媒体等机构之首。在《财富》杂志2020年"最受赞赏公司"榜单上，我们名列第二（第一名是苹果公司）。客户能够注意到我们为其付出的辛勤努力，并用信任作为回报，我们心怀感激。努力赢取和维持这份信任，是亚马逊"第一天"公司文化中最大的推动因素。

绝大多数人所知的亚马逊，只是那家将在线订购商品装在侧面印有笑脸的棕色纸箱中寄送给客户的公司。那是我们的起点，迄今为止，零售业仍是我们规模最大的业务，构成整体收入的80%以上。而这一业务的本质，就是将产品送到客户手中。这些业务必须靠近客户，我们不能把这些工作外包给任何其他国家。为了履行我们对这个国家的客户的承诺，我们需要通过美国员工将产品送达美国客户的手中。当客户们在亚马逊购物时，他们就是在助力当地社区创造就业机会。由此，亚马逊直接雇用了100万名员工，其中许多都是按小时计酬的入门级员工。我们雇用的不仅是西雅图、硅谷受过高等教育的计算机科学家和工商管理硕士，我们也在西弗吉尼亚、田纳西、堪萨斯和爱达荷等全美各地雇用和培训了成千上万的员工。这些员工包括包裹装卸工、机械工和工厂管理员。对于许多人而言，这是他们的第一份工作。对于一些人来说，这份工作则是通往其他职业的踏板，能够在这方面给予帮助，我们深感自豪。我们投入了7亿多美元，为10多万名员工提供了医疗卫生、交通运输、机器学习及云计算等领域的培训课程。这个计划就叫作"亚马逊职业选择"，我们会为亚马逊员工支付95%的学杂费，让他们在高需求、高薪资的领域考取证书或文凭，无论该领域是否与亚马逊的工作相关。

我们的一位叫作帕特丽夏·索托的伙伴，就是职业选择计划的一个成功案例。一直以来，帕特丽夏都想要在医疗领域工作，为照料他人出一份力，但是，面对高等教育的费用，只有高中文凭的她不确定自己是否能够达成这一目标。通过职业选择计划获得医科证书后，帕特丽夏离开了亚马逊，以萨特·古尔德医学基金会（Sutter Gould Medical Foundation）医疗助理的身份开启了自己全新的职业生涯，协助一名肺科医生工作。职业选择计划为众多和帕特丽夏一样的人提供了追求第二次机遇的条件，曾几何时，这样的机遇显得那么遥不可及。

在过去的10年间，亚马逊在美国的投资超过了2700亿美元。除了我们自己的员工团队之外，亚马逊的投资还在建筑、建筑服务及酒店服务业等领域间接创造了近70万个工作岗位。在马萨诸塞州的福尔里弗、加州的内陆帝国区域、俄亥俄等铁锈地带和其他地区，我们的招聘和投资不仅带来了迫切需要的工作机会，还新添了数亿美元的经济活动。在新冠疫情期间,我们额外雇用了17.5万名员工,其中包括许多在经济衰退期间从其他职位被解雇的人员。仅在第二季度,我们就投入了超过40亿美元,确保在疫情期间将必需品送到客户手中,同时保障我们员工的安全。一个由来自亚马逊各层级员工组成的专门小组,已经创建了一套对我们的员工进行定期新冠检测的方案。我们期待与其他感兴趣的公司和政府合作伙伴共同分享我们的经验。

我们参与竞争的全球零售市场规模大得惊人,且竞争异常激烈。在25万亿美元的全球零售市场中,亚马逊所占的份额还不到1%,在美国零售市场中的份额还不及4%。与那些赢家通吃的行业不同,零售业有容纳许多赢家的空间。比如,仅在美国,年收入超过10亿美元的零售商就有80多家。我们知道,与任何一家零售商一样,亚马逊商店的成功完全取决于客户对店内体验的满意度。每一天,亚马逊都要面对来自大型老牌公司的竞争,比如塔吉特、开市客、克罗格,当然,还有规模两倍于亚马逊的沃尔玛。针对在线购物打造卓越的客户体验,这一直以来都是我们的重中之重,而今线上销售却已成为其他商家的一个更大的增长领域。沃尔玛的在线销售在第一季度增长了74个百分点。而越来越多的消费者也正在涌向其他商家所创造的服务,如路边自提[1]和店内退货等,而这些是亚马逊仍然无法在规模上与其他大型企业匹

---

1 指消费者在线下订单并在当地门店提货的服务。订单准备就绪时,消费者可在门店附近的指定区域停车,工作人员会将预订的商品送到车上。

敌的。新冠疫情的暴发，让人们将目光投向这些已经持续增长多年的趋势。最近几个月来，网上订单的路边自提服务已经增长了200多个百分点，其中一部分原因是出于人们对新冠疫情的担忧。另外，我们还面临着电商软件开发商Shopify和生鲜生活用品送货服务Instacart等公司带来的新一轮竞争，这些公司能让传统实体商店几乎瞬间设立起完整的在线商店，并以别出心裁的新方式将产品交付给消费者。我们同时面临的竞争压力，还来自越来越多的全渠道商业模式。就如我们经济中几乎所有其他领域一样，无论是在线上、实体门店或是当今盛行的线上线下组合商店，科技都无处不在，且只会让零售业的竞争变得更加激烈。亚马逊和所有其他商店都敏锐认识到，无论"线上"和"实体"商店的最佳特征如何结合，我们都是在为同样的客户提供服务，也是在为同样的客户进行竞争。零售业的竞争者和相关服务的范畴千变万化，唯一真正恒常不变的，就是客户对于更低的价格、更丰富的选择及更大的便利性的渴望。

从很大程度上说，亚马逊的成功离不开在亚马逊网店中销售产品的成千上万中小企业的成功，对于这一点的认识，同样非常重要。早在1999年，我们就采取了当时前所未有的措施，将第三方卖家迎进我们的店铺之中，并允许他们将产品放在亚马逊自营产品旁边并列售卖。这个举措在公司内部引起了极大的争议，许多人持不同意见，还有人预言这将是一场必败的漫长战役的开始。我们没有必要邀请第三方加入亚马逊商店，本可以将这块宝贵的地产留给自己。但我们认定，从长期来看，这个决策将会为客户带来更丰富的选择，而客户满意度的提高则会使客户和亚马逊双双收益。事实也确实如此。在引入这些卖家不到一年的时间里，第三方销售便占到了总销量的5%，我们很快发现，客户们也很享受这种便利，他们不仅能够买到最好的产品，还能在同一家商店找到各种卖家提供的不同价格。现在，这些中小型商家为亚马逊商店提供的产品，要远远超出亚马逊自家的零售业务。目前，第三方销售约占到亚马逊实体产品销售量的60%，且增速也要快于亚马逊自家的零售增长。我们猜测，这并不是一场零和博弈。我们的确猜对了——整块蛋糕的确越变越大，第三方卖家不仅生意兴隆而且增长飞快，对于客户和亚马逊而言，这都是一件好事。

目前，全世界在亚马逊商店售货的中小型商家已经超过了170万家。2019年，在亚马逊商店销售额超过10万美元的全球企业家超过了20万。除此之外，据我们估计，于亚马逊商店进行销售的第三方卖家，已在全球创造了220万个新的工作岗位。

雪莉·尤凯尔就是这样一位卖家，为了在家里多陪陪孩子，她开始考虑转换职业。刚开始为朋友手工制作礼物和派对用品时，只是兴趣使然，最后，她开始在亚马逊上出售自己的作品。如今，雪莉的公司雇用了将近80名员工，客户群遍布全球各地。另一位卖家名叫克里斯汀·克鲁格，她是一位住在盐湖城的5个孩子的全职母亲。刚开始的时候，克里斯汀在自己的网站上开设了一家出售婴儿服装的店铺，后来决定在亚马逊一试身手。从那开始，她的销售量翻了1倍多，不但扩充了产品线，还雇用了一个兼职员工团队。通过在亚马逊的销售，雪莉和克里斯汀不但发展了自己的事业，还通过各自的方式满足了客户们的需求。

令人难以置信的是，这一切都只是不久之前的事。在刚开始的时候，我们并不是全球最大的电商平台——亿贝的规模是我们数倍之多。正是由于专心为卖家提供支持和我们发明的最好的工具，我们才得以冲破重围并最终超过了亿贝。亚马逊物流就是其中的工具之一，第三方卖家可将其存货储存在我们的物流中心，由我们承担所有物流、客服及退货服务。通过低成本高效益的途径，我们对销售体验中所有具有挑战性的领域进行了大幅简化，从而协助成千上万的卖家在亚马逊发展自己的事业。我们的成功，或许有助于阐释全球各类型及规模的市场平台的广泛激增。这其中包括了沃尔玛、亿贝、工艺品网络电商平台Etsy、塔吉特等美国公司，也包括阿里巴巴和乐天株式会社等总部设在海外而业务遍布全球的零售商。这些市场平台，进一步加剧了零售行业内的竞争。

客户们日复一日倾注在我们身上的信任，使得亚马逊在过去10年创造了比其他任何公司都要多的就业机会，这些数以十万计的岗位，跨越了全美42个州。亚马逊员工的最低时薪为15美元，比联邦最低时薪多出1倍多（我们已在敦促国会提高最低时薪标准）。我们也向其他大型零售商发出了追平15美元最低时薪的挑战。塔吉特在最近采取了相应的措施，就在上周，百思买也达到了这个标准。我们欣然欢迎这些企业的加入，而这些也是少数拿出实际行动的企业。另外，我们在福利方面也同样一丝不苟。我们的全职小时制员工与总部的全职固定薪资员工享受一样的福利，包括从入职第一天开始的综合健康保险、401（k）退休福利计划，以及包括20周带薪产假的育儿假期。我欢迎大家将这些薪资和福利与亚马逊的任何零售竞争对手做比较。

亚马逊超过80%的股权都由公司之外的人所持有，在过去的26年，我们从零开始，为公司外部的股东创造了1万亿美元的财富。这些股东是谁呢？是各家养老基金：消防队员、警察及学校教师的养老基金。其他的则是401（k）退休基金，即持有亚马逊部分股权的共同基金。另外还有大学捐赠基金，不一而足。由于我们所创造的财富，许多人都能在退休后享受到更加安适的生活，而我们对此也倍感自豪。

在亚马逊，对于客户的痴迷赋予了我们今天所有的成绩，也让我们有能力不断做出更伟大的创举。我知道10个人的亚马逊能做什么，知道1000人的亚马逊能做什么，知道1万人的亚马逊能做什么。而我也知道，当今接近100万人的亚马逊能做什么。我对车库创业家情有独钟，因为我就曾是其中之一。然而，就像这个世界需要小公司一样，大公司也是必需的。有的事情是小公司根本无法做成的。不管多么优秀的创业家，都无法在自家车库里打造出一架全碳纤维的波音787来。

我们的规模所创造的条件，让我们得以在重大社会问题上产生有益的影响。《气候宣言》就是一项由亚马逊提出并由其他公司共同参与的承诺，旨在提前10年实现《巴黎协定》的目标，并在2040年之前实现零碳排放。作为履行承诺的部分措施，我们计划从里维安这家密歇根电动车企业购买10万辆厢式电动送货车。亚马逊计划最早于2022年让1万辆里维安新款电动送货车上路，并在2030年之前确保10万辆送货车全部上路。从全球而言，亚马逊拥有91个太阳能和风能项目，坐拥超过2900兆瓦的发电能力，每年可提供超过760万兆瓦时的能源——足以为68万户美国家庭供电。另外，亚马逊也正在通过"当下气候基金"为重新造林项目注入1亿美元的资金，其中，亚马逊于4月承诺的1000万美元资金，旨在与大自然保护协会携手资助创新项目，为跨越阿巴拉契亚山脉的可持续林业、野生动物和基于自然的保护方案提供保护、修复和支持。电信公司威瑞森（Verizon）、清洁用品公司利洁时（Reckitt Benckiser）、信息技术公司印孚瑟斯（Infosys）及咨询开发和投资公司橡树景观集团（Oak View Group）这四家跨国公司，都在不久前签署了《气候宣言》，而我们也在继续鼓励别的公司加入其中。我们要将大家的规模与广度结合在一起，立即着手应对气候危机。就在上个月，亚马逊推出了气候宣言基金，由亚马逊提供20亿美元的启动资金。这项基金将会支持可持续发展技术与服务的开发，反过来也为亚马逊和其他公司履行气候宣言提供条件。该基金将会为拥有远见卓识的企业家和创新者提供投资。他们正在打造的产品和服务，能够帮助公司减少其碳排放所造成的影响，并使其运营更符合可持续发展。

前不久，我们在华盛顿州开设了州内最大的无家可归者收容所，就位于我们在西雅图市中心一座最新落成的总部大楼中。这家收容所是为一家总部设于西雅图的杰出非营利机构"玛丽之家"所设的。作为亚马逊对玛丽之家1亿美元投资的一部分，这家收容所共占据了8层楼，每晚可容纳多达200名家庭成员。其中配有自己的健康诊所，并提供重要的工具和服务，帮助这些正在努力摆脱流浪的家庭重新找到立足之处。另外，亚马逊还设置了专门的空间，每周就信贷和债务、人身伤害、住房和房客权利等问题提供无偿法律咨询。自2018年以来，亚马逊的法律团队已经支持和帮助了数百名玛丽之家的访客，并累计提供了1000多小时的无偿志愿服务。

亚马逊未来工程师计划是一项全球性儿童职业能力培训项目，旨在为受关注不足、欠发达社区的成千上万儿童和青少年提供教育与激励，为开启计算机科学的职业生涯打好基础。此计划为数百所学校的计算机科学课程和专业教师发展提供资金，资助全美欠发达社区的2000多所中学的计算机科学入门及美国大学预科课程，并为来自低收入家庭的计算机科学学生提供100个为期4年的4万美元大学奖学金名额。另外，这些奖学金获得者还能得到亚马逊的实习机会。技术领域存在着人才管道多元化不足的问题，这对于黑人社群产生了极大的影响。我们希望注入资金，为这一行业培养下一代科技人才，并为得不到足够关注的少数族裔提供更多的机会。另外，我们也希望立即加速这场变革。为寻找技术和非技术职位的最佳人选，我们正在积极地与传统黑人学院和大学合作，共同推进我们的招聘、实习及技能培训项目。

在讲话的结尾，请允许我明确指出，我相信亚马逊应当受到审查。我们应该对所有大型机构进行审查，无论是公司、政府部门还是非营利组织。我们的职责就是确保亚马逊圆满顺利地通过这些审查。

亚马逊诞生于这个国家，并非巧合。与世界上任何一个地方相比，新公司都更适宜在美国的土地上开创、发展并实现繁荣。我们的国家尊崇足智多谋和自力更生，也欢迎白手起家的创造者。我们以稳定的法治、世界上最优秀的大学体系、民族自由，以及根深蒂固的冒险文化，为企业家和初创公司提供滋养。诚然，我们这个伟大的国家也绝非完美。在缅怀国会议员约翰·刘易斯的同时，我们也正置身于一场针对种族主义的极为必要的清算活动中。除此之外，我们也面临着气候变化和收入不平等的挑战，雪上加霜的是，我们还要在一场全球性的疫情中艰难前行。尽管如此，尽管美国有着如此多的缺陷和问题，世界上的其他国家仍渴望从我们这里喝到哪怕一小滴灵药圣水。像我父亲一样的移民，便清楚地认识到了这个国家的宝贵之处——他们目光敏锐,往往比有幸出生在这里的我们对这个国家更有真知灼见。即便在当今的重重挑战之下,对于这个国家而言,今天仍是第一天,对于我们的未来,我从未像现在一样充满希望。

很荣幸今天有机会在大家面前发言,很高兴回答诸位的问题。

杰夫·贝佐斯于1994年创立亚马逊，力图使之成为地球上最以客户为中心的公司。杰夫也是航天公司"蓝色起源"的创始人及《华盛顿邮报》的所有人。2018年，他创立了"贝佐斯第一天基金"，专注于为援助无家可归之人的非营利组织提供资金，并在低收入社区打造一个顶级非营利学龄前教育网络。1986年，杰夫以全美大学优等生荣誉协会会员身份及最优等成绩从普林斯顿大学电气工程和计算机科学专业毕业，并于1999年被《时代》杂志评选为年度风云人物。

文章出处说明

本书第一、第二部分的所有内容，都摘自杰夫·贝佐斯的文章和感想。

第一部分"致股东的信"，由杰夫·贝佐斯于每年4月发给亚马逊公司股东的信件组成。

第二部分"生活与工作"，摘自杰夫·贝佐斯的以下采访和演讲记录：

- 华盛顿经济俱乐部采访，2018年9月13日，采访者：大卫·鲁宾斯坦（David Rubenstein）
- 《气候宣言》新闻发布会，2019年9月19日
- 《华盛顿邮报》改革者大会，2016年5月18日
- 杰夫·贝佐斯致普林斯顿大学2010届毕业班演讲
- 2019年里根国防论坛会议，罗纳德·里根研究所，主持：弗雷德·莱恩，采访者：罗杰·扎克海姆，2019年12月7日
- 蓝色起源"蓝月亮"登月器揭幕仪式，华盛顿特区，2019年5月9日
- 杰夫·贝佐斯与弟弟马克·贝佐斯在LA17洛杉矶峰会的对谈，2017年11月4日

第二部分各篇文章具体出处：

- 一生的赠礼（经济俱乐部采访）
- 普林斯顿的关键一刻（经济俱乐部采访）
- "我选我人生"：普林斯顿大学2010届毕业班演讲（杰夫·贝佐斯致毕业班演讲）
- 足智多谋（杰夫·贝佐斯和马克·贝佐斯对谈记录）
- 我为何放弃对冲基金去卖书（经济俱乐部采访）
- 挖掘问题的根源（经济俱乐部采访）
- 创造财富（经济俱乐部采访）
- Prime服务的理念（经济俱乐部采访）
- 放眼三年后（经济俱乐部采访）
- 亚马逊云服务的理念从何而来（经济俱乐部采访）
- Alexa，人工智能，机器学习（《华盛顿邮报》会议）
- 实体商店与全食超市（经济俱乐部采访）
- 收购《华盛顿邮报》（经济俱乐部采访）
- 信任（里根国防论坛采访）
- 工作与生活的协调（杰夫·贝佐斯和马克·贝佐斯对谈记录）
- 人才招聘：你想要雇佣兵还是传教士（里根国防论坛采访）
- 决策（里根国防论坛采访）
- 竞争（里根国防论坛采访）
- 政府审查与大型企业（经济俱乐部采访）
- 气候宣言（《气候宣言》新闻发布会）

- 贝佐斯第一天基金（经济俱乐部采访）
- 探索太空的意义（蓝色起源"蓝月亮"登月器揭幕仪式，华盛顿特区）
- 对于美国，今天仍是第一天（杰夫·贝佐斯在出席 2020 年 7 月 29 日美国众议院司法委员会反垄断、商业及行政法小组听证会之前提交的书面证言）

图书在版编目（CIP）数据

长期主义/（美）杰夫·贝佐斯，（美）沃尔特·艾萨克森著；靳婷婷译. —— 北京：中国友谊出版公司，2022.5（2024.6 重印）

ISBN 978-7-5057-5475-1

Ⅰ.①长… Ⅱ.①杰… ②沃… ③靳… Ⅲ.①电子商务－商业企业管理－美国 Ⅳ.① F737.124.6

中国版本图书馆 CIP 数据核字（2022）第 090527 号

著作权合同登记号　图字：01-2022-2856

Original work copyright © 2021 by Jeffrey P. Bezos
Introduction Copyright © 2021 by Walter Isaacson
Published by arrangement with Harvard Business Review Press
Unauthorized duplication or distribution of this work constitutes copyright infringement.
Simplified Chinese translation copyright © 2022 by Beijing Xiron Culture Group Co., Ltd.
All Rights Reserved.

书名	长期主义
作者	［美］杰夫·贝佐斯　［美］沃尔特·艾萨克森
译者	靳婷婷
出版	中国友谊出版公司
发行	中国友谊出版公司
经销	新华书店
印刷	三河市中晟雅豪印务有限公司
规格	880 毫米 ×1230 毫米　32 开 10.25 印张　200 千字
版次	2022 年 6 月第 1 版
印次	2024 年 6 月第 7 次印刷
书号	ISBN 978-7-5057-5475-1
定价	88.00 元
地址	北京市朝阳区西坝河南里 17 号楼
邮编	100028
电话	（010）64678009

如发现图书质量问题，可联系调换。质量投诉电话：010-82069336

长期主义

INVENT & WANDER
The Collected Writings of
JEFF BEZOS

名 家 推 荐

做时代的企业家
宋良静　泰合资本管理合伙人兼首席执行官

当人类社会迈入21世纪的第三个10年，毫无疑问，我们已经进入一个科技影响历史的时代。当苹果、微软、亚马逊、谷歌每家公司的市值能与世界GDP十强国家媲美的时候，当各国顶尖科技企业提供的产品和服务越来越多地成为当地社会基础设施的时候，我们这个时代到底需要什么样的科技企业，需要什么样的企业家？

这是这一年我和各领域创业者及投资人交流时被问到最多的话题之一，也是我自己时常在思考的一个重要问题。事实上，放眼全球，不仅商业世界的精英在观察和追问，公众也在思考它的答案。

在这些独自思考或交谈的碰撞中，我多次想起亚马逊的创始人贝佐斯。世人曾一直在如何定义贝佐斯的问题上左右摇摆：这个坐拥巨大财富的人，是别人眼中的世界首富，还是如他自己所言希望被称作发明家或者企业家？坚持极其严苛的高标准，是如别人所言的企业界的暴君还是人性的圣徒？当亚马逊在各个领域不断攻城略地时，贝佐斯到底是商业的雇佣兵还是科技的传教士？

不等历史给出结论，贝佐斯一直在尝试书写自己的答案。他的答案就是：要做科技的传教士，而不是商业的雇佣兵。

传教士是来自西方宗教的名词，但其实传教士也有一个隽永的东方样本。1200多年前，出于虔诚和信仰，中国佛教僧人鉴真在遣唐使的极力邀请下决定远航日本，但因地方官阻挠和海上波涛汹涌，他先后四次都未能成行，第五次甚至漂流至岛上，身染重病以致双目失明，直至第六次才成功，历经11年。今天，我们从中国飞到日本，只需要两三个小时，但在那个年代，不断向地方官员、随行者去解释自己"为何必须如此"的鉴真，为了同一个信念和同一个目标坚持了11年。后来他在日本传播的文化、医学、建筑等方面的知识迅速促进了当地文明的发展，主持修建的唐招提寺成为日本佛教徒的最高学府，在1000多年后依然是列入世界文化遗产的唐代建筑代表。

这就是传教士。他们怀着创造福祉的坚定信仰，无论前途多么艰难险阻，也愿意为此付出艰苦卓绝的努力甚至生命。

回到贝佐斯的答案，为什么要做传教士而非雇佣兵？传教士有正义的终极目标，并试图让世界变得更美好；而雇佣兵则唯利是图，为了金钱和权力就可以扫除所有拦路之人。传教士有长期笃定的信仰，把布道看作一场马拉松；而雇佣兵则是机会主义者，为短期利益而拼命厮杀。一个称义，一个讲利；一个长期，一个短视。这是传教士和雇佣兵的区别，而贝佐斯确实是一个典型的科技传教士。

作为亚马逊的掌舵人和传教士，贝佐斯坚守长期主义。1997年亚马逊历史上的第一封致股东信的题目就是《一切以长期为重》，难能可贵的是，过去20多年他始终践行完全一样的理念。从第一天开始，亚马逊就坚持拒绝短视思维，选择优先增长用户和业务规模而非盈利，鼓励自由现金流而非净利润的增加。亚马逊推出 Prime 会员无限次包邮服务，推出 Marketplace 及 FBA（Fulfillment by Amazon）等赋能第三方卖家的业务与自有业务竞争，在占据绝对主导地位且无竞争压力的情况下，AWS（亚马逊云计算服务）数十次主动降价等动作，都是会损害短期利益但获得长期回报的重大决策。而关于长期主义的著名故事之一，是 2000 年互联网泡沫破灭，股价大跌人心震荡，但贝佐斯在办公室的白板上大笔一挥，写下"我不在乎股票价格"。从".com 热潮"到纳斯达克泡沫破裂，从金融危机到新冠疫情，我们看到的是亚马逊在历史的长河中乘风破浪、高歌猛进。但我要指出的是，作为船长，贝佐斯几乎从未因大风大浪而急剧转舵。贝佐斯获得的成功、宽容和掌声，是因为他"不知变通、不闻窗外、不观测风向"的坚定信仰。多数时候，我们迫切希望借力于潮汐流向来预测天气，但事实上，一场石破天惊的远航最终被世界理解，靠的不是巧妙变向的技术，而是朝着终极目标的成功抵达的决心。

同时，作为传教士的贝佐斯也是不厌其烦的布道者。在一篇篇致股东信中，贝佐斯选择耐心而亲和的方式，分享如何看待财务报表、如何招聘、如何实现企业社会责任等的商业思考。这些并不一定是真理，但他坚持梳理并分享："我们不敢贸然宣称上述内容就是所谓'正确'的投资理念，但至少这些就是我们的投资理念，如果我们对自己已采取和将会继续沿袭的措施都不明晰，那么就无异于玩忽职守。"持续布道也意味着要让同行者永葆激情与信仰。"这只是互联网产业发展的'第一天'，如果我们执行得力，这也是亚马逊公司的'第一天'"，贝佐斯在1997年的股东信中写道。在随后的几十年中，他一直在提醒同事们保持初心，拒绝"第二天"，甚至将自己所在的工作大楼命名为"第一天"。"今天，仍然是第一天"也成为2009年起几乎每封股东信的保留结束语。

最后也是最重要的，就是传教士贝佐斯始终坚持真正为用户创造价值的笃定信仰。为他人创造福祉，才是传教士存在的底层意义。在亚马逊的整个发展史中，"痴迷于用户"贯穿始终，在一封封股东信里，我们也能看到贝佐斯不断地举例：用户数据、新产品、满意度，甚至引用用户本人评价来告诉读者们它的重要性。以"成为全球最以用户为中心的公司"为愿景，贝佐斯一直强调要专注于用户而非竞争对手。坚持痴迷于用户还意味着创造连用户自己都没有主动提出需求的产品，最终诞生了 Kindle、AWS、Echo 等划时代的产品。在亚马逊 2011 年 452 个列有明确负责人、可交付成果及预期完成时间的计划中，360 个对用户体验产生直接影响；8 次提到营收，4 次提到自由现金流，而净收入、毛利润、运营利润等一次也没出现过。这就是言行一致的痴迷于用户，而绝大多数企业虽然说专注用户，但其实都在瞄着竞争对手。

这便是对传教士的要求，要关注义而非利，要关注长期而非短视。但颇具戏剧性的是，商业的历史已经证明，最终往往是传教士而非雇佣兵得到更多的利，多么有意思的启示。

返回本文第一段提出的问题，我常常在想，人们之所以关注企业家，是计较于他们一城一池一时一地的荣辱，还是希望企业家能以坚韧不拔的信念，去证实某些领先于时代，公众隐隐感知但尚未明了的用户价值？因此，创业者是要先相信理念，再日复一日地践行证明理念,还是先追求成功,再去总结和美化自己的成功?最终,我们希望在历史的进程中留下什么样的痕迹?

过去近10年的时间里,我们服务了近300位新经济企业家,其中有40多位带领企业成为估值超过10亿美元的独角兽,还有3家企业的市值超过了500亿美元。我们曾多次分析企业家的成败案例,最后发现那些最为杰出的人都如贝佐斯一样,是现代社会的某一种精神的"传教士":有坚定不移的信仰、持续前行的坚韧和创造福祉的热忱。

历史走到今日,对于中国的企业家而言,我们已经不再只是学习者了。2020年,《财富》杂志最具权威的"世界500强"排行榜出现了一个引人注目的变化——中国大陆公司实现了历史性的跨越——中国大陆(含香港)公司数量达到124家,历史上第一次超过美国(121家)。加上台湾地区的企业,中国共有133家公司上榜。在榜单的历史上,还没有任何一个国家或地区的企业数量能够如此迅速地增长。

这让我想起我们在印度、东南亚、非洲等新兴市场的亲身体验。2018年，我们开始为这些地区的创业者提供融资服务，很快发现"copy from China（借鉴中国创造）"的案例比比皆是，他们非常关注中国互联网公司快速崛起的经验，如共享经济、移动支付、短视频……中国企业家正成为他们关注和学习的对象，正如东渡的鉴真。

那么，如果有一天，一位东南亚的互联网创业者希望从中国企业家的只言片语中追寻一种精神力量，我们希望他们看到的是什么？或者再将目光往后放，如果30年后新一代的创业者阅读今天我们的思考与得失，我们能带给他们坚定的指引吗？以传教士的精神做时代的企业家，秉持为社会、为用户创造价值的理念，与时代同频，中国新一代的企业家将为世界带来新的商业文明，对此我充满信心。

特约推荐
- 樊登
- 罗振宇
- 李国庆

企业家推荐
- 冯仑
- 汪建国
- 干嘉伟
- 李华
- 葛珂
- 张晖
- 赵斌
- 沈鹏

- 余凯
- 李彦
- 金星
- 刘奇
- 耶律胤
- 王兵
- 王朝晖
- 徐育斌
- 陈雪峰
- 郑勇
- 鞠继兵
- 王劲

特约推荐

樊登
樊登读书创始人

俗话说"罗马不是一天建成的",万亿美元市值的亚马逊当然也不是一天打造的。亚马逊的成功,取决于其创始人贝佐斯坚持的长期主义:以客户为中心,基于市场领导地位进行投资,专注重大决策,雇用合适的人才……短期主义者赢得此刻,而长期主义者赢得未来。

罗振宇
得到创始人

我常说要做"时间的朋友",背后的逻辑就是做一名长期主义者,而实践长期主义最成功的人可能就是贝佐斯了。无论你是创业者还是打工人,都可以从这本书中学到长期主义的真谛。

李国庆
当当、早晚读书创始人

今天，亚马逊公司已经成为公认的伟大的公司。但在它发展的第一个 10 年乃至 15 年，充满了争议，尤其是分析师和股民们。于是，亚马逊每年的致股东信，就成了贝佐斯的答辩状。我是贝佐斯和亚马逊的铁粉，我会在每年第一时间阅读致股东信，就是为了研究他们的战略对当下中国环境中的当当有何借鉴意义。遗憾的是，致股东信往往是年度战略小结，而不是未来一年的展望。此次结集出版，对我们学习研究一个网络零售企业从初创到巨头的战略和执行，仍然非常有意义。

企业家推荐

冯仑
万通集团创始人

　　贝佐斯的长期主义经营理念值得中国的企业家们学习与实践。

汪建国

五星控股集团董事长
连续创业者，同时创办三家独角兽企业

创业是一场没有终点的马拉松，创新创造是企业发展的活力之源。但是，很多企业在做大做强的过程中会患上"大企业病"，导致创业的精神减少、创新的氛围变弱、创造的能力缺失。

如何让公司永葆活力？《长期主义》为我们贡献了亚马逊的成功范式，那就是永远活在"第一天"，永远保持"第一天"的紧迫感和进取心。它告诉我们，创业就是要敢于冒风险、敢于承担责任，创新就是要胆大妄为、异想天开，创造就是要长期主义、价值导向。

企业家推荐

干嘉伟
高瓴资本运营合伙人

在我有限的认知里,大量企业家(包括一些著名的企业家)都在学习贝佐斯和亚马逊。如果我们渴望站在巨人的肩膀上,那贝佐斯无疑就是那个巨人。无论你和你的企业处于哪个阶段,都可以从贝佐斯这 23 封股东信里得到莫大的启迪。

李华
富途控股创始人

作为世界上最成功的科技公司创始人，贝佐斯在《长期主义》这本书里反复提到两个观点：用户体验至上和追求公司长期价值，这虽然听起来是老生常谈，但当你细读他的 23 封股东信及他的整个生活和成长经历，就会不得不感慨他的远见和坚持，特别是他对于好的产品和服务的四点定义，很值得我们每个创业者去仔细对照和学习。

企业家推荐

葛珂
金山办公原董事长、CEO

在这样一个剧变的时代，企业习惯以"快"制胜，容易只关注短期目标，强调捷径。金山WPS在32年的历程中起起伏伏，一度给人以落后于时代的认知。但只有我们自己知道坚持的是什么，那就是技术立业，做感动人心的好产品，致力于为用户创造价值。杰夫·贝佐斯的《长期主义》告诉我们，成功的公司需要紧盯长远目标，持之以恒，同时保持好奇心和创造力。对此，我深表认同。

张晖
满帮集团董事长、CEO

提到长期主义，可能大家首先想到的是"股神"巴菲特，而在互联网领域，亚马逊的创始人贝佐斯则身体力行，将长期主义发挥到了极致。

在创业过程中，贝佐斯的经营管理理念对我颇有启发，"好奇心"和"非同凡想"的能力也正在成为新时代创新者的标配。

本书值得反复研读，我向大家推荐。

赵斌
声网 Agora 创始人兼 CEO

亚马逊作为这个时代的标杆式科技企业，在企业经营和战略上的诸多观点已经广为人知，但这本书更原汁原味地反映出贝佐斯作为创始人的原始思考，他将很多观点娓娓道来，自然而又深刻。这本书对于有相似追求的创业者、认同长期主义和持续创业理念的人来说，可能会是最有启发的读物之一。

沈鹏
水滴公司董事会主席兼 CEO

我第一次接触亚马逊的经营理念是在美团工作的时候，那时我刚刚毕业，有幸对"用户至上""长期主义""始终创业"等核心理念有了基本的认知和践行。2016 年，我创办了水滴公司，创业路上对亚马逊的这些理念有了更深刻的理解，它们也融入了水滴公司的价值观和决策原则。亚马逊的成功绝非偶然，只有对服务用户抱有真正的热情、坚持长期主义的企业，才有可能获得更伟大的成功。希望每一位创业者都能读到这本书，从中受益。

余凯
地平线创始人兼 CEO

比较谷歌和亚马逊这两家市值超过万亿美元的互联网企业，实事求是地说，我个人更加欣赏后者，也从贝佐斯身上吸取了很多养分。谷歌的两位创始人展现出了天才般的聪明，但是从贝佐斯身上我看到更多的是智慧。聪明和智慧相比，智慧更加吸引我。谷歌的文化是创新，但是创造新生事物是缺乏绝对坐标系的，没有清晰而长期的标准，有时甚至会以自我为中心；而贝佐斯强调的是以用户为中心，让企业发展置于一个绝对的坐标系中，以利他为标准，从而在长期变化中始终抓住不变性，让价值创造具有意义和复利效应。尽管地平线是一个以技术为立身之本的企业，但是我们在思考自身企业文化和价值观的时候，仍把"耐得寂寞，成就客户"（而不是"技术创新"）作为公司发展的指北针。

李彦
小牛电动 CEO

做企业要坚持客户导向,也要坚持一切以长期为重,而不是简单地考虑短期盈利或者资本市场的短期反应。这本书基于贝佐斯和亚马逊的实践,讲述了什么是真正的用户至上,企业应该怎样基于长远进行商业决策。它既是一本创业实战手册,也是一本价值投资指南。

企业家推荐

金星
新氧创始人

初识亚马逊时,最让我印象深刻的是他们的愿景中没有限定公司的行业和领域,而是"成为全球最以用户为中心的公司"。

近几年,大众对国内互联网平台企业质疑颇多,不管是"困在系统里"还是"大数据杀熟",这些信息常常让我觉得,我们做的这些"平台"和"系统",跟卓别林《摩登时代》里那些把人逼疯的机械化流水线有什么区别?一个不善待自己员工的平台,真的会在意用户体验吗?平台到底是在做正确的事还是在作恶?

在贝佐斯的这本书中,他提到10岁时发生的一件事,他的外公对他说:"终有一天你会明白,善良要比聪明更难。"我想,这或许就是那粒种子，让亚马逊能设立这样的愿景。而这对我们所有互联网行业的从业者也是一个提醒：在我们不断用极致的算法去赚取每一分收入和利润的时候，我们是否足够善良？

企业家推荐

刘奇
PingCAP 联合创始人兼 CEO

贝佐斯的长期主义思维,以及单向门和双向门的决策机制,对我很有启发。亚马逊的文化也极具特色,尤其是痴迷于用户,我在很多地方都能看到这一文化的体现。我想这和贝佐斯长期主义的思维模式是密不可分的。亚马逊其他的文化也极具特色,值得深入理解与学习。总之,这本书有故事,有历史,有思想,我把它推荐给大家!

耶律胤
亚朵集团创始人兼 CEO

《长期主义》是一本书,更是对照自我"长期主义"的思考原点。

真正的长期主义,是长期目标的坚守战胜短期利润的苟且;是打动用户的渴望战胜打败友商的狂热;是懂得舍弃,舍了才能更专注于长期使命。

我们的竞争对手不是友商,而是不断变化的用户需求,商业力量存在的意义正在于此。面对永不满足的用户,我们必须不断创新、自我革命。片刻的松懈和"第二天"的惯性,必然导致用户渐渐离我们而去。

长期主义者的成功,不仅需要定力,而且需要善良、充满好奇和敬畏的初心。贝佐斯祖父的那句"善良比聪明更重要"点醒了他,在人文与科技的交叉路口,"人与人之间有温度的联结",才是长期主义的底层答案。

王兵
十月稻田董事长

十月稻田创业的 10 年，一直深受贝佐斯的影响，包括他的"第一天精神""一切都以用户为中心""坚持品质、降低成本、提升效率"等理念。这些不变的第一性原则一直在指引我们的创新和实践。十月稻田打造和延伸产业链，利用在线化、数字化来打造农业互联网与消费者互联网的价值链……这些都是遵循贝佐斯长期主义和创造价值理念的结果。

王朝晖
北森云计算有限公司董事长

贝佐斯和亚马逊如何走到今天？相信这是大多数人都会感兴趣的话题。亚马逊上市后，他每年写给股东的信是最好的研究材料和学习路径。这本书我看了两遍，但我知道这只是开始。除了让我们了解亚马逊的简史，这本书还能让我们看到亚马逊掌舵者的思考脉络：对领导力、用人、现金流、决策、创新、挫折的看法，对长期主义、用户至上、"第一天精神"的执着。他在最新一封股东信中说道："宇宙希望你成为普通人，千万别让它成为现实。"你被这句话感染了吗？那就从阅读这本书开始行动吧！

徐育斌
丰巢科技创始人兼 CEO

《长期主义》一书展现出亚马逊的核心增长理念——增长飞轮。通过扩大品类—提升用户体验—增加流量—吸引更多卖家，形成基础轮；再通过低成本结构—最低价格—基础设施投资—快速配送，形成闭环的增长驱动力。增长飞轮需要长期坚持不懈的投入才能形成，我在公司的经营中也一直借鉴这套增长逻辑。

企业家推荐

陈雪峰
万物新生（爱回收）集团创始人

从 Prime 会员服务到 Kindle、云计算，再到 Echo……亚马逊的创新能力让人惊叹。

永远保持"第一天"的心态，保持好奇心，吸引富有创造力的人才，鼓励创新的氛围，给予容错的空间……通过完善的创新机制，亚马逊持续成功，在大公司的格局和能力与小公司的活力和激情之间，它取得了很好的平衡。亚马逊的成功，是创新机制的成功。亚马逊无与伦比的创新精神，是坚持长期价值的重要体现。

郑勇
极智嘉 Geek+ 创始人兼 CEO

亚马逊的经营理念一直强调长期主义，而对很多企业来说，追求长期价值并不难理解，最难的往往是如何正确做出代表长期价值的选择。贝佐斯选择了专注用户而不是短期的业务和竞争，选择最大化自由现金流而不是优化财务报表的表象，选择规模增长而不是短期盈利，选择成为为梦想疯狂的传教士而不是逐利的雇佣兵。正是这些选择让亚马逊度过了互联网最艰难的时期，也通过 Prime 服务打造了独一无二的用户体验，甚至在云计算领域创新商业模式且大获成功。正是长期主义的坚持使亚马逊拥有了基业长青的基础。

企业家推荐

鞠继兵
生生物流创始人兼董事长

非常有幸读到亚马逊创始人贝佐斯的署名文集《长期主义》，它记录并解读了一家伟大公司的发展和成长历史，以及其背后创业者的思想。

放眼长远，一切以长期为重；充满激情，痴迷于用户，关注用户体验，为用户持续创造价值；注重重大决策，雇用更优秀的人才……我十分认同这些理念，公司成功与否很大程度上取决于我们吸引和留住积极进取的员工的能力，而且必须具备主人翁的思考能力，对用户心存敬畏之心，为用户和股东创造长期价值；同时还要注重长期盈利能力，保持精益的企业文化和极强的危机意识。

以上是我个人的读后感，非常震撼！贝佐斯和亚马逊的成功绝非偶然，而是必然！

王劲
中智行科技有限公司董事长、CEO

杰夫·贝佐斯是比肩史蒂夫·乔布斯、比尔·盖茨的商界奇才,也是科技领袖和创新勇士。《长期主义》收录了贝佐斯本人对企业管理及科技创新的思考,对做好品牌、造福用户、数据决策、内驱力、坚持长期主义、实现长期股东价值等方向做了详细的阐述。在如今以科技创新带动社会快速发展的大环境下,研读本书对企业和个人发展都有非常重大的意义。这本书值得大家借鉴和学习!